大跨度钢-混凝土组合桥梁理论与应用

李 勇 著

科学出版社

北京

内 容 简 介

本书介绍了钢-混凝土组合桥梁的工作机理,针对组合桥梁的发展趋势,创新性地提出了组合拱桥理论、组合零弯矩理论、组合桥梁体系转换技术、影响线加载弯矩调幅方法、压型钢板组合桥面、曲线组合结构斜拉桥、组合结构桥梁顶推施工等。本书将理论与工程应用结合,介绍了各类组合结构桥梁的典型工程实例。

本书可供从事桥梁工程设计、施工、科研等的科技工作者及大专院校师生参考。

图书在版编目(CIP)数据

大跨度钢-混凝土组合桥梁理论与应用 / 李勇著. —北京:科学出版社,2013.12
 ISBN 978-7-03-039434-7

Ⅰ. ①大… Ⅱ. ①李… Ⅲ. ①长跨桥—钢筋混凝土桥—组合桥梁—研究 Ⅳ. ①U448

中国版本图书馆 CIP 数据核字(2013)第 310212 号

责任编辑:匡 敏 余 江 / 责任校对:郭瑞芝
责任印制:徐晓晨 / 封面设计:迷底书装

科学出版社 出版
北京东黄城根北街16号
邮政编码:100717
http://www.sciencep.com

北京虎诚则铭印刷科技有限公司 印刷
科学出版社发行 各地新华书店经销

*

2013年12月第 一 版　开本:787×1092 1/16
2018年 6 月第四次印刷　印张:12 1/2
字数:296 000
定价:98.00元
(如有印装质量问题,我社负责调换)

序

20 世纪初，焊接技术的发明为钢-混凝土组合结构桥梁（Steel-Concrete Composite Bridge）的发展提供了有利条件。20 世纪 30 年代是欧美各国和日本桥梁工程设计理论与工程应用的重要发展时期。

钢-混凝土组合桥梁需要解决的核心技术问题是，如何使两种性质完全不同的结构材料有效地共同工作，充分发挥出钢与混凝土材料各自力学性能的优势。

钢桁腹 PC 组合桥梁与钢-混凝土组合箱梁，界面剪力的形成机理完全不相同。只有真正掌握了这一本质差别，才能根据力学特点有效解决好其关键技术难题。前者产生机理主要是节点应力重分布，后者产生机理主要是主梁的弯剪作用。

该书作者首次提出了大跨度异型组合拱桥理论，发明了组合拱桥新结构，针对大跨度拱桥水平推力、横向稳定、施工安装三大关键技术难题提出了新的解决思路与技术方法，实现了大跨度组合拱桥力学与美学的统一。

无弦杆桁元法，通过组合式节点形成大桁段，构思独特，技术新颖。作者发明了钢桁腹 PC 桥梁的无弦杆桁元法——组合式节点。组合式节点轻质、高强，抗疲劳性能好，为钢桁腹 PC 桥梁发展提供了新的方法，工程应用前景广阔。

该书基于组合桥梁在结构体系转换前后的内力与位移变化过程，为改善附加弯矩产生的附加应力问题，根据弯曲还原的力学原理，提出了钢-混凝土组合梁结构桥梁体系转换新技术，及钢-混凝土连续组合桥梁影响线加载弯矩调幅新技术。通过结构体系转换与影响线加载进行弯矩调幅，降低组合桥梁控制截面应力，改善组合桥梁结构受力状况。

该书作者长期从事钢-混凝土组合结构桥梁的理论、设计、研究与工程应用工作，在组合结构桥梁研究领域取得了许多创新性成果。希望作者及其团队在组合结构桥梁理论与应用方面作出更大贡献。

中国工程院院士 方春汉

2013 年 10 月 8 日

前　言

　　桥梁是人类文明的重要标志之一。钢-混凝土组合结构桥梁采用高强、高性能的材料组合，形成大跨、经济、美观的结构形式及其环保的施工建造技术。为了解决大跨度组合桥梁理论、新结构及其建造关键技术难题，作者在国家自然科学基金、省部级科技计划项目的支持下，通过联合技术攻关，对钢-混凝土组合结构桥梁"理论-设计-施工-制造"成套技术进行研发与应用，创新性地提出了大跨度组合桥梁新理论、新结构、新技术、新工艺。

　　本书分4部分，共9章。第一部分含第1章、第2章，介绍组合桥梁基本原理；第二部分含第3章～第6章，介绍组合桥梁新的理论；第三部分含第7章、第8章，介绍组合桥梁新结构的设计方法；第四部分为第9章，介绍组合桥梁顶推施工技术。其中第二部分所含的第3章～第6章是本书重点内容。

　　第1章概论。主要介绍钢-混凝土组合结构桥梁的发展历史、主要结构形式及工程应用前景。

　　第2章钢-混凝土组合桥梁基本原理。介绍钢-混凝土组合桥梁的基本理论、钢-混凝土组合桥梁的力学特点、钢-混凝土组合桥梁设计施工方法。

　　第3章大跨度异型组合拱桥理论。简单介绍国内外拱桥的发展历史，提出大跨度拱桥关键技术难题与解决思路。首次提出了大跨度异型组合拱桥基本理论，建立了大跨度组合拱桥拱轴线一般方程，发明了组合琴拱桥新结构。

　　第4章大跨度刚构桥梁组合零弯矩理论。针对国内外PC连续梁计算与施工存在的问题，提出恒载+活载的组合零弯矩原理，以及控制梁桥持续下挠的措施。

　　第5章钢-混凝土组合桥梁体系转换新技术。介绍钢-混凝土组合桥梁三阶段受力理论，包括简支组合梁与连续组合梁体系转换技术，铁路预应力纵-横格构式桥面漂浮体系转换，高速铁路斜拉-连续刚构组合桥梁体系转换。

　　第6章组合桥梁影响线加载弯矩调幅方法。介绍钢-混凝土组合梁预应力传递效率试验、钢-混凝土组合梁支座弯矩调幅试验，首次提出了钢-混凝土组合桥梁影响线加载弯矩调幅新方法。

　　第7章压型钢板组合桥面。介绍压型钢板和波形钢板组合桥面的受力特点，压型钢板疲劳应力及桥面抗裂等问题。

　　第8章曲线组合结构斜拉桥。介绍曲线组合结构斜拉桥技术特点及多座曲线斜拉组合结构斜拉桥的工程实例。

　　第9章组合结构桥梁顶推施工。介绍中国桥梁顶推发展概况，提出了顶推存在的问题及解决思路，介绍了波形钢腹板PC组合梁、钢桁腹PC组合梁、波-桁组合梁顶推的设计方法和施工技术。

　　本书内容包含了作者多年来有关的设计研究成果及在工程应用中的认识和体会。除本书所列的参考文献外,还广泛参考和借鉴了国内外大量的研究成果及工程资料。陈宜言、焦少鹏、卿三惠、张建东、李敏、上官兴、郭帅、史鸣、肖芳芳、万宗江、刘念琴等在相关的理论、试验、设计、施工等过程中出色完成了大量的技术工作,许多同行给予了大力支持,并提出了许多宝贵的建议,在此一并向他们表示感谢。

本书得到了方秦汉院士、聂建国院士等的热情指导与帮助,并在百忙之中对全书进行审阅,方院士还为本书作序。在此向他们表示衷心的感谢。

由于作者水平有限,书中难免有不当之处,敬请专家和读者批评指正。

李 勇

2013 年 12 月

目 录

序
前言

第1章 概论 ··· 1
1.1 桥梁发展概述 ·· 1
1.2 组合结构桥梁的发展历史 ··· 10
1.3 组合结构桥梁的主要形式 ··· 12
1.4 组合结构桥梁的应用前景 ··· 17
参考文献 ··· 18

第2章 钢-混凝土组合桥梁基本原理 ··· 21
2.1 钢-混凝土组合桥梁的基本理论 ·· 21
2.2 钢-混凝土组合桥梁的力学特点 ·· 29
2.3 钢-混凝土组合桥梁的设计施工方法 ······································· 31
参考文献 ··· 33

第3章 大跨度异型组合拱桥理论 ·· 34
3.1 国内外拱桥的发展历史 ·· 34
3.2 大跨度拱桥关键性技术难题 ··· 40
3.3 大跨度异型组合拱桥理论 ··· 45
3.4 大跨度异型组合拱桥的拱轴线方程 ··· 47
3.5 大跨度异型组合拱桥的力学特征 ·· 50
3.6 大跨度异型组合拱桥新结构 ··· 54
3.7 大跨度桥梁缆索吊装施工方法 ·· 56
3.8 外倾式钢箱拱肋节段调整 ··· 62
3.9 曲线钢箱梁精确调整定位 ··· 67
参考文献 ··· 68

第4章 大跨度刚构桥梁组合零弯矩理论 ··· 69
4.1 大跨度PC连续刚构桥的主要问题 ··· 69
4.2 恒载+活载组合零弯矩理论 ··· 72
4.3 组合梁桥悬臂施工的力学特点 ·· 74
4.4 桥梁预拱度与混凝土收缩徐变 ·· 76
4.5 连续刚构桥后期下挠主要控制措施 ··· 78
参考文献 ··· 87

第5章 钢-混凝土组合桥梁体系转换新技术 ················· 88
5.1 钢-混凝土组合桥梁三阶段受力理论 ················· 88
5.2 简支组合桥梁体系转换新技术 ················· 90
5.3 多跨连续组合桥梁体系转换技术 ················· 92
5.4 铁路预应力纵-横格构式桥面漂浮体系转换 ················· 93
5.5 高速铁路斜拉-连续刚构组合桥梁体系转换 ················· 95
参考文献 ················· 97

第6章 组合桥梁影响线加载弯矩调幅 ················· 98
6.1 钢-混凝土组合梁预应力效率模型试验 ················· 98
6.2 钢-混凝土组合梁支座调整弯矩调幅 ················· 106
6.3 组合桥梁影响线加载弯矩调幅 ················· 109
6.4 支点负弯矩区拉应力问题 ················· 120
6.5 曲线组合桥梁预应力施工方法 ················· 122
参考文献 ················· 132

第7章 压型钢板组合桥面 ················· 133
7.1 压型钢板与波形钢板力学特点 ················· 133
7.2 压型钢板组合桥面抗裂问题 ················· 134
7.3 正交各向异性板疲劳应力问题 ················· 134
7.4 施工阶段压型钢板强度和变形验算 ················· 135
7.5 压型钢板端部与钢梁的连接方式 ················· 135
7.6 工程应用 ················· 136
参考文献 ················· 141

第8章 曲线组合结构斜拉桥 ················· 143
8.1 组合斜拉桥概况 ················· 143
8.2 曲线组合斜拉桥技术特点 ················· 148
8.3 曲线组合斜拉桥的设计 ················· 150
8.4 工程应用 ················· 159
参考文献 ················· 169

第9章 组合结构桥梁顶推施工 ················· 170
9.1 桥梁顶推发展概述 ················· 170
9.2 顶推施工技术原理 ················· 173
9.3 顶推施工关键技术 ················· 176
9.4 顶推存在问题的解决思路 ················· 181
9.5 波形钢腹板PC组合梁顶推施工 ················· 181
9.6 钢桁腹PC组合桥梁顶推施工 ················· 186
参考文献 ················· 189

第1章 概　　论

1.1　桥梁发展概述

1. 古代桥梁

在原始时代，人类为了跨越水道和峡谷，会利用自然倒下来的石头或者树木、自然形成的石梁或石拱、溪涧突出的石块、谷岸生长的藤萝等。人类有目的地伐木为桥或堆石、架石为桥始于何时已难以考证。据史料记载，中国在周代(公元前 11 世纪～前 256 年)已建有梁桥和浮桥，如公元前 1134 年左右的西周，在渭水架有浮桥[1]。古巴比伦王国在公元前 1800 年建造了多跨的木桥，桥长达 183m[2]。古罗马在公元前 621 年建造了跨越台伯河的木桥，在公元前 481 年架起了跨越赫勒斯旁海峡的浮船桥。古代美索不达米亚地区，在公元前 4 世纪时建起挑出石拱桥(拱腹为台阶式)[3]。

古罗马嘉德石拱桥(图 1.1)位于嘉德河上，长 275m，高 49m。桥的第一层为道路，第三层顶部是 1.8m 高、1.2m 宽的引水管。桥的三层均是由琢石建造而成。古罗马塞戈维亚引水渠桥(图 1.2)，是双层拱桥，长 728m，第一层最高的拱柱约 29m。

图 1.1　古罗马嘉德石拱桥(公元 14 年)

图 1.2　古罗马塞戈维亚引水渠桥(公元 109 年)

中国赵州桥又名安济桥(图 1.3)，建于公元 605～618 年，净跨径为 37m，是首座在主拱圈上加小腹拱的空腹式(敞肩式)拱桥。北京颐和园十七孔桥始建于清乾隆十五年(1750 年)，长 150m，是我国皇家园林中现存的最长的桥(图 1.4)。

图 1.3　中国赵州桥(公元 618 年)

图 1.4　北京颐和园十七孔桥(1795 年)

在 17 世纪前，古代桥梁一般是用木、石材料建造的。石桥的主要形式是石拱桥，中国早在东汉时期(公元 25~220 年)就出现石拱桥[4]，中国古代石拱桥的拱圈和墩一般都比较薄，结构比较轻巧[5]。

石梁桥是石桥的又一形式。中国陕西省西安市附近的灞桥原为石梁桥，建于汉代，距今已有 2000 多年[6]。公元 11~12 世纪南宋泉州地区先后建造了几十座较大型的石梁桥，其中有洛阳桥、安平桥[7]。安平桥(五里桥)原长 2500m，362 孔，现长 2070m，332 孔。英国达特穆尔地区现存的石板桥，有的已有 2000 多年历史[8]。

早期木桥多为梁桥，如秦代在渭水上建的渭桥，即为多跨梁式桥。木梁桥跨径不大，伸臂木桥可以加大跨径[9]。中国 3 世纪在甘肃安西与新疆吐鲁番交界处建有伸臂木桥，"长一百五十步"。公元 405~418 年在甘肃临夏附近河宽达 40 丈处建悬臂木桥，桥高达 50 丈。16 世纪意大利的巴萨诺桥为八字撑木桥。八字撑木桥和拱式撑架木桥可以加大跨径。

木拱桥出现较早，公元 104 年在匈牙利多瑙河建成的特拉扬木拱桥，共有 21 孔，每孔跨径为 36m[10]。中国在河南开封修建的虹桥为木拱桥，建于公元 1032 年[11]。日本修建的锦带桥为五孔木拱桥，建于公元 300 年左右，是中国僧戴曼公独立禅师帮助修建的[12]。

中国西南地区有用竹篾缆造的竹索桥。著名的竹索桥是四川灌县珠浦桥，桥为 8 孔，最大跨径约 60m，总长 330 余 m，建于宋代以前[13]。

在罗马时代开始采用围堰法施工，即打木板桩成围堰，抽干水后在其中修筑桥梁基础和桥墩。

1209 年建成的英国泰晤士河拱桥，其基础就是用围堰法修筑，但是，那时只能用人工打桩和抽水，基础较浅。中国 11 世纪初，著名的泉州洛阳桥在桥址江中先遍抛石块，其上养殖牡蛎二三年后，胶固而成筏形基础，是第一座海湾桥梁[14]。

2. 近代桥梁

18 世纪初，铁的生产和铸造为桥梁提供了新的建造材料。但铸铁抗冲击性能差，抗拉性能低，易断裂，并非良好的造桥材料。19 世纪 50 年代以后，随着酸性转炉炼钢和平炉炼钢技术的发展，钢材成为重要的造桥材料。钢的抗拉强度大，抗冲击性能好。19 世纪 70 年代出现钢板和型钢，为桥梁构件在工厂组装创造了条件，使钢材的应用日益广泛[15]。

铁桥包括铸铁桥和锻铁桥。铸铁性脆，宜于受压，不宜受拉，适宜作拱桥建造材料。世界上第一座铸铁桥是英国科尔布鲁克代尔厂所造的塞文河桥，建于 1779 年，为半圆拱，由 5 片拱肋组成，跨径 30.7m。锻铁抗拉性能比铸铁好，19 世纪中叶，跨径大于 60~70m 的公路桥都采用锻铁链吊桥[16]。铁路因吊桥刚度不足而采用桁桥，如 1845~1850 年英国建造的布列坦尼亚双线铁路桥，为箱型锻铁梁桥。19 世纪中叶以后，相继建立起梁的定理和结构分析理论，并出现多种形式的桁梁[17]。由于对桥梁抗风的认识不足，1879 年 12 月大风吹倒了才建成 18 个月的阳斯的泰湾铁路锻铁桥，主要原因是桥梁没有设置横向连续抗风构[18]。

18 世纪初，发明了用石灰、黏土、赤铁矿混合煅烧而成的水泥，其材料抗压强度较高。19 世纪 50 年代，开始采用在混凝土中放置钢筋以弥补水泥抗拉性能差的不足。此后，于 19 世纪 70 年代建成了首座钢筋混凝土桥[19, 20]。

英国伦敦塔桥(图1.5)是一座吊桥,是一座拥有6条车道的水泥结构桥,桥身分为上、下两层,上层为宽阔的悬空人行道,下层可供车辆通行。澳大利亚悉尼大桥(图1.6)是世界上第一座大跨度拱桥,大桥从1857年开始设计,1932年竣工,是连接港口南北两岸的重要桥梁。桥拱的跨度为503m,最高处距离海面134m。美国金门大桥(图1.7)于1933年动工,1937年5月竣工。钱塘江大桥(图1.8)全长1453m,南、北引桥分别为93m和288m,铁路桥由16空跨度为65.84m的简支华伦式桁梁和两孔14.63m板梁组成,公路桥为16孔桁梁。

图1.5 伦敦塔桥(1886年)

图1.6 悉尼大桥(1932年)

图1.7 美国金门大桥(1937年)

图1.8 钱塘江大桥(1937年)

中国1705年修建了四川大渡河泸定铁链吊桥,桥长100m,宽2.8m,至今仍在使用。欧洲第一座铁链吊桥是英国的蒂斯河桥,建于1741年,跨径20m,宽0.63m。1820~1826年,英国在威尔士北部梅奈海峡修建一座中孔长177m、用锻铁眼杆的吊桥,这座桥由于缺乏加劲梁及抗风构,于1940年重建。世界上第一座不用铁链而用铁索建造的吊桥是瑞士的弗里堡桥,建于1830~1834年,桥的跨径为233m。这座桥用2000根铁丝就地放线,悬在塔上,锚固于深18m的锚碇坑中[21]。

美国密苏里州圣路易市密西西比河的伊兹桥,建于1867~1874年,是早期建造的公路铁路两用无铰钢桁拱桥,跨径为(153+158+153)m。19世纪末弹性拱理论已逐步完善,促进了20世纪20~30年代修建较大跨钢拱桥,较著名的有:美国纽约的岳门桥,建成于1917年,跨径305m;纽约的贝永桥,建成于1931年,跨径504m;澳大利亚的悉尼港桥,建成于1932年,跨径503m。3座桥均为双铰钢桁拱[22]。

19世纪中期出现了根据力学设计的悬臂梁。英国人根据中国西藏木悬臂桥的样式,提出锚跨、悬臂和悬跨三部分组合的设想,并于1882~1890年在英国爱丁堡福斯河口建造了铁路悬臂梁桥。这座桥共有6个悬臂，悬臂长为206m，悬跨长为107m，主跨长为519m。20纪初期，悬臂梁桥曾风行一时，如1901~1909年美国建造的纽约昆斯堡桥，是一座中间锚跨为190m、悬臂为150m和180m、无悬跨、由铰联结悬臂、主跨为300m和360m的悬臂梁桥。1900~1917年加拿大建造的魁北克桥也是悬臂钢桥[23]。

近代桥梁建造实践，促进了桥梁科学理论的兴起和发展。1857年由圣沃南(Saint Venant)在前人对拱的理论、静力学和材料力学研究基础上，提出较完整的梁理论和扭转理论，连续梁和悬臂梁理论也基本建立。在桥梁桁架结构分析方面，出现了华伦桁架和豪氏桁架分析方法。

19世纪70年代，经德国人K.库尔曼、英国人W.J.M.兰金和J.C.麦克斯韦等人的努力，结构力学获得很大的发展，能够对桥梁各构件在荷载作用下产生的应力进行分析。这些理论的发展，推动了桁架、连续梁和悬臂梁的发展。19世纪末，弹性拱理论已较完善，促进了拱桥发展。20世纪20年代土力学的兴起，推动了桥梁工程基础的理论研究。

3. 现代桥梁的发展

20世纪30年代，预应力混凝土和高强度钢材相继出现，材料塑性理论和极限理论的研究、桥梁振动的研究和空气动力学的研究，以及土力学的研究等获得了重大进展。从而为节约桥梁建筑材料、减轻桥重、预计基础下沉深度和确定其承载力提供了科学的依据。现代桥梁按建桥材料可分为预应力钢筋混凝土桥、钢筋混凝土桥和钢桥[24]。

1928年，法国弗雷西内工程师经过20年的研究，用高强钢丝和混凝土制成预应力钢筋混凝土。这种材料克服了钢筋混凝土易产生裂纹的缺点，使桥梁可以用悬臂安装法、顶推法施工。随着高强钢丝和高强混凝土的不断发展，预应力钢筋混凝土桥的结构也得到不断改进，建桥跨度不断提高。

预应力钢筋混凝土桥主要有梁桥、悬臂梁桥、拱桥、桁架桥、刚架桥、斜拉桥等桥型。

瑞士位于Klosters镇的Sunniberg桥(图1.9)长526m，高约60m，是阿尔卑斯山上最大的桥梁之一。

法国米约大桥(图1.10)是斜拉索式的长桥。它是目前世界上第二高的大桥，全长达2.46km，但只用7个桥墩支撑，其中2、3号桥墩分别高达245m和220m。

图1.9 瑞士Sunniberg桥(1998年)

图1.10 法国米约大桥(2004年)

简支梁桥的跨径多在50m以下。连续梁桥如1966年建成的法国奥莱隆桥，是一座预应力混凝土连续梁高架桥。

悬臂梁桥如1964年联邦德国在柯布伦茨建成的本多夫桥,其主跨长为209m;中国1980年完工的重庆长江大桥,主跨为174m。

1960年建成的前联邦德国芒法尔河谷桥采用桁架桥,跨径为(90+108+90)m,是世界上第一座预应力混凝土桁架桥。

中国铁路桥梁建设起步较早,有代表性的6座里程碑式的桥梁如下:

(1) 武汉长江大桥(1957年,图1.11),钢桁梁,主跨128m,钢材:Q235。

(2) 南京长江大桥(1968年,图1.12),钢桁梁,主跨160m,钢材:16Mnq。

图1.11　武汉长江大桥(1957年)　　　　图1.12　南京长江大桥(1968年)

(3) 九江长江大桥(1993年,图1.13),钢桁拱,主跨216m,钢材:15MnVNq。

(4) 芜湖长江大桥(2000年,图1.14),板-桁斜拉桥,主跨312m,钢材:14MnNbq。

图1.13　九江长江大桥(1993年)　　　　图1.14　芜湖长江大桥(2000年)

(5) 天兴洲长江大桥(2009年,图1.15),钢桁斜拉桥,主跨504m,钢材:Q370qe。

(6) 大胜关长江大桥(2011年,图1.16),异型钢桁拱,主跨336m,钢材:WNQ570。

图1.15　天兴洲长江大桥(2009年)　　　　图1.16　大胜关长江大桥(2011年)

1951年联邦德国建成的杜塞尔多夫至诺伊斯桥，是一座正交异性板桥面箱形梁，跨径206m。1957年联邦德国建成的杜塞尔多夫北桥，是一座6孔72m钢板梁结合梁桥。1957年南斯拉夫建成的贝尔格莱德的萨瓦河桥，是一座钢板梁桥，跨径为(75+261+75)m，为倒U形梁。1973年法国建成的马蒂格斜腿刚架桥，主跨为300m。1972年意大利建成的斯法拉沙桥，跨径达376m，是目前世界上跨径最大的钢斜腿刚架桥。1966年美国建成的俄勒冈州阿斯托里亚桥，是一座连续钢桁架桥，跨径达376m。1966年日本建成的大鸣门桥，是一座连续钢桁架桥，跨径达300m。1964年美国建成的纽约维拉扎诺吊桥，主孔1298m，吊塔高210m。1966年英国建成的塞文吊桥，主孔985m。这座桥根据风洞试验，首次采用梭形正交异性板箱形加劲梁，梁高3.05m。1980年英国完工的恒比尔吊桥，主跨为1410m，也用梭形正交异性板箱形加劲梁，梁高仅3m[25]。

20世纪60年代以后，钢斜拉桥发展起来。第一座钢斜拉桥是瑞典建成的斯特伦松德海峡桥，建于1956年，跨径为(74.7+182.6+74.7)m。1959年联邦德国建成的科隆钢斜拉桥，主跨为334m；1971年英国建成的厄斯金钢斜拉桥，主跨305m；1975年法国建成的圣纳泽尔桥，主跨404m。通过对钢斜拉桥抗风抗震性能的改进，使桥的跨径增大[27]。

1962年委内瑞拉建成的马拉开波湖桥是斜拉桥，这座桥为5孔235m连续梁，由悬在A形塔的预应力斜拉索将悬臂梁吊起。斜拉桥的梁是悬在索形成的多弹性支承上，能减少梁高，且能提高桥的抗风和抗扭转震动性能，并可利用拉索安装主梁，有利于跨越大河，因而应用广泛。1971年利比亚建造的瓦迪库夫桥是预应力混凝土斜拉桥，主跨282m。中国已建成十多座预应力混凝土斜拉桥，1982年建成的山东济南黄河桥，主跨为220m[26]。九江长江大桥的建设发明了双壁钢围堰技术，为江河海洋深水基础施工提出了新方法。

世界上建成的大跨度斜拉桥是俄罗斯岛大桥(图1.17)主跨1104m，于2012年建成；苏通长江大桥(图1.18)主跨1088m，于2008年建成；香港昂船洲大桥(图1.19)主跨1018m，于2008年建成；日本多多罗大桥主跨890m，于1999年建成；美国Sunshine桥(图1.20)主跨365m，于1987年建成。我国至今已建成各种类型的斜拉桥100多座，其中50余座跨径大于200m。我国已成为拥有斜拉桥最多的国家，在世界十大著名斜拉桥排名榜上，中国目前共有8座，其中苏通长江大桥主跨1088m。

图1.17 俄罗斯岛大桥(2012年)

图1.18 苏通长江大桥(2008年)

世界上著名的12座悬索桥如下：日本明石海峡大桥(图1.21)主跨1991m，于1998年建成；中国舟山西堠门大桥主跨1650m，于2009年建成；丹麦大带桥主跨1624m，于1998年建成；中国润扬长江大桥主跨1490m，于2005年建成；中国南京长江四桥主跨1418m，于2012年建成；英国亨伯尔桥主跨1410m，于1981年建成；中国江阴长江大桥主跨1385m，于1999年建成；中国香港青马大桥(图1.22)主跨1377m，于1997年建成；美国韦拉扎诺桥主跨1298m，于1964年建成；中国坝陵河大桥(图1.23)主跨1088m，于2009年建成；中国矮寨大桥(图1.24)主跨1176m，于2012年建成。

图1.19　昂船洲大桥(2008年)

图1.20　美国Sunshine桥(1987年)

美国金门大桥(图1.7)主跨1280m，于1933年动工，1937年5月竣工。桥长2737m，桥面宽度27m，桥塔高度342m。这两个高342m的桥塔直到1998年日本明石海峡大桥竣工前还是世界上最高的悬索桥桥塔。

1964年之前，金门大桥一直是世界上最长的悬索桥，拥有世界上悬索桥中最大跨度的纪录达27年之久。2011年首次进行整体重漆，仍然使用国际橘，这是金门大桥开通74年来首次整体重漆。金门大桥新颖的结构和超凡脱俗的外观，使其成为美国乃至整个太平洋西岸的标志性建筑，它被国际桥梁工程界广泛认为是桥梁美学典范。

图1.21　明石海峡大桥(1998年)

图1.22　香港青马大桥(1997年)

图1.23　坝陵河大桥(2009年)

图1.24　矮寨大桥(2012年)

世界上著名的拱桥如下：阿联酋迪拜赛义德大桥主跨667m，预计2015年建成；中国重庆朝天门大桥(图1.25)主跨552m，2008年建成；中国上海卢浦大桥(图1.26)主跨550m，2003年建成；美国新河谷大桥(图1.27)主跨518.2m，1997年建成；美国贝尔桥Bayonne主跨504m，1931年建成；澳大利亚悉尼港大桥主跨503m，1932年建成；中国重庆巫山长江大桥主跨492m，2005年建成；中国重庆万县长江大桥(图1.28)主跨420m，1997年建成；中国重庆菜园坝长江大桥(图1.29)主跨420m，2007年建成；克罗地亚KRK大桥含两座拱桥，大跨390m，小跨240m，1980年建成。

图1.25　重庆朝天门大桥(2009年)

图1.26　上海卢浦大桥(2003年)

图1.27　美国新河谷大桥(1977年)

图1.28　万县长江大桥(1997年)

图1.29　重庆菜园坝长江大桥(2007年)

图1.30　江界河大桥(1995年)

迪拜赛义德大桥(图1.31)是阿联酋一座在建的桥梁，桥梁总长度为1600m，主跨667m，建成后将成为世界上跨度最大、桥拱最高的拱桥。大桥宽64m，高190m，桥下至水面净空高15m。大桥将耗资25亿迪拉姆，预计2015年建成。

图 1.31　阿联酋迪拜赛义德大桥

4. 世界桥梁之最

- 现存最古老的石拱桥是古罗马引水渠桥。公元前 15～公元 109 年建。
- 现存最古老的敞肩式石拱桥是中国赵州桥。隋朝开皇十五年(618 年)建成。
- 现存最早的也是桥洞最多的联拱石桥是苏州宝带桥。唐元和十一年(816 年)建。
- 最早的开关活动式大石桥是广州潮州广济桥。明宣德十年(1435 年)建。
- 世界上跨度最大的石拱桥——1946 年瑞典建成的绥依纳松特桥,跨度为 155m。
- 世界上第一座钢筋混凝土主梁斜拉桥——1925 年西班牙波尔河桥,主跨为 60.35m。
- 世界上跨径最大钢斜腿刚架桥——1972 年意大利建成的斯法拉沙桥,跨径 376m。
- 世界上跨径最大的预应力混凝土斜拉桥——西班牙的卢纳巴里奥斯桥,跨径 440m。
- 世界第一跨度斜拉桥——俄罗斯岛大桥,主跨 1104m,于 2012 年竣工。
- 世界第一跨度悬索桥——日本明石海峡桥,横跨日本内海,大桥全长 3190m,主跨 1991m,1998 年竣工,可承受里氏 8.5 级地震。
- 世界上最长的跨海大桥——青岛海湾大桥,跨越胶州湾海域,全长约 35.4km,其中海上段长度 26.75km,是世界最长的跨海大桥。
- 世界最大跨径钢箱拱桥——上海卢浦大桥(图 1.25),主跨 750m,2003 年建成。
- 世界最大跨径钢桁架拱桥——朝天门长江大桥(图 1.26),主跨 552m,2009 年建成。
- 世界最大跨径公轨两用拱桥——菜园坝长江大桥(图 1.29),主跨 420m,2007 年建成。
- 世界最大跨径连续刚构桥——重庆长江大桥复线桥,主跨 330m,2006 年建成。
- 世界最大跨径钢管混凝土拱桥——巫山长江大桥,主跨 492m,2005 年建成。
- 世界最大跨径混凝土桁架拱桥——江界河大桥(图 1.30),主跨 330m,1995 年建成。
- 世界最大跨径劲性骨架混凝土拱桥——万县长江大桥(图 1.28),主跨 420m,1997 年建成。
- 1977 年建成的美国新河谷大桥(图 1.27),跨径 510m,桥面宽 22m,在水面以上 268m 立柱的箱形截面具有强烈的锥度,桥梁纤细而精美,欧式的桥面结构,不但使风载减小,而且使结构的外观更漂亮。
- 荷兰伊拉斯缪斯大桥(图 1.32),得名于著名的人文主义学者 D.伊拉斯缪斯(1469～1536)。大桥位于鹿特丹市,由 Ben van Berkel 设计。长 800m,1996 年完工。主桥是独塔单索面非对称斜拉桥,混凝土塔身高 139m,造型新颖,充满现代气息和进取精神。

- 最不可思议的桥——数学桥(图1.33)。在英国伦敦剑河上有一座古老的木质桁架桥,由詹姆斯·小埃塞克斯根据埃斯里奇的设计而建造。它展示出现代钢梁桥的雏形,桥身相邻桁架之间均构成 11.25°夹角。在 18 世纪,这种设计被称为几何结构,可以命名为"数学桥"。

图 1.32 荷兰伊拉斯缪斯大桥(1996 年)

图 1.33 伦敦数学桥(1749 年)

1.2 组合结构桥梁的发展历史

钢-混凝土组合结构桥梁,既是一种高强、高性能的材料组合,也是一种高效、经济、环保的先进施工技术[28]。近年来,钢-混凝土组合结构在桥梁工程中获得了广泛的应用。随着泵灌技术、高强、高性能、轻质混凝土的研究及应用,新型组合结构体系如钢管混凝土结构、板-桁组合结构[29,30]、组合斜拉结构[31]、预应力组合结构桥梁的工程应用,钢-混组合结构有关规范的编制[32,33],钢-混凝土组合结构进入了新的发展时期。

钢-混凝土组合结构,充分发挥了材料力学优点,具有耐疲劳、延性好、稳定性好、降低冲击系数等优势,还具有施工方便、造价低、综合效益好等长处[34],并且轻质、高强、大跨、环保、经济、美观,特别适合我国国情[35]。

钢-混凝土组合结构的研究应用及其创新,也促进了钢结构、混凝土结构、预应力技术的发展,推动了相关学科发展[36]。组合结构在我国的理论与试验研究相对滞后,而工程实践中的应用十分迫切。加快制订组合桥梁的设计与施工规范[37]是十分必要的。

随着我国经济的迅速发展,钢产量不断上升,劳动力成本不断增长,采用组合结构的优势将更加明显[38],需要加大对组合结构研究的投入力度。

1879 年,英国的 Severn 铁路桥在钢管桥墩中填充混凝土,形成了钢管混凝土结构[39]。1897 年,美国人 John Lally 在圆钢管中填充混凝土作为承重柱(称为 Lally 柱)[40]。1908 年,Burr 在美国纽约进行了组合柱的试验,发现混凝土确实提高了型钢柱的承载力[41]。

1937 年,前苏联建成 101m 跨径的钢管混凝土拱桥。1939 年,在西伯利亚建成跨度 140m 钢管混凝土上承式铁路拱桥[42]。与钢拱桥相比,钢管混凝土桥梁节省钢料 52%,降低造价 20%[43]。日本于 1953 年建成第一座采用组合结构的公路桥[44]。1959 年有关组合结构规范颁布以后,日本大部分钢结构公路桥都改用组合结构桥梁[45]。

1923 年,日本的关东大地震证明了组合结构的抗震能力,由此赢得了土木工程界的好评。美国洲际公路协会 1944 年制定的《公路桥涵设计规范》列入了有关组合梁设计的内容。德国 1955 年制定了《桥梁组合梁》，日本 1958 年制定了《钢骨钢筋混凝土结构计算规程》，并于 1959 年颁布了《钢道路桥组合梁设计施工指南》。

前苏联在 1978 年制定了《劲性钢筋混凝土结构设计指南》(CN3—78)。1979 年英国标准协会制定了《钢-混凝土及组合梁桥》。1979 年美国钢结构学会 ASSC 制定了《钢-混凝土组合梁设计规范》。

1984 年，欧洲规范的草案在英国完成，是以 CEB(欧洲国际混凝土委员会)、ECCS(欧洲钢结构协会)、FIP(国际预应力联合会)、IABSE (国际桥梁与结构工程协会)在 1981 年共同颁布的《组合结构》规范为基础修订而成的。

组合结构桥梁的研究应用也借鉴了预应力混凝土结构设计[46]、混凝土结构耐久性设计、现代斜拉桥的经验，进行桥梁方案比选[47]，更加重视桥梁美学[48]。

深圳彩虹大桥(图 1.34)首次集钢管混凝土系杆拱、预应力钢-混凝土组合结构桥面、大直径钢管混凝土组合桥墩于一体，为首座全组合结构体系桥梁。作为独柱独桩式拱桥，其跨度居国内第一，其新型的预应力组合桥面结构为国内外首创。

图 1.34　深圳彩虹大桥(2000 年)

法国最先建成钢腹板箱梁 La Ferte Saint-Aubin 桥，简支梁跨度 38m。由于采用平钢板，不仅造成部分纵向预应力损失，而且为防止钢板局部屈曲需要焊接纵向加劲肋。到目前为止，世界上平钢腹板组合梁仅此一例。

1986 年，法国建成波形钢腹板箱梁 Cognac 桥，主跨(31+43+31)m，是世界上首座波形钢腹板箱梁。日本前谷桥主跨(77.3+84.3)m 波形钢腹板刚构梁的设计与施工[49]，成为很好的组合桥梁工程实例。

钢-混凝土组合桥梁在我国的研究与应用发展很快[50]。我国在组合桥梁的研究与应用、波形钢腹板箱梁研究等方面取得了一系列成果[51]。2005 年，河南省首先建成我国首座波形钢腹板箱梁光山浉河桥，跨度 4×30m。2011 年，我国建成了波形钢腹板箱梁山东鄄城黄河大桥[52]。

我国近年来先后建成了万县长江大桥、山东鄄城黄河大桥、巫山长江大桥、芜湖长江大桥、旺苍东河桥、水柏铁路北盘江大桥、杭州钱塘江四桥。

芜湖长江大桥首次采用板-桁组合结构，河南光山浉河大桥是首座波形钢腹板组合桥梁，南京江山桥为国内首座钢桁腹 PC 梁。

国道 107 深圳机场、兴围、黄田桥 2013 年建成,是首座带悬臂撑的钢桁腹 PC 梁,在建的深圳大学 1#桥是世界首座双层钢桁腹 PC 组合梁桥。

1.3 组合结构桥梁的主要形式

国内外钢-混凝土组合结构桥梁发展很快,日本大部分公路桥都采用组合结构桥梁,组合结构桥梁在我国也取得了许多新的进展。

其主要结构类型有:钢-混凝土组合梁、波形钢腹板 PC 梁、钢桁腹 PC 组合结构桥梁、钢管混凝土拱桥及其混合结构形式等。

1. 钢-混凝土组合梁

将抗拉性能强的钢材和抗压性能强的混凝土合理地用在构件的拉伸区及其压缩区,追求高性能、经济性是钢-混凝土组合梁的设计原则。

法国于 1990 年完成的 Hopital 桥,两根主梁的间距为 12.6m,通过使用高强度的混凝土桥面板及施工横向预应力钢筋来减少主梁根数。北京国贸立交桥(图 1.35)位于北京市朝阳区,是长安街和北京三环路相交处的一座立交桥,始建于 1986 年,于 2000 年拆除重建。重庆长江大桥复线桥(图 1.36)主跨 330m,采用钢与混凝土混合结构[53]。

图 1.35 北京国贸立交桥(2002 年)

图 1.36 重庆长江大桥复线桥(2006 年)

连接件也称剪力件,它保证钢梁与钢筋混凝土板的整体共同工作性能。连接件的形式较多,包括用钢筋制作的柔性连接件和用带加劲肋的角钢制作的刚性连接件。带头栓钉作连接件施工速度快、质量好,使用较为普遍;此外,也可用摩擦型高强螺栓传递剪力,这两种连接件,一般也属于柔性连接件。

许多研究者对焊钉连接件在单个设置时的抗剪承载力进行了研究,依据试验结果也提出了各自的计算方法。Hiragi 等人认为主要的影响因素有焊钉的杆部直径、高度及其混凝土的抗压强度,焊钉作为连接件会受到剪力或拉拔力的共同作用。美国最早使用的焊钉直径分别为 19mm、22mm,德国焊钉直径为 10mm、22mm,日本焊钉直径为 13mm、19mm。

Kurita 等人进行了焊钉群抗剪强度试验。试验表明:预留孔设置与否都不影响焊钉的抗剪刚度、抗剪承载力、最大滑移量,焊钉都是根部剪切破坏[54]。通过与单个设置的焊钉比较,焊钉群的每一个焊钉的抗剪承载力并未减小。

开孔钢板连接件的作用机理主要有 3 个方面:一是依靠孔中混凝土的抗剪作用承担沿

钢板的纵向剪力；二是依靠孔中混凝土的抗剪作用承担分离力；三是与型钢连接件相同，钢板受压承担面外的横向剪力。开孔钢板连接件的4种破坏模式如下：

(1)两孔之间的钢板发生剪切破坏。

(2)圆孔中的混凝土发生割裂破坏。

(3)圆孔中的混凝土发生剪切破坏。

(4)圆孔中的混凝土发生压缩破坏。

2. 波形钢腹板PC梁

1986年，法国完成了一座钢腹板替代混凝土腹板的简支箱梁桥Cognac桥，主跨(31+43+31)m，采用体外索施加纵向预应力。1987年，法国又修建了Maupre高架桥(图1.37)，桥梁跨径布置为(41+57.3+53.6+50.4+47.3+44.1+41)m，主梁为三角形箱连续梁桥，随后又修建了Dole桥、Asterix桥，桥跨形式包括简支和连续桥梁。

1995年建成的法国Dole桥为波折腹板7跨连续组合箱梁桥，其中有5跨跨度达到80m。日本栗东大桥(图1.38)为主跨170m双索面低塔斜拉桥，单箱三室波形钢腹板组合梁。日本矢作川桥是一座波形钢腹板箱梁的斜拉桥，跨度布置为(173.4+2×235+173.4)m。波形钢腹板预应力混凝土箱梁桥具有以下主要优点：

(1)用波形钢腹板替代钢筋混凝土腹板，主梁自重可以减轻20%~30%。

(2)波形腹板在桥梁纵向刚度几乎为零，大幅度提高了施加预应力的效率。

(3)波形腹板使上下混凝土翼缘板相互间不受约束，徐变、收缩影响减小。

(4)波形腹板是利用弯成的波形几何形状代替加劲肋，具有很高的抗剪强度。

(5)箱梁腹板制作可以实行工厂化，并且伴随着自重减轻，架设施工容易。

图1.37 法国Maupre高架桥(1987年)

图1.38 日本栗东大桥(2005年)

波形钢腹板替代混凝土腹板，抗扭刚度及抗剪刚度分别降低到约40%、10%，纵向及横向抗弯刚度分别降低到约90%、75%。

2006年，日本完成了一座连续长度超过1000m以上的波形钢腹板组合箱梁桥——鬼怒川桥(图1.39)，该桥于2003年7月24日开始修建，2006年11月4日建成。桥长1005m，为16跨连续梁桥，跨径组合为(45.75+4×46.9+61.7+9×71.9+60.55)m，桥宽9.65m，根部梁高5m，跨中梁高4m。

2006年，日本矢作川桥(图1.40)修建完成，其结构形式采用4跨预应力斜拉桥，跨径组合为(173.4+2×235+173.4)m，采用悬臂施工的方法修建而成。

图 1.39　日本鬼怒川桥(2006 年)

图 1.40　日本矢作川桥(2006 年)

波形腹板与混凝土顶、底板之间的连接是最重要的结合部位,两者连接方式有两种:腹板上下端焊接翼缘板并配置连接件的翼缘型连接,把腹板直接伸入混凝土板中的嵌入型连接。波形腹板与内衬混凝土用焊钉连接,根据分担的剪力,确定腹板及混凝土厚度。用钢管代替底板构成三角形截面,主梁稳定的截面形式对抗扭有利;纵向体外索有利于索的维护及更换。采用波形腹板及钢管混凝土作为梁杆件使用,不仅技术含量很高,而且使得包括桥墩在内的整体造型美观、设计新颖。

3. 钢桁腹组合 PC 梁

国外研究认为,把钢桁架的上下弦用钢筋混凝土板代替,节省钢材,减小截面高度,是很有意义的探索。

德国 1984 年建成的 Nesenbach 铁路桥(图 1.41)是一座 3 跨简支的上承式组合桁架桥,跨径(33.5+43.5+33.5)m。负弯矩区没有设置预应力钢筋,在桥墩附近的两个下弦杆之间浇筑混凝土板,上下弦杆形成组合结构的双重组合体系。

瑞士 1997 年建成 Lully 高架桥(图 1.42)是一座 23 跨连续的上承式组合桁架,跨径为(29.93+21×42.75+29.93)m,桥面宽 12m,为上下线分离式。

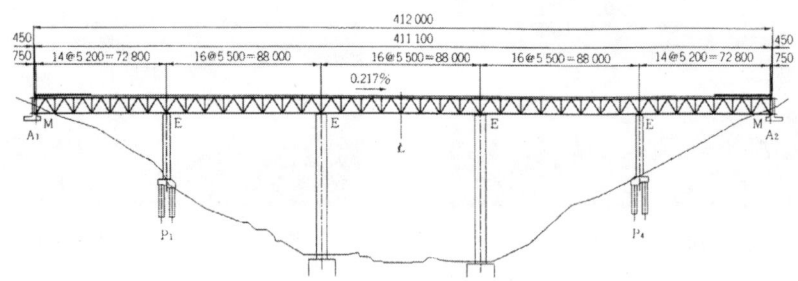

图 1.41　德国 Nesenbach 铁路桥(1984 年)

日本板桥川公路桥在设计负弯矩区时不考虑与钢桁架的组合,桥面板采用的是组合结构[55, 56]。日本猿田川桥(图 1.43),桥跨组合为(63×5+2×90+100+2×110+58×5)m。中国深圳 107 国道桥(图 1.44),桥跨组合为(30+30)m。法国 Bras de la Plaine 桥(图 1.45)为单孔跨径 280m,桥梁全长 305m,腹板为钢桁腹腹杆。

现代桁架桥基本上都开始采用高强螺栓或焊接进行杆件间的连接,最近建成的芜湖长江大桥采用的就是全封闭焊接整体节点,弦杆之间的连接采用大直径高强螺栓。

图 1.42 瑞士 Lully 高架桥(1997 年)

图 1.43 日本猿田川桥(2006 年)

图 1.44 深圳 107 国道桥(2014 年)

图 1.45 法国 Bras de la Plaine 桥(2001 年)

钢桁架梁与混凝土桥墩固接不仅可以减少支座维护费用、减小主桁架的负弯矩，而且伴随着超静定次数的增加，抗震性能提高。椿原桥位于日本东海北路公路干线上，2002 年 7 月建成，为 3 跨连续组合结构桁架桥。

4. 钢管混凝土拱桥

钢管混凝土拱桥属于钢-混凝土组合结构中的一种。钢管混凝土拱桥是将钢管内填充混凝土，由于钢管的径向约束而限制受压混凝土的膨胀，使混凝土处于三向受压状态，从而显著提高混凝土的抗压强度。钢管由于混凝土的内衬作用，提高了钢管的压杆稳定性。

同时钢管兼有纵向主筋和横向套箍的作用，同时可作为施工模板，方便混凝土浇筑。施工过程中，钢管可作为劲性承重骨架，其焊接工作简单，吊装重量轻，从而能简化施工工艺，缩短施工工期。

钢管混凝土工作特点是：核芯混凝土可以防止管壁丧失局部稳定性，防止钢管内表面锈蚀；钢管可以阻止核芯混凝土在纵向压力作用下的侧向变形，使其处于三向受压状态，从而提高其抗压强度和抗变形能力。

1923 年，日本关东大地震后，发现钢管混凝土结构破坏并不明显，故在以后的建筑中大量采用该类结构。1995 年，日本阪神地震后，更显示其优越的抗震性能，进一步成为优先考虑的结构。

钢管本身既是施工模板，又兼有纵向钢筋和横向箍筋作用，同时承担劲性承重骨架，可省去模板。即使管壁无摩擦、无加劲肋的钢管混凝土梁，作为受弯构件使用，局部屈曲后仍有很大的承载力和变形能力。

1929 年，前苏联建造了位于西伯利亚 NceTB、跨度达 140m 的上承式钢管混凝土桁肋铁路二铰拱桥。1990年，中国第一座钢管混凝土拱桥，四川的旺苍东河大桥建成，主跨110m。目前，已建成的世界最大跨度组合结构拱桥为我国巫山长江大桥(图1.46)，主跨492m；杭州钱塘江四桥(图1.47)采用非常典型的双层桥面的钢管混凝土拱桥，建于2004年，主跨1376m。

图1.46 巫山长江大桥(2005年)

图1.47 杭州钱塘江四桥(2004年)

钢管混凝土拱桥在我国得以迅速发展，我国钢管混凝土拱桥的应用与发展已引起国外的关注，目前，我国已经建成的钢管混凝土拱桥超过200座，我国桥梁工作者也通过学术交流将其向海外进行了介绍。

法国一座钢管混凝土拱桥，位于Gervaudan公路上，跨越Escudo河，长229m，宽30m，其主跨径为126.4m的上承式拱。捷克也建成了一座钢管混凝土拱桥，它是跨越Brno-Vienna高速公路的地方道路桥梁。

钢管混凝土内力计算时刚度宜取大值，即根据中国钢管混凝土结构设计与施工规程CECS28:90和英国BS5400标准取钢管与混凝土刚度叠加方法。

5. 桥梁新材料

1910年，Buck D.M.开发了能够抑制大气中锈蚀的含铜钢。美国于1933年开始生产耐候钢，1964年首次将其应用到新泽西组合桥梁。1970年建成了世界上最大跨度的上承式耐候钢拱桥，1983年建成耐候钢斜拉桥，1989年制定耐候钢设计指南。

日本1967年将耐候钢应用到桥梁上(图1.48)，德国从1969年开始建造耐候钢，加拿大新建钢桥有90%是耐候钢，韩国从1992年开始，建了约15座耐候钢桥梁。

我国张家界大峡谷玻璃桥(图1.49)距谷底约400m，全长370m，桥面采用透明玻璃铺设，工程无钢筋支架，是一种全玻璃结构的桥梁。玻璃桥首次使用新型复合材料。

图1.48 日本耐候钢桥

图1.49 张家界大峡谷玻璃桥

德国巴伐利亚艾森木桥(图 1.50)跨越美因-多瑙河运河,是一座波浪形人行木桥。该桥全长 190m,主跨 74m,宽 3.2m,采用木结构桥墩和木梁,建于 1986~1987 年,1992 年 9 月维修完成。

海南三亚西河桥(图 1.51)建于 2004 年,为钢管桁梁结构形式,长 245m,宽 4.6m,共 15 个节段,主跨 60m,节段多为双曲线桁架梁,结构新颖,如出水蛟龙。

图 1.50 德国巴伐利亚艾森木桥(1987 年)

图 1.51 海南三亚西河桥(2004 年)

由于桥梁的安全性、适用性、耐久性、施工要求方面的结构需求,使得桥梁结构具有如下特点:不可完全试验,荷载复杂,使用环境极端,使用期限长。由于这些特殊要求使得复合材料在桥梁工程中有更好的应用前景。

FRP 桥梁被各国的研究者认为是 FRP 在结构工程中应用的又一新的发展方向,并进行了一系列的研究与应用工作。

与初期的 FRP 桥梁应用不同,近年来的 FRP 桥梁是指采用拉挤、缠绕、RTM 等高性能碳纤维、高性能玻璃纤维、玄武岩纤维等具有稳定力学性能和使用性能的桥梁或桥梁部件,这些桥梁可称为"高性能复合材料桥梁"。

1.4 组合结构桥梁的应用前景

20 世纪末期,中国改革开放并进行大规模的基础设施建设。截至 2013 年底,中国公路总里程已超过 410 万千米,其中高速公路 9.6 万千米,铁路 9.8 万千米,桥梁数量已超过 69 万座,长度达 33490 千米,中国已成为世界桥梁大国。

先进的泵送混凝土工艺的应用,解决了现场管内混凝土的浇灌工艺问题。同时,高强、高性能混凝土技术的研究应用,为大跨度钢-混凝土组合桥梁的发展创造了条件。

工程界以往普遍认为,大跨径桥梁,特别是跨径 600~1000m 的桥梁,只能选择悬索桥与斜拉桥。现在,越来越多的专家与工程技术人员认识到,大跨径桥梁可选择的方案有悬索桥、斜拉桥、拱桥 3 种主要桥型以及其混合桥型。

大跨度组合结构桥梁可以降低冲击系数、减小疲劳影响,增加结构耐久性,改善主梁、拉索的受力性能[57]。大跨度组合拱桥不仅造型美观,抗风抗震性能优越,而且与悬索桥、斜拉桥相比,可降低工程造价,满足工程建设需要。

参 考 文 献

[1] 蔡绍怀. 我国钢管混凝土结构结构技术的最新进展. 土木工程学报, 1999, 32(4): 16~26.

[2] 方秦汉. 芜湖长江大桥. 华中科技大学学报(城市科学版), 2000, 19: 1~4.

[3] 秦顺全. 芜湖长江大桥板桁组合结构斜拉桥建造技术. 土木工程学报, 2005, 38(9): 94~98.

[4] 朱宏平, 唐家祥. 斜拉桥动力分析三维有限单元模型. 振动工程学报, 1998, 12(1): 85~89.

[5] Zhu S F. Study of Geometric Shape Control and Closure Techniques of Multi-Span Continuous Rigid-Frame Bridge Structure(Master Dissertation). Chongqing: Chongqing Jiaotong University, 2008.

[6] 刘玉擎. 组合结构桥梁. 北京: 人民交通出版社, 2005.94~98.

[7] 蔡绍怀. 钢管混凝土结构设计与施工规程. 北京: 中国计划出版社, 1992.32~38.

[8] 金成棣. 预应力混凝土梁拱组合桥梁——设计研究与实践. 北京: 人民交通出版社, 2001.77~79.

[9] Liu C G, Yin C B. Analysis and Experimental Study on Jacking Force for High Temperature Closure of Con-rinuous Rigid-Frame Bridge. Highway Engineering, 2009, (10): 83~86.

[10] Yin C B, Wang J J, Tang C. Algorithms for the Jacking Force of High-Temperature Closure of a Continuous Rigid-Frame Bridge. Journal of Central South University of Forestry & Technology, 2009, (1): 111~116.

[11] 陈宜言. 波形钢腹板预应力混凝土桥设计与施工. 北京: 人民交通出版社, 2009.56~62.

[12] 周起敬等. 钢-混凝土组合结构设计施工手册. 北京: 建筑工业出版社, 1991.24~31.

[13] 聂建国. 钢-混凝土组合结构原理与实例. 北京: 科学出版社, 2009.423~427.

[14] 陈宝春. 钢管混凝土拱桥设计与施工. 北京: 人民交通出版社, 2002.102~105.

[15] 尹书军. 沪杭客运专线跨沪杭高速公路特大桥(88+160+88)m 自锚上承式拱桥设计. 铁道标准设计, 2010, (5): 57~60.

[16] 徐君兰. 大跨度桥梁施工控制. 北京: 人民交通出版社, 2000.22~25.

[17] 张联燕, 李泽生, 程懋方等. 钢管混凝土空间桁架组合梁式结构. 北京: 人民交通出版社, 2001.11~16.

[18] 惠卓, 刘钊, 黄晓东等. 三跨上承式预应力混凝土拱桥优化设计. 东南大学报, 2007, (2): 296~300.

[19] 徐勇, 马庭林, 陈克坚. 水柏铁路北盘江大桥钢管混凝土拱设计. 北京: 中国铁道科学, 2003.13~26.

[20] 林同炎. 预应力混凝土结构设计. 北京: 中国铁道出版社, 1983.55~58.

[21] 陈肇元, 赵国藩. 混凝土结构耐久性设计与施工指南. 北京: 中国建筑工业出版社, 2004.33~34.

[22] 周念先. 桥梁方案比选. 2 版. 上海: 同济大学出版社, 1997.41~46.

[23] 和丕壮. 桥梁美学. 北京: 人民交通出版社, 1999.165~168.

[24] 陈宝春, 孙潮, 陈友杰. 桥梁转体施工方法在我国的应用与发展. 公路交通科技, 2001, (2): 24~28.

[25] 张联燕, 程懋方, 谭邦明等. 桥梁转体施工. 北京: 人民交通出版社, 2002.121~126.

[26] 黄卿维, 陈宝春. 日本前谷桥的设计与施工. 福建建筑, 2005, (1): 58~62.

[27] Zou Y S, Shan R S. The Determination of Jacking Force for Closure of Continuous Rigid Frame Bridge. Journal of Chongqing Jiaotong Institute, 2006, (2): 12~15.

[28] 赵玲, 庄勇. 无锡市金匮桥总体设计与结构特色. 桥梁建设, 2010, (5): 64~66.

[29] Li Y L, Zhou W. Calculation Methods and Meshanical Behavior Analysis of Jacking Force for Closure of

Continuous Rigid-Frame Bridge. Technology & Economy in Areas of Communications, 2007, (5): 6~8.

[30] Zhang C Z, Shi W S. Treatment Measures and Experience in Making High Temperature Closure of Rigid Framed Continuous Girders. Journal of Railway Engineering Sosiety, 2006, (7): 46~48.

[31] Zhang X D, Zhan H, Shu H B, et al. Research of Closure Construction Techniques for Long-Span Prestressed Concrete Continuous Girder Bridge. Bridge Construction, 2005, (2): 63~66.

[32] Wen W S. Construction Control of Continuous Rigid Frame Structure of Auxiliary Bridge of Sutong-Bridge. Construction, 2008, (4): 65~69.

[33] 肖海珠, 刘承虞, 易伦雄. 南京大胜关长江大桥铁路钢桥面设计与研究. 桥梁建设, 2009, (4): 9~12.

[34] Chen H B, Chen Q, Wang F, et al. Pushing Effect Analysis and Scheme Design of Closure of Long Span Continuous Rigid-Frame Bridges. Highway, 2009, (7): 209~211.

[35] Chen W Z, Wang Z P, Xu J. Awim Method Used for Steel Truss Bridge. Bridge Construction, 2009, (4): 72~75.

[36] Wang C S, Chen A R, Chen W Z.Assessment Methods of Remaining Fatigue Life and Service Safety of Riveted Steel Bridges. Journal of Tongji University (Natural Science), 2006, 34(4): 461~466.

[37] Chen W Z, Wang C S, Xu L. Re-maining Fatigue Life and Safety of Waibaidu Bridge in Shanghai. Bridge Construction, 2002, (2): 6~10.

[38] Su C, Han D J, Yan Q S, et al. Wind-Induced Vibra-tion Analysis of the Hong Kong Ting Kau Bridge. Proceedings of the Institution of Civil Engineers. Structures and Buildings, 2003, 156(3): 263~272.

[39] 潘东发, 李军堂. 南京大胜关长江大桥钢梁安装方案研究. 桥梁建设, 2007, (3): 5~8.

[40] 门智杰. 广州市内环路钢梁吊装施工技术. 桥隧机械&施工技术, 2010, (5): 64~66.

[41] Kiviluoma R.Coupled-Mode Buffeting and Flutter A-nalysis of Bridge. Computers & Structures, 1998, (70): 219~229.

[42] Ding Q, Lee P K K. Computer Simulation of Buffeting Actions of Suspension Bridge Under Turbulent Wind. Computers & Structures, 2000, (76): 787~797.

[43] Chen J, Xiao R C, Xiang H F. Full Range Nonlinear Aerostatics Analysis for Long-Span Cable-Stayed Bridge. China Journal of Highway and Transport, 2000, 13(3): 25~28.

[44] Huang P M, Wang D, Zhou K F. Re-search on Aerostatic Stability of Asymmetry Pedestrian Suspension Bridge Without Tower. Journal of Highway and Transportation Research and Develop-ment, 2008, 25(4): 99~102.

[45] 宋杰, 杨梦纯. 郑州黄河公铁两用主桥第一联钢梁架设技术研究. 钢结构, 2010, (12): 72~75.

[46] Saiidi M, Hutchens E, Gardella D. Bridge Pestress Losses in Dry Climate. Journal of Bridge Engineer-ing, 1998, 3(3): 111~116.

[47] Cole H A. Direct Solution for Elastic Prestress Loss in Pretensioned Concrete Girders. Practice Periodical on Structurl Design and Construction, 2000, 5(1): 27~31.

[48] Pessiki S, Kaczinski M, Wescott H H. Evaluation of Effective Prestress Force in 28-Year Old prestressed Concrete Beams. PCI Journal, 1996, 41(6): 78~89.

[49] Qin S Q. Unstressed State Control Method for Bridges Constructed in Stages. Bridge Constructed in Stages. Bridge Constuction, 2008, (1): 8~14.

[50] Chen K L, Yu T Q, Xi G. Development and prospective of Hybrid Girder Cable-Stayed Bridge. Bridge Construction, 2005, (2): 1~4.

[51] Liang P, Xiao R C, Xu Y. Assembled Geometry and Unstressed Geometry of Super Long Span Cable-Stayed Bridges. Journal of Chang'an University (Natural Science Edition), 2006, (4): 49~53.

[52] Li Q, Bu Y Z, Zhang Q H. Whoble-Procedure Adaptive Construction Control System Based on Geometry Control Method. China Civil Engineering Journal, 2009, (7): 69~77.

[53] Li Z P. Installation Technology for Steel Box-Girder of Nanjing No.3 Yangtze River Bridge. Construction Technology, 2008, (5): 111~114.

[54] 马涛. 天兴洲长江大桥墩顶4节间钢桁梁安装方案. 山西建筑, 2010, (1): 317~318.

[55] 邓新安. 重庆朝天门长江大桥建造中的技术创新. 中国港湾建设, 2008, (5): 1~4.

[56] Chen M, Luo C B, Wu Q H. Assistant Pullback Technique for Main Span Closure of Sutong Bridge. Engineering Sciences, 2009, (11): 75~80.

[57] 李勇. 大跨度钢-混凝土组合桥梁空间理论与应用研究. 华中科技大学博士论文, 2011.

第 2 章　钢-混凝土组合桥梁基本原理

2.1　钢-混凝土组合桥梁的基本理论

结构极限承载能力的计算主要有两种不同的计算方法：极限平衡法、全过程分析法。

(1) 极限平衡法：不管加载和变形过程，直接根据结构处于极限状态时的平衡条件算出极限状态的荷载数值[1]。这种方法不需要明确结构材料的本构关系。

(2) 全过程分析法：需跟随结构的荷载变化历史[2~4]，从结构的弹性状态开始，经过弹塑性阶段，最后到达极限状态。

极限平衡法由于绕过了困难的弹塑性阶段，不需确定材料的本构关系，因而相比全过程分析法简单。但是，对于钢-混凝土组合结构桥梁来说，全过程分析法也是必要的。

2.1.1　结构承载能力定义

本书主要着眼于钢-混凝土的承载能力，以钢-混凝土构件所能承受的"最大荷载"作为"极限承载能力"的定义。这样的定义不受变形条件和变形值的限制，可通用于各种加载方式[5~7]，各种套箍混凝土，准静力加载、动力加载和高速加载，在各种条件的试验中，均可方便地测出[8]。

大跨度钢-混凝土组合结构桥梁，不仅承受静载，还要承受动载[9]，其动载所占比例要比混凝土结构大，有冲击和疲劳问题。因而，研究大跨度结构承载能力是必要的。

2.1.2　极限平衡理论

1. 结构和元件

元件在一定的变形方式下的极限条件可以由实验确定或预先由理论计算确定。只有极限条件已知的那些组成结构的部分，才能叫做元件。极限平衡理论将结构视为由一系列元件所组成的体系。元件的变形方式和相应的极限条件(屈服条件)是已知的，而结构的极限承载能力是待求的。

元件和结构的划分，都只具有相对的意义。当我们把任一杆件看成是元件时，不言而喻，它的极限条件(极限承载能力)是已知的[10]。如果该杆件的极限条件尚不清楚，我们就应先把它看成是另一层次的结构。

元件和结构的极限状态都以作用在它们上面的力的大小作为量度的标准。当作用力达到某种大小，使元件破坏或发生严重的自由变形，我们就称元件达到极限状态，或称元件屈服。

当作用力达到某种大小，使结构发生破坏，丧失承载能力，或者使结构变形加剧成为机构，我们就称结构达到其极限状态。

2. 理论的基本假设

极限平衡理论的基本假设结构具有以下 3 个特性：

(1) 元件极限条件（屈服条件）的稳定性。结构的元件，在达到极限（屈服）强度时，其变形应能足够急剧地增长，但变形的增长不会改变元件的极限（屈服）条件。在结构丧失承载能力之前，结构的所有元件都不会失去稳定。

(2) 荷载增长的单调性和一致性。作用于结构上的所有荷载都按同一比例徐徐增长，即所谓准静力式的简单加载。

(3) 结构变形的微小性。在结构丧失承载能力之前，结构和元件的变形均很小，因而可以忽略静力平衡方程中几何尺寸的变化，只需按变形前的结构尺寸来考虑和建立结构静力平衡关系。

以上假设，是把实际结构的元件理想化为刚塑性元件，即忽略其弹性变形。

3. 解析方法

结构在达到其极限承载能力时，应满足以下 3 个条件：

(1) 元件极限（屈服）条件。即各元件的内力不会超过其屈服时的极限抗力。

(2) 静力平衡条件。即结构元件中的内力（抗力）与外荷载保持平衡。

(3) 机动条件。即结构中有足够数量的元件达到极限状态（屈服），使结构成为可自由变形的机构。

在极限分析中，如能同时满足上述 3 个条件，则所求得的极限荷载为结构的真实的极限承载能力。在求解复杂结构的极限承载能力时，一般说来，不大容易同时满足这 3 个条件，因此就只能作出近似解，即求出极限荷载的上限或下限。

求近似解的方法有两种：静力法和机动法。用机动法求得的极限荷载总是不小于真实的极限荷载，称之为上限解[11]；用静力法求得的极限承载力总是不大于真实的极限荷载，称之为下限解。

机动法只考虑结构的机动条件和元件极限（屈服）条件，应用虚功原理求解，而对静力平衡条件则不予注意。静力法只考虑静力平衡条件和元件极限（屈服）条件，而对结构的机动条件是否满足则不予注意[12,13]。

事实上，静力平衡条件在任何时候都是要遵守的，只是在机动法中，反力的虚功为 0，故不以明显的形式表现出来，从而解题时就不需注意静力平衡条件。

曾庆元教授建立的形成矩阵的"对号入座"法则与桁段有限元法，为大型复杂空间结构计算分析提供了简便且实用的方法。特别是对于横隔板、桥门架等局部刚度变化的叠加，形成结构总体刚度矩阵十分简便。

4. 塑性元件和假塑性元件

元件可划分为塑性元件和假塑性元件。凡元件耗散与塑性变形的功率与其极限应力状态无关者为塑性元件，相反则为假塑性元件。塑性元件服从正交流动法则和最大塑性功原理，其屈服函数是凸形函数。而假塑性元件无以上性质。

极限平衡理论证明，机动法只适用于全部元件都是塑性元件的结构。如果塑性元件掺杂了假塑性元件的结构，只能用静力法求解。

2.1.3 结构位移模式

图 2.1 表示一个典型的 3 结点三角形单元，其结点 i、j、m 按逆时针方向排列。每个结点位移在单元平面内有两个分量，即

$$\{\delta_i\} = \begin{bmatrix} u_i & v_i \end{bmatrix}^T \qquad (i, j, m) \tag{2-1}$$

式中，u_i、v_i 为结点 i 沿 x 轴和 y 轴方向的位移分量。记号 (i, j, m) 表示其结点的位移可以按下标 i、j、m 轮换得到。

一个三角形单元有 3 个结点，共有 6 个结点位移分量(图 2.1)。它们可用列阵表示为

$$\{T\}^e = \begin{bmatrix} \delta_i^T & \delta_j^T & \delta_m^T \end{bmatrix}^T = \begin{bmatrix} u_i & v_i & u_j & v_j & u_m & v_m \end{bmatrix}^T \tag{2-2}$$

单元体中任意一点的位移分量是 x、y 的函数。选择线性函数为位移模式，即

$$u = \alpha_1 + \alpha_2 x + \alpha_3 y, \qquad v = \alpha_4 + \alpha_5 x + \alpha_6 y \tag{2-3}$$

式中，α_1，…，α_6 为待定常数，可以由单元的结点位移确定。

设结点 i、j、m 的坐标分别为 (x_i, y_i)、(x_j, y_j)、(x_m, y_m)，结点位移为 (u_i, v_i)、(u_j, v_j)、(u_m, v_m)。将它们代入式(2-3)，有

$$\begin{aligned} u_i &= \alpha_1 + \alpha_2 x + \alpha_3 y & v_i &= \alpha_4 + \alpha_5 x + \alpha_6 y \\ u_j &= \alpha_1 + \alpha_2 x + \alpha_3 y & v_j &= \alpha_4 + \alpha_5 x + \alpha_6 y \\ u_m &= \alpha_1 + \alpha_2 x + \alpha_3 y & v_m &= \alpha_4 + \alpha_5 x + \alpha_6 y \end{aligned} \tag{2-4}$$

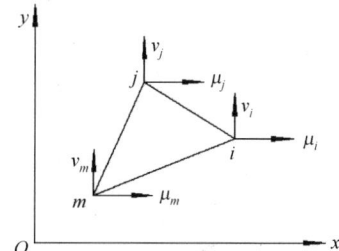

图 2.1 三角形单元的结点位移

联立求解上述公式左边的 3 个方程，可以求出待定系数 α_1, α_2, α_3 为

$$\alpha_1 = \frac{1}{2A} \begin{vmatrix} u_i & x_i & y_i \\ u_j & x_j & y_j \\ u_m & x_m & y_m \end{vmatrix} \qquad \alpha_2 = \frac{1}{2A} \begin{vmatrix} 1 & u_i & y_i \\ 1 & u_j & y_j \\ 1 & u_m & y_m \end{vmatrix} \qquad \alpha_1 = \frac{1}{2A} \begin{vmatrix} 1 & x_i & u_i \\ 1 & x_j & u_j \\ 1 & x_m & u_m \end{vmatrix} \tag{2-5}$$

式中，A 为三角形单元 ijm 的面积

$$A = \frac{1}{2} \begin{vmatrix} 1 & x_i & y_i \\ 1 & x_j & y_j \\ 1 & x_m & y_m \end{vmatrix} \tag{2-6}$$

为使求得面积的值为正值，结点 i、j、m 的次序必须是逆时针转向，如图 2.1 所示。至于将哪个结点作为起始点 i，则没有关系。

将式(2-5)代入式(2-3)的第一式，整理得

$$u = \frac{1}{2A} \left[(a_i + b_i x + c_i y) u_i + (a_j + b_j x + c_j y) u_j + (a_m + b_m x + c_m y) u_m \right] \tag{2-7}$$

同理可得

$$v = \frac{1}{2A} \left[(a_i + b_i x + c_i y) v_i + (a_j + b_j x + c_j y) v_j + (a_m + b_m x + c_m y) v_m \right] \tag{2-8}$$

式中

$$a_i = x_j y_m \times x_m y_j$$
$$b_i = y_j - y_m \tag{2-9}$$
$$c_i = -x_j + x_m$$

如令

$$N_i = \frac{1}{2A}(a_i + b_i x + c_i y) \qquad (i,j,m) \tag{2-10}$$

则位移模式(2-7)和式(2-8)可以写为

$$u = N_i u_i + N_j u_j + N_m u_m, \quad v = N_i v_i + N_j v_j + N_m v_m \tag{2-11}$$

式中，N_i、N_j、N_m 是坐标函数，反映了单元的位移形态，因而称为位移函数的形函数，其性质将在下面进一步讨论。

由式(2-11)，单元中一点的位移可用结点位移表示为下列矩阵形式

$$\{f\} = [N]\{\delta\}^e \tag{2-12}$$

式中，矩阵称为形函数矩阵，其维数为 2×6，进一步写为分块形式

$$[N] = \begin{bmatrix} N_i & N_j & N_m \end{bmatrix} \tag{2-13}$$

其中子矩阵为

$$N_i = \begin{bmatrix} N_i & 0 \\ 0 & N_i \end{bmatrix} = N_i I \qquad (i,j,m) \tag{2-14}$$

式中为 2 阶单位矩阵。

根据形函数的定义式(2-10)，容易证明形函数具有以下性质：

(1) 形函数 N_i 在结点 i 上的值等于 1，在其他结点上的值等于 0，即

$$N_i(x_i, y_i) = 1, \qquad N_i(x_j, y_j) = 0, \qquad N_i(x_m, y_m) = 0 \tag{2-15}$$

对于 N_j，N_m 也有同样的表达式。

(2) 在单元中任一点，3 个形函数之和等于 1，即

$$N_i(x,y) + N_j(x,y) + N_m(x,y) = 1 \tag{2-16}$$

(3) 在三角形单元边界 ij 上一点，有形函数公式

$$N_i(x,y) = 1 - \frac{x - x_i}{x_j - x_i}, \qquad N_j(x,y) = \frac{x - x_i}{x_j - x_i}, \qquad N_m(x,y) = 0 \tag{2-17}$$

(4) 形函数 N_i 在单元上的面积分和边界 ij 上的线积分公式为

$$\iint_a N_i \mathrm{d}x \mathrm{d}y = \frac{A}{3}, \qquad \int_{ij} N_i \mathrm{d}l = \frac{1}{2}\overline{ij} \tag{2-18}$$

式中，$\overline{ij}$ 为 ij 边的长度。

2.1.4 非线性平衡方程的建立

1. 有限变形结构的虚功增量平衡方程

结构受载后产生变形,在变形完成后达到平衡。对于大变形结构,必须根据结构的变形状态来建立其平衡方程。变形状态的平衡方程必须根据结构变形态的边界条件来求解。然而这种边界条件只在平衡方程解出后才被确定,事前并不知道。如果平衡方程是用结构初始态(受载前状态)的坐标建立,结构初始态的边界条件可以事先确定,则平衡方程可以求解,这就避免了直接解变形态平衡方程的困难。为此,需将用欧拉坐标描述的结构变形态平衡方程变换为用拉格朗日坐标描述的结构初始态平衡方程,所示的笛卡直角坐标系来说明这种变换(注意这里用笛卡尔直角坐标,没有区分矢量的协变分量与逆变分量,分量均用右下标表示)。图中 X_i,x_i 分别为结构质点的初始态与变形态坐标。

设结构在变形态(称为现时构形)的体积为 V,边界为 A,单位体积为 P_i,应力边界条件为 $q_i = \sigma_{ij} n_j$,为柯西(Cauchy)应力,n_j 为 A_t 边界面外法线方向 n 在 j 方向的分量,即方向余弦。在边界 A_u 上规定变形态的位移边界条件,如图 2.2 所示。

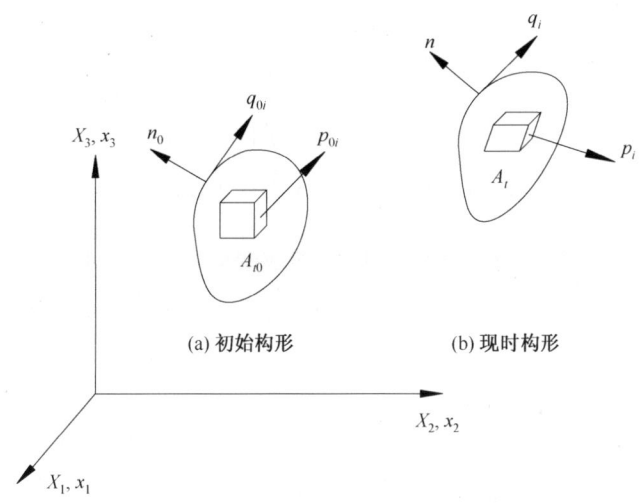

图 2.2 结构在现时构形和初始构形的受力

再设结构自现时的平衡状态产生与约束条件相协调的无限小虚位移 δu_i,δu_i 在 V 内单值连续并满足位移边界条件,即在 A_u 上 $\delta u_i = 0$,则根据虚功原理,在虚位移过程中外力做的虚功为

$$\delta W = \int_v p_i \delta u_i \mathrm{d}v + \int_{A_t} q_i \delta u_i \mathrm{d}A \tag{2-19}$$

将应力边界条件 $q_i = \sigma_{ij} n_j$ 代入式(2-19),得

$$\delta W = \int_v p_i \, \delta u_i \, \mathrm{d}v + \int_A \sigma_{ij} \, \delta u_i \, \mathrm{d}A \tag{2-20}$$

因为结构在 A_t 以外的表面上无面力,故可将式(2-19)中的 A_t 写为 A。

由高斯(Gauss)定理得

$$\int_A \sigma_{ij} n_j \delta u_i \, dA = \int_v \frac{\partial}{\partial x_j}(\sigma_{ij} \delta u_i) \, dv$$

$$= \int_v \frac{\partial \sigma_{ij}}{\partial x_j} \delta u_i \, dv + \int_v \sigma_{ij} \frac{\partial \delta u_i}{\partial x_j} \, dv$$

$$= \int_v \frac{\partial \sigma_{ij}}{\partial x_j} \delta u_i \, dv + \int_v \sigma_{ij} \delta \frac{\partial u_i}{\partial x_j} \, dv \tag{2-21}$$

由弹性力学知，(b)现时变形的平衡方程为 $\frac{\partial \sigma_{ij}}{\partial x_j} = -P_i$，代入上式得

$$\int_A \sigma_{ij} n_j \delta u_i \, dA = -\int_v p_i \delta u_i \, dv + \int_v \sigma_{ij} \delta\left(\frac{\partial u_i}{\partial x_j}\right) dv \tag{2-22}$$

考虑到柯西应力 σ_{ij} 的对称性，可证明，上式中的微元 $\frac{\partial u_i}{\partial x_j}$ 可用无限小柯西应变 $\varepsilon_{ij} = \frac{1}{2}\left(\frac{\partial u_i}{\partial x_i} + \frac{\partial u_j}{\partial x_j}\right)$ 代替，则

$$\int_A \sigma_{ij} n_j \delta u_i \, dA = -\int_v p_i \delta u_i \, dv + \int_v \sigma_{ij} \delta \varepsilon_{ij} \, dv \tag{2-23}$$

代入式(2-20)，并考虑式(2-19)，得出大变形结构用欧拉坐标描述的虚功方程：

$$\int_A \sigma_{ij} \delta \varepsilon_{ij} \, dv = \int_v p_i \delta u_i \, dv + \int_v \sigma_{ij} \delta u_i \, dA \tag{2-24}$$

式(2-24)表示：外力所做虚功等于结构的虚应变能。式(2-24)是根据大变形结构现时位形平衡状态及其平衡方程 $\frac{\partial \sigma_{ij}}{\partial x_j} + p_i = 0$ 导出的，所以它代表大变形结构在现时位形的平衡条件。

前述所知，式(2-24)需交换为用拉格朗日坐标描述的相对于结构初始构形的虚功方程。

由于格林应变张量的物质导数等于 $\frac{d}{dt}E_{ij} = \frac{1}{2}\frac{\partial x_k}{X_i}\frac{\partial x_l}{X_j}\left(\frac{\partial \dot{u}_k}{x_l} + \frac{\partial \dot{u}_l}{x_k}\right)$，以 dt 乘此式的两边，并将微分号 d 写为变分号 δ，则得

$$\delta E_{ij} = \frac{\partial x_k}{X_i}\frac{\partial x_l}{X_j} \delta\left(\frac{1}{2}\left(\frac{\partial u_k}{x_l} + \frac{\partial u_l}{x_k}\right)\right) = \frac{\partial x_k}{X_i}\frac{\partial x_l}{X_j} \delta \varepsilon_{kl} \tag{2-25}$$

所以

$$\delta \varepsilon_{kl} = \frac{1}{2}\frac{\partial X_i}{x_k}\frac{\partial X_j}{x_l} \delta E_{ij} \tag{2-26}$$

另外，由克希荷夫应力 S_{lm} 与欧拉应力的关系：

$$S_{lm} = J \frac{\partial X_l}{x_i}\frac{\partial X_m}{x_j} \delta_{ij} \tag{2-27}$$

得出

$$\sigma_{ij}=J^{-1}\frac{\partial x_i}{X_l}\frac{\partial x_j}{X_m}S_{lm}$$

此处的 $J=\dfrac{\mathrm{d}v}{\mathrm{d}v_0}$，$v_0$ 为结构初始构形的体积。

再假定 $p_{0i}\mathrm{d}v_0=p_i\mathrm{d}v$，$q_{0i}\mathrm{d}A_0=q_i\mathrm{d}A$，则得

$$p_i=\frac{p_{0i}\mathrm{d}v_0}{\mathrm{d}v} \tag{2-28}$$

$$q_i=\frac{q_{0i}\mathrm{d}A_0}{\mathrm{d}A} \tag{2-29}$$

将式(2-25)中的坐标中 i、j 及 k、l 分别变换为 n、p 及 i、j，再将式(2-25)、式(2-26)、式(2-27)代入式(2-24)，得

$$\int_{v_0}J^{-1}\frac{\partial x_i}{X_l}\frac{\partial x_j}{X_m}S_{lm}\frac{\partial X_n}{x_i}\frac{\partial X_p}{x_j}\delta E_{np}J\mathrm{d}v_0=\int_{v_0}\frac{p_{0i}\mathrm{d}v_0}{\mathrm{d}v}\delta u_i+\int_{A_t}\frac{q_{0i}\mathrm{d}A_0}{\mathrm{d}A}\delta u_i\mathrm{d}A \tag{2-30}$$

式(2-30)中左边项为

$$\int_{v_0}\delta_{nl}S_{lm}\delta_{pm}\delta E_{np}\mathrm{d}v_0=\int_{v_0}S_{nm}\delta E_{nm}\mathrm{d}v_0=\int_{v_0}S_{ij}\delta E_{ij}\mathrm{d}v_0$$

所以最后得出用拉格朗日坐标描述的相应于初始位形的虚功方程如下：

$$\int_{v_0}S_{ij}\,\delta E_{ij}\,\mathrm{d}v_0=\int_{v_0}p_{0i}\,\delta u_i\,\mathrm{d}v_0+\int_{At}q_{0i}\,\delta u_i\,\mathrm{d}A_0 \tag{2-31}$$

2. 有限变形结构的 U.L 虚功增量平衡方程

因为在大变形情况下，格林应变张量的变分 δE_{ij} 是非线性的，故由式(2-31)得出的结构平衡方程组是非线性方程组，求解很困难。

结构静力极限承载力试验是一步一步加载的，一步一步测试，直到荷载加不上去，结构破坏，试验终止。

结构静力极限承载力分析和静力几何非线性分析也是这样进行：即把加载和分析过程分成 0，Δp，$2\Delta p$，$3\Delta p$，$\cdots$，Δp 为每一时间步内的荷载增量。依次计算每时间步内的结构位移、应变和应力的增量，结构在任一时间点 t 时的总位移，总应力为该时间 t 前面各增量位移与增量应力的迭加。

把全量平衡方程组的求解转化为若干增量平衡方程组的求解，这些增量平衡方程组由结构虚功增量方程导出，下面按 U.L 列式演引大变形结构的虚功增量方程。

设结构初始构形、t 时刻构形及 $t+\Delta t$ 时刻构形示意图及其任意质点 p 的笛卡儿直角坐标分别示于(图 2.3)，图中各坐标的左上标表示结构位形所在的时间。取结构在 t 时刻的构形为参考位形来求结构在 $t+\Delta t$ 时刻的位移、应变及应力等的增量。

根据物理概念及参考位形的意义，$t+\Delta t$ 时刻的克希荷夫应力为 t 时刻的应力 ${}_t^tS_{ij}$ 与 t 到 $t+\Delta t$ 时刻的应力增量 ${}_tS_{ij}$ 的迭加，这里应力符号的左上标表示应力所在时间，左下标表示参考位形，以上格林应变的左上标与左下标均是这样的意义。${}_t^tS_{ij}$ 为结构 t 时刻相对于 t 时刻位形的应力，就是 t 时刻的柯西应力 ${}^t\sigma_{ij}$，所以有

$$^{t+\Delta t}_{t}S_{ij} = {}^{t}\sigma_{ij} + {}_{t}S_{ij} \tag{2-32}$$

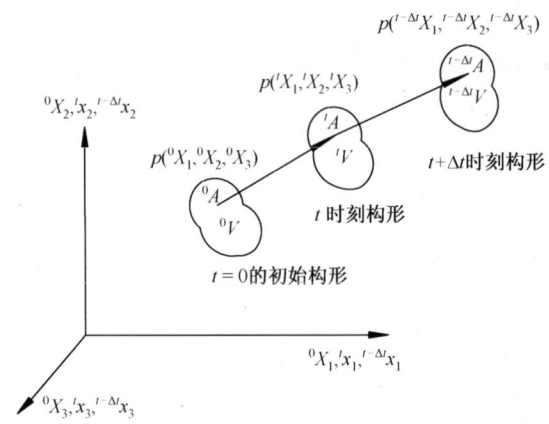

图 2.3 结构在 $t=0$，t，$t+\Delta t$ 时刻的构形及坐标示意

因为取 t 时刻结构位形为参考位形，故 $t+\Delta t$ 时刻任意质点在 i 方向的位移为

$$^{t+\Delta t}u_i = {}^{t}u_i + {}_{t}u_i = 0 + {}_{t}u_i = {}_{t}u_i \tag{2-33}$$

$t+\Delta t$ 时刻的格林应变为

$$^{t+\Delta t}_{t}\varepsilon_{ij} = {}^{t}_{t}\varepsilon_{ij} + {}_{t}\varepsilon_{ij} = 0 + {}_{t}\varepsilon_{ij} = {}_{t}\varepsilon_{ij} \tag{2-34}$$

又由笛卡尔直角坐标系下的格林应变张量计算式，有

$$^{t+\Delta t}_{t}\varepsilon_{ij} = {}_{t}\varepsilon_{ij} = \frac{1}{2}({}_{t}u_{i,j} + {}_{t}u_{j,i} + {}_{t}u_{k,i}\,{}_{t}u_{k,j}) = {}_{t}e_{ij} + {}_{t}n_{ij} \tag{2-35}$$

式中

$$_{t}e_{ij} = \frac{1}{2}({}_{t}u_{i,j} + {}_{t}u_{j,i}) \quad 为线性应变$$

$$_{t}n_{ij} = \frac{1}{2}\,{}_{t}u_{k,i}\,{}_{t}u_{k,j} \quad 为非线性应变$$

根据式(2-31)，以 t 时刻为参考位形时，$t+\Delta t$ 时刻的结构虚功方程为

$$\int_{t_v} {}^{t+\Delta t}_{t}S_{ij}\,\delta\,{}^{t+\Delta t}_{t}\varepsilon_{ij}^{t}\mathrm{d}v = \int_{t_v} {}^{t+\Delta t}_{t}p_i\,\delta\,{}^{t+\Delta t}u_i^{t}\mathrm{d}v + \int_{tA_v} {}^{t+\Delta t}_{t}q_i\,\delta\,{}^{t+\Delta t}u_i^{t}\mathrm{d}A_T = {}^{t+\Delta t}R \tag{2-36}$$

这里 $^{t+\Delta t}R = \int_{t_v} {}^{t+\Delta t}_{t}p_i\,\delta\,{}^{t+\Delta t}u_i^{t}\mathrm{d}v + \int_{tA_v} {}^{t+\Delta t}_{t}q_i\,\delta\,{}^{t+\Delta t}u_i^{t}\mathrm{d}A_T$

将式(2-32)、式(2-33)、式(2-34)代入式(2-36)，得

$$\int_{t_v} ({}^{t}\sigma_{ij} + {}_{t}S_{ij})\,\delta\,{}^{t+\Delta t}_{t}\varepsilon_{ij}^{t}\mathrm{d}v = {}^{t+\Delta t}R \tag{2-37}$$

再将式(2-35)代入式(2-37)，得

$$\int_{t_v} ({}^{t}\sigma_{ij} + {}_{t}S_{ij})\,\delta\,({}_{t}e_{ij} + {}_{t}n_{ij})^{t}\mathrm{d}v = {}^{t+\Delta t}R \tag{2-38}$$

展开式(2-38)有

$$\int_{t_v} {}^{t+\Delta t}_{t}S_{ij}\,\delta\,({}_{t}e_{ij} + {}_{t}n_{ij})^{t}\mathrm{d}v + \int_{t_v} {}^{t}\sigma_{ij}\,\delta\,{}_{t}n_{ij}{}^{t}\mathrm{d}v = {}^{t+\Delta t}R - \int_{t_v} {}^{t}\sigma_{ij}\,\delta\,{}_{t}e_{ij}{}^{t}\mathrm{d}v \tag{2-39}$$

设结构材料的本构关系张量为 $_tC_{ijrs}$,则 $_tS_{ij}=_tC_{ijrs}(_te_{rs}+_tn_{rs})$。当时段 Δt 很小时,结构应力增量与应变增量都是有限小量,则可以认为应力增量之间的关系是线性的,即 $_tS_{ij}=_tC_{ijrst}e_{rs}$。

$$\int_{t_v} {}^tC_{ijrst}\, e_{rs}\, \delta_t\, e_{ij}\, {}^t\mathrm{d}v + \int_{t_v} {}^tC_{ijrst}\, e_{rs}\, \delta_t\, n_{ij}\, {}^t\mathrm{d}v + \int_{t_v} {}^t\sigma_{ij}\, \delta_t\, n_{ij}\, {}^t\mathrm{d}v = {}^{t+\Delta t}R - \int_{t_v} {}^t\sigma_{ij}\, \delta_t\, e_{ij}\, {}^t\mathrm{d}v \quad (2\text{-}40)$$

上式左边第二项是非线性项,为简化计算,忽略不计。最后得出大变形结构按 U.L 列式(Updated Lagrange Formulation)的虚功增量方程(因为式中 $_te_{ij}$、$_te_{rs}$、$_tn_{ij}$ 都是 t 到 $t+\Delta t$ 时间内的增量应变)。

$$\int_{t_v} {}^tC_{ijrst}\, e_{rs}\, \delta_t\, e_{ij}\, {}^t\mathrm{d}v + \int_{t_v} {}^t\sigma_{ij}\, \delta_t\, n_{ij}\, {}^t\mathrm{d}v = {}^{t+\Delta t}R - \int_{t_v} {}^t\sigma_{ij}\, \delta_t\, e_{ij}\, {}^t\mathrm{d}v \quad (2\text{-}41)$$

2.2 钢-混凝土组合桥梁的力学特点

抗拉性能高的钢材、抗压强度高的混凝土,分别合理地用在构件的拉伸区及其压缩区,极大限度地追求高性能、经济性是钢与混凝土组合结构的设计原则[14]。将两种材料合理地加以组合后,经济性要好于钢结构或混凝土结构。钢-混凝土组合结构的设计理念如图 2.4 所示。当混凝土与钢材的用量比例适当时,有造价最低的可能性。

组合结构最大的技术特点是组合后的性能优于两种材料各自的力学性能。钢材处于拉伸区域时,其强度及其延性能够很好发挥,但当处于压缩区域时,由屈曲强度决定,特别是薄钢板制作的构件,材料性能很难发挥;而混凝土是比钢材自重大、抗压强度高但抗拉强度显著小的脆性材料。因此,两者力学上的组合作用主要表现在两个方面,即钢材对混凝土的套箍作用及混凝土对钢材的内衬作用。

最典型的钢材与混凝土提高互补性能的实例是钢管混凝土。钢管混凝土柱,亦称 LALLY 柱,其荷载-应变关系如图 2.5 所示。混凝土柱在钢管的约束套箍作用下,承载力及其抗变形能力都大幅度提高,明显高于两者单独叠加的效果。混凝土桥墩用钢板外包补强也是钢材套箍作用混凝土的实例之一。

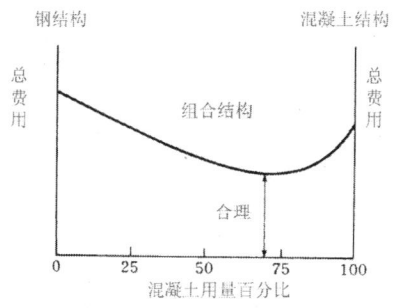

图 2.4 组合结构设计理念

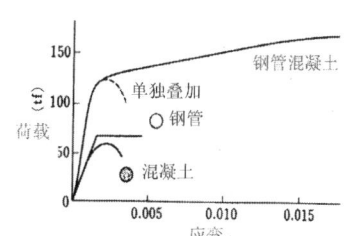

图 2.5 钢管混凝土柱荷载-应变关系

混凝土对钢材支援的实例也有很多,优点有防腐蚀、防震动、减轻噪声及其提高屈曲强度等。受集中力作用的钢管混凝土梁的荷载-应变关系如图 2.6 所示。3 个试件的不同分别是管壁内侧是否有摩擦和加劲肋。试验表明,即使管壁无摩擦、无加劲肋的钢管混凝土梁，作为受弯构件使用，在局部屈曲后仍然有很大的承载力与变形能力。基于这一原理，将钢管混凝土用作桥梁、钢构桥、斜拉桥等桥型的主梁是可行的。

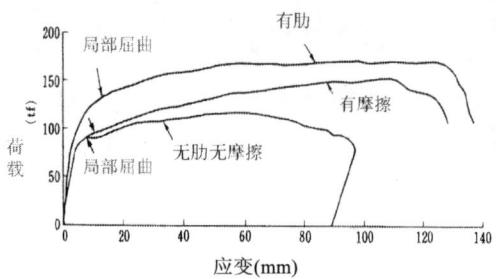

图 2.6 受弯钢管混凝土梁载荷-应变关系

一般来说，连续组合梁负弯矩区受力很大，通常要采取在混凝土桥面板中施加预应力、或加大截面高度等措施。如图 2.7 所示是在工字钢的腹板与上下翼缘之间内衬混凝土并配有少量钢筋的构造形式，通过用混凝土对钢梁的支援来达到提高承载性能的目的。把这种截面形式称为内衬式组合梁，依据抗弯及其抗剪加载试验得出的荷载与变形的关系如图 2.8 所示。与纯工字钢梁相比，其抗弯承载力提高约 1 倍，抗剪承载力提高约 2 倍。同时，它还有竖向加劲肋间距可以增大、纵向加劲肋能够省略的技术特点。

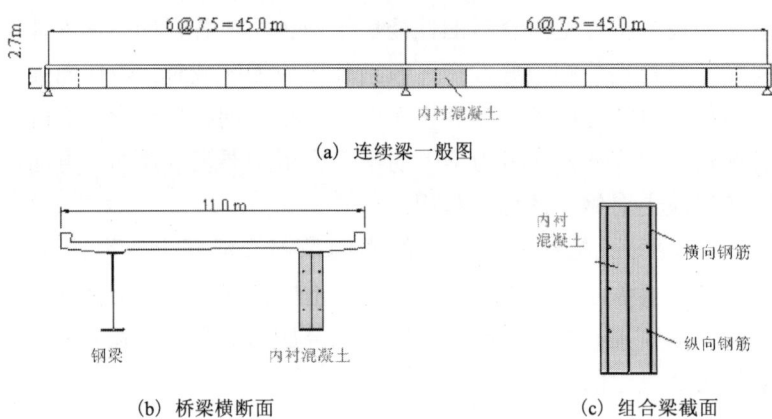

图 2.7 内衬混凝土组合梁构造

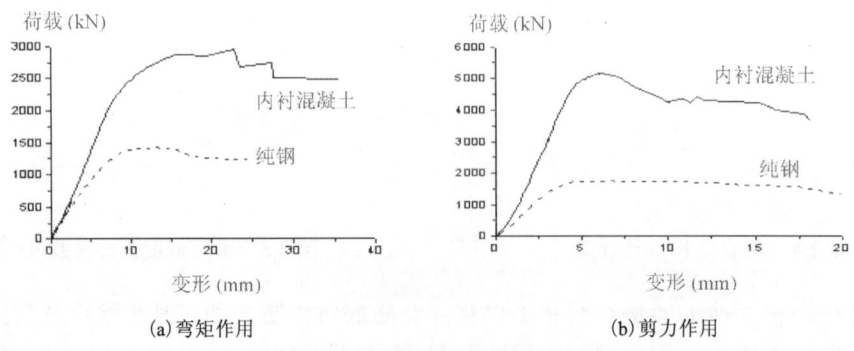

图 2.8 内衬混凝土组合梁加载试验

2.3 钢-混凝土组合桥梁的设计施工方法

2.3.1 钢-混凝土组合梁桥设计施工方法

组合梁最初的计算方法是基于弹性理论的换算截面法。这种方法假设钢材与混凝土均为理想弹性体，两者连接可靠，完全共同变形，通过弹性模量比将两种材料换算成一种材料进行计算[15]。目前，换算截面法仍是对组合桥进行弹性分析和设计的基本方法。考虑到混凝土是一种弹塑性材料，钢材是理想的弹塑性材料，计算构件或结构的极限承载力时，在能够保证塑性变形充分发展的前提下，还需要考虑塑性发展带来承载力的提高。

国内外对钢-混凝土组合梁的研究表明，当连接件的数量达到完全抗剪连接时，连接件数量的增加对组合梁的极限强度几乎没有影响；当连接件的数量少到一定程度后，组合梁的极限强度开始降低，直到最后只有钢梁本身提供的承载力。

1951 年，美国的 N.M.Newmark[16]等提出，求解组合梁交界面剪力的微分方程均为弹性、抗剪连接件的荷载-滑移曲线为线性关系，通过求解微分方程得到组合梁的挠曲线。

1975 年 R.P.Johnson[17]根据前人的研究提出了简化的分析方法，即部分抗剪连接组合梁的极限抗弯承载力，可根据完全抗剪连接和纯钢梁的极限抗弯承载力，按照连接件数进行线性插值计算方法而确定。

20 世纪 90 年代，清华大学聂建国教授通过对滑移效应的大量试验及理论分析后提出，设计组合梁时滑移效应不能忽视，它会引起曲率、挠度和转角增大，弹性抗弯强度降低，用未考虑滑移效应的换算截面法计算组合梁的变形值比试验值偏小，由此提出了组合梁计算的折减刚度法。该方法精度高，被国家设计规范采用[18]。

随着有限元理论的发展，有限元法被用于钢-混凝土组合桥梁的研究。由于两种材料组合所引起的复杂性，有限元分析中重点研究的内容为：采用合理的二维或三维混凝土本构关系；引入并考虑混凝土和钢梁交界面之间的滑移及连接件的变形；考虑裂缝的分布及其对结构强度、刚度的影响。随着有限元方法的不断发展，目前它已经成为研究工作中的一个重要方法和工具。

2.3.2 连续组合梁桥混凝土开裂控制措施

对于多跨桥梁，采用连续组合梁可以进一步降低梁高，并具有更好的使用性能。但是，连续组合梁桥负弯矩区会出现混凝土桥面板受拉、钢梁受压的情况，设计时需解决负弯矩区弯剪相关、裂缝控制、内力重分布等问题。

负弯矩区混凝土桥面板开裂后，将导致组合梁刚度降低，有害气体、污水或其他腐蚀性液体可能会渗入这些裂缝，从而腐蚀混凝土板内的钢筋、栓钉以及钢梁，降低桥梁的耐久性，并增加维修养护工作的困难。因此，如何防止负弯矩区混凝土开裂或如何有效地控制负弯矩区混凝土裂缝宽度成为影响连续组合梁桥设计的一个关键问题。

除由混凝土材料自身特点或施工原因引起的裂缝外，组合梁开裂主要有两种原因：一是由支座不均匀沉降、温度梯度或混凝土收缩等内因所引起，二是外荷载作用下负弯矩区的混凝土桥面板在高拉应力作用下开裂。

对于负弯矩区混凝土桥面板裂缝可以有两种处理方式，一种是通过某种措施在混凝土桥面板内产生预压应力来防止混凝土开裂，另一种是允许混凝土桥面产生裂缝，并通过配筋等措施来控制裂缝宽度。清华大学聂建国教授发明的抗拔步抗剪栓钉，对解决支点负弯矩区防止混凝土开裂问题效果良好。

采用预应力方法可以减少甚至防止混凝土在使用荷载下的开裂，使负弯矩区的混凝土桥面板与钢梁仍然形成组合截面共同工作，以达到节省材料、增加结构刚度的目的，并可防止钢梁的锈蚀。在连续组合梁桥负弯矩区引入预应力的方法如下。

1) 通过张拉钢丝束在混凝土桥面板内施加预应力

张拉钢丝束既可以在混凝土桥面板与钢梁形成组合作用之前进行，也可以在混凝土桥面板与钢梁形成组合作用之后进行。虽然前者可以提高高强钢丝束的使用效率，但需要通过特殊的构造措施保证桥面板和钢梁的有效连接。目前，我国北京、深圳等地建造的组合梁桥大多采用后一种预应力张拉方式。

2) 调整支座相对高度形成预应力

混凝土浇筑完毕并硬化之后，通过调整连续组合梁桥各支座的相对高度，能够改变结构的内力分布，在负弯矩区混凝土内形成预压力。支座调整的高度通常与梁跨度成正比，对于跨度较大的组合梁，可能会因顶升工程量太大而无法实施。

3) 预加载形成预应力

在浇筑负弯矩区混凝土之前、正弯矩区段形成组合作用之后，在跨中区段进行预加载，可以在成桥后负弯矩区的混凝土板内形成一定的预压力。预加载可以采用堆重或张拉钢丝束等手段实现。为获得较好的效果，需要的预压荷载工程量通常较大。

通过在钢梁内施加预应力，也能够降低钢材的使用应力。但施加预应力的方法已被证明耗费很高，并导致组合桥与其他桥型的竞争力降低。此外由于徐变效应可能使得预应力的效果随混凝土龄期的增长而逐渐降低。

不通过施加预应力的处理方法，有利于简化施工，并且造价相对较低，是目前研究和应用的重点方向。

以上两种方法各有利弊，需根据具体情况进行选择。

不施加预应力来控制裂缝宽度主要有以下几种方法。

1) 合理设计桥面板的配筋

通过控制桥面板的钢筋配筋率、应力水平以及钢筋直径等条件，可以将组合桥在正常使用阶段的最大裂缝宽度限制在一定范围内，保证结构的耐久性，方便施工，并节省造价。

2) 采取合理的施工措施

采用合理的混凝土翼板施工措施，如合理安排混凝土桥面板的浇筑顺序、采用预应力桥面板等。组合桥的桥面板可以现场浇筑、使用叠合板或压型钢板。

为减少施工阶段及恒载所引起的拉应力，应按一定的顺序浇筑混凝土桥面板，如有支架施工时后浇支座区的混凝土。采用预制桥面板是一种减小混凝土收缩徐变所引起的不利拉应力的有效方法，其主要困难在于对施工质量的要求较高。

近年来，法国等将大型预制桥面板与顶推滑移技术相结合，已建成多座跨度较大的组合桥梁，取得较好的效果。

参 考 文 献

[1] Huang Z F, Tan K H. Analytical fire resistance of axially restrained steel columns. Journal of Structural Engineering, 2003, 129(11): 1531~1537.

[2] 陈水福, 腾锦光, 陈绍礼. 任意截面钢-混凝土组合柱的分析与设计. 建筑钢结构进展, 2002, 4(4): 25~30.

[3] 赵鸿铁. 钢与混凝土组合结构. 北京: 科学出版社, 2001. 58~60.

[4] Neves I G, Valente J G, Rodrigues J P C. Thermal restraint and fire resistance of columns. Fire Safety Journal, 2002, 37(8): 753~771.

[5] Tan K H, Yuan W F. Buckling of elastically restrained steel columns under longitudinal non-uniform temperature distribution. Journal of Constructional Steel Research, 2008, 64(1): 51~61.

[6] 李准华, 刘针. 大跨度预应力混凝土桥梁预应力损失及敏感性分析. 世界桥梁, 2009, (1): 36~39.

[7] 周燕勤, 吕志涛. 预应力长期损失计算建议. 东南大学学报, 1997, 27(S1): 76~80.

[8] 朱罙. 预应力高性能混凝土桥的预应力损失比较. 世界桥梁, 2010, (1): 23~27.

[9] Mitsugi Y. Bridge over the Wilde Gera Valley——The Largest Arch Bridge in Germany. Japanese Journal of PC, 2001, (43)3: 29~32.

[10] 王林, 项贻强, 汪劲丰. 各国规范关于混凝土箱桥梁温度应力计算的分析与比较. 公路, 2004(6): 76~79.

[11] 杨佐, 赵勇, 苏小卒. 国内外规范的混凝土桥梁截面竖向温度梯度模式比较. 结构工程师, 2010, (1): 37~43.

[12] 盖卫明, 任伟新. 大跨度钢桁拱桥的极限承载力分析. 华中科技大学学报(城市科学版), 2008, 12(4): 23~26.

[13] Cticm. Méthode de prevision par le calcul du comportement au feu des structures en acier. Doucument Technique Unifié, Construction Métallique, 1982, 3(1): 12~35.

[14] 刘玉擎. 组合结构桥梁. 北京: 人民交通出版社, 2005. 3~4.

[15] 钟善桐. 钢管混凝土结构. 3版. 北京: 清华大学出版社, 2003. 3~4.

[16] Newmark N M, Siess C P. Test and Anslysis of composite beams with incomplete interaction. Experimental Stress Analysis, 1951, 9(6): 896~901.

[17] Johnson R P.Conposite Strucrures of Sreel and Concretr. London: Granade Publishing Ltd, 1975.

[18] 聂建国. 钢-混凝土组合结构桥梁. 北京: 人民交通出版社, 2011, 4(1): 43~47.

第3章 大跨度异型组合拱桥理论

3.1 国内外拱桥的发展历史

3.1.1 拱桥特点

中国是拱桥王国,但我国建造拱桥的历史要比以造拱桥著称的古罗马晚好几百年,始于东汉中后期,有1800余年的历史,而古罗马有2000多年的历史。

1400多年前建成的赵州桥是世界上首座敞肩式拱桥。它经历了10次水灾,8次战乱和多次地震,至今仍能使用。赵州桥保持石拱桥最大跨度纪录730余年。这个纪录直到法国于1339年建成净跨45.5m的赛雷拱桥才被打破。世界著名古式拱桥及参数如表3.1所示。

表3.1 世界著名古式拱桥

时间	地点	桥名	跨度(m)	高跨比	圆弧半径	圆弧角度	弧长/跨度
公元前62年	罗马	Pons Fabricius	24.8	0.42	12.6	159	1.41
2世纪	西班牙	Alconétar桥	6.72	0.25	4.2	105	1.16
300年	土耳其	Limyra桥	12.87	0.16	—	—	—
618年	中国	赵州桥	37.02	0.19	28	84	1.1
615年	中国	楼殿桥	18	0.17	15	73.7	1.07
1130年	中国	永通桥	25.9	0.12	29.5	52.2	1.04
1187年	法国	Pont d'Avignon	33.7	0.42	17.1	159	1.41
1339年	法国	赛雷桥	45.5	—	—	—	—
1345年	意大利	Ponte Vecchio	29.9	0.19	22.8	82	1.09

我国拱桥的风格独具一格,形式之多,造型之美,世界少有。有驼峰突起的陡拱桥,有宛如皎月的坦拱桥,有玉带浮水般的平坦的纤道多孔拱桥,也有长虹卧波、形成自然纵坡的长拱桥。拱肩上的拱有敞开的(如大拱上加小拱,现称空腹拱)和不敞开的(现称实腹拱)。拱形有半圆、多边形、圆弧、椭圆、抛物线、蛋形、马蹄形和尖拱形,可谓应有尽有。

拱桥孔数上有单孔与多孔,多孔以奇数为多,偶数较少。多孔拱桥的优点是当某孔主拱受荷时,能通过桥墩的变形或拱上结构的作用将荷载由近及远地传递到其他孔主拱上去。这样的拱桥称为连续拱桥,简称连拱。

江浙水乡的三、五、七、九孔石拱桥,一般是中孔最大,两边孔径依次按比例递减,桥墩狭薄轻巧,具有划一格局。由于桥孔搭配适宜,全桥协调匀称,自然落坡既便于行人上下,又利于各类船只的航运。杭州市城北的拱辰桥是三孔的拱桥,它建于明崇祯四年(1631年)。有的桥孔多达数十孔,甚至超过百孔,如1979年发现的徐州景国桥,就有104

孔,初步判定是明清桥梁。多跨拱桥又有连续拱桥和固端拱桥,固端拱桥采用厚大桥墩,在华北、西南、华中、华东等都可见到;连续拱桥只见于江南水乡。按建拱桥的材料分有石拱、木拱、砖拱、竹拱和砖石混合拱。

以承受轴向压力为主的拱圈或拱肋作为主要承重构件的桥梁,拱结构由拱圈(拱肋)及其支座组成。拱桥可用砖、石、混凝土等抗压性能良好的材料建造;大跨度拱桥则用钢筋混凝土或钢材建造,以承受发生的力矩。按拱圈的静力体系划分,拱可分为无铰拱、双铰拱、三铰拱。前二者为超静定结构,后者为静定结构。无铰拱的拱圈两端固结于桥台,结构最为刚劲,变形小,比有铰拱经济,结构简单,施工方便,是普遍采用的形式,但修建无铰拱桥要求有坚实的地基基础。双铰拱在拱圈两端设置可转动的铰支承,结构虽不如无铰拱刚劲,但可减弱桥台位移等因素的不利影响,在地基条件较差和不宜修建无铰拱的地方,可采用双铰拱建设拱桥。三铰拱则是在双铰拱的拱顶再增设一铰,结构的刚度更差些,拱顶铰的构造和维护也较复杂,一般不宜作主拱圈。桥拱按结构形式可分为板拱、肋拱、双曲拱、箱形拱、桁架拱、系杆拱等。

拱桥为桥梁基本体系之一,是大跨径桥梁的主要形式。拱桥建筑历史悠久,20世纪得到迅速发展,50年代以前达到全盛时期。古今中外名桥(如希腊世纪老桥(图3.1)、中国赵州桥、北京颐和园十七孔拱桥(图3.2)、悉尼港桥、克尔克桥等)遍布各地,在桥梁建筑中占有重要地位。它适用于大、中、小跨径的公路桥和铁路桥,更因其造型优美,常用于建造城市及风景区的桥梁。

图 3.1 希腊世纪老桥

图 3.2 北京颐和园十七孔拱桥

3.1.2 拱桥的发展

钢拱桥多数采用上承式或中承式双铰拱形式。无铰拱因必须有坚固的地基,使其应用范围受到限制。在世界上跨度超过300m的8座钢拱桥中,只有一座是无铰箱形肋拱桥,即美国尼亚加拉瀑布上的刘易斯顿-昆斯顿桥,建于1962年,拱跨304.8m。三铰拱因拱顶有铰,变形时有转折点,对高速行车不利,且顶铰构造复杂,维修不便,故只用于较小跨度的钢拱桥。钢拱桥的主拱肋一般可作成桁架形、箱形、板梁形、曲线拱形,分别称为桁拱、箱拱、板拱和双曲拱。

早在1874年,美国建成第一座钢拱桥,即跨越密西西比河的圣路易斯桥。1931年,美国建成了跨度503.6m的贝永桥,1932年,澳大利亚建成了跨度503m的悉尼港桥,这些均为大跨度双铰钢桁架拱桥。

第二次世界大战后,栓焊结构(用高强度螺栓连接焊接构件的结构)逐步得到广泛应用,箱形截面的结构得到了发展。拱桥也不例外,如 1956 年在加纳建成的阿多米桥,为下承式新月形双铰桁拱桥,拱跨 245m,拱的弦杆采用纵向高强度螺栓连接。捷克斯洛伐克在 1967 年建成的兹达科夫桥为双铰钢箱拱桥,拱跨为 330m,两片箱形拱肋支承在伸出 26m 的钢筋混凝土桥台上。

混凝土拱桥是用混凝土代替石料修筑拱圈,其构造形式和石拱桥类同。钢筋混凝土拱桥因铰的构造不易处理,多采用无铰拱,只在小跨度中使用双铰或三铰拱,以上承式或中承式居多。由于混凝土材料的可塑性,它比钢拱桥更易造型装饰,可建成各种造型的拱桥,如多跨的高架峡谷拱桥,不同曲线形的拱桥,以及脱离石拱桥传统形式的片拱、桁架拱等。

20 世纪上半叶,钢筋混凝土拱桥的施工方法从费用昂贵的落地支架现浇拱肋改成较为经济的木制或钢制的拱形支架现浇拱肋,既节省了施工费用,又为跨越宽阔的深河峡谷开拓了应用范围,使跨度纪录达 264m。1941 年,美国建成了尼亚加拉瀑布桥(图 3.3),20 世纪 50~70 年代,由于成功地采用了悬臂拼装和悬臂灌筑的施工方法,大跨度钢筋混凝土拱桥得到进一步发展。如 1964 年建成拱跨 304.8m 的澳大利亚悉尼港的格莱兹维尔桥,4 个箱形拱肋和拱上结构(立柱、横梁、桥道纵梁)全部用预制构件拼装;1966 年南斯拉夫用悬臂灌筑法建成拱跨 246.3m 的希贝尼克桥。世界上最大跨度的钢筋混凝土拱桥是 1980 年建成的拱跨 390m 的南斯拉夫克尔克桥(图 3.4),为上承式无铰拱公路、管道两用桥,拱肋为单箱三室截面,桥面下敷设了 17 条输油管、输水管和工业管道,采用预制构件,悬臂拼装施工。2008 年建成的重庆朝天门长江大桥,主跨 552m,是世界最大跨径钢拱桥(图 3.5),2008 年浙江象山跨海大桥建成,为提篮式钢管混凝土拱桥(图 3.6)。

图 3.3 尼亚加拉瀑布桥

图 3.4 南斯拉夫克尔克桥

图 3.5 重庆朝天门长江大桥

图 3.6 浙江象山跨海大桥

3.1.3 中国拱桥

中国拱桥建筑历史悠久。在古代桥梁中,以石拱桥为主要桥型。无论在山谷、丘陵、平原和水网地区,至今仍存在各种风格的石拱桥。

20 世纪 50 年代以来,中国工业迅猛发展,采用不同材料、不同体系的拱桥也得到迅速发展。在铁路拱桥建设中,1956 年建成的包(头)兰(州)线东岗镇黄河单线上承式钢筋混凝土肋拱桥,拱跨为 3 孔 53m;1959 年建成的詹(店)东(观)线丹河上承式钢筋混凝土拱桥,拱跨增至 88m,两者均为两片工字形截面拱肋。中国目前最大跨度的钢筋混凝土铁路拱桥为 1966 年建成的丰(台)沙(城)线永定河 7 号桥,为单线中承式,拱跨 150m,拱肋为箱形截面,采用钢拱架拼装施工。在公路、城市桥梁建设中,如 1959 年建成湘市湘潭桥,为 8 孔 60m 上承式拱桥,横向布置 6 片高 1.6m 的工字形拱肋,桥宽 21m。70 年代后拱桥向更大跨度发展,主要采用预制拼装的钢筋混凝土拱桥,如四川省的拱跨 150m 的宜宾马鸣溪桥,采用无支架缆索吊装施工。中国公路上最大跨度的钢筋混凝土箱形拱桥为建于 1982 年、拱跨 170m 的四川渡口宝鼎桥,最大跨度公路钢箱形拱桥为建于 1966 年的四川渡口市区金沙江桥,跨度为 180m,1969 年建成的渡口密地栓焊桁架拱桥,跨度也为 180m。

60 年代,为适应广大农村地区发展农业的要求,曾创建一种采用简易机具施工的双曲拱桥。该桥型的主要特点是:拱圈结构化整为零,采用分段拼装式波形拱肋截面,因其结构简单,制造容易,安装方便,形式轻巧,曾一度在公路和城市桥梁中得到广泛使用。如建于 1972 年的长沙湘江大桥(图 3.7),为 8 孔 76m 的钢筋混凝土双曲拱桥。

随着建桥技术的进步,施工机具的改进,起重能力的提高,为求得拼装构件更好的整体性,必然会向较大的拼装单元发展。20 世纪 70 年代后期至今,在我国大跨度拱桥中,钢筋混凝土箱形拱占有一定的优势。

桁架拱桥是将拱上结构和拱肋组成桁式结构,钢筋混凝土桁架拱桥已达 60m,如苏州市郊觅渡桥,预应力混凝土桁架拱桥最大跨度已达 150m,1985 年建成的贵州剑河大桥(图 3.8),为带悬臂的预应力混凝土桁架拱桥;1995 年建成的贵州江界河大桥,主跨为 330m。

图 3.7 长沙湘江大桥

图 3.8 贵州剑河大桥

3.1.4 分类介绍

(1)按照拱上建筑的形式可以分为:实腹式拱桥、空腹式拱桥、组合体系式拱桥。
① 实腹式拱桥是指拱上建筑作成实体结构,拱圈和主梁之间用石料或砌块填充的拱

桥形式。其优点是刚度比较大，构造简单，施工方便；缺点是随着桥梁跨径的增大，拱桥的自重迅速加大，无法建成较大跨径的拱桥。一般用在跨径较小的拱桥中，常用跨径为20～30m。[1]

② 空腹式拱桥是指拱圈和主梁之间用立柱支撑。其优点是比实腹式拱桥轻巧，节省材料，外形美观，还有助于泄洪；缺点是施工比较麻烦，受力较复杂。一般用在大跨径的桥梁中。

③ 组合体系式拱桥是由拱和梁组成主要承重结构的拱桥，通常用钢筋混凝土或钢结构建造。兼有实腹式拱桥和空腹式拱桥的优点，跨越能力较大。一般用在大、中跨度的桥梁中。

(2) 按照拱轴线的型式可分为：圆弧拱桥、抛物线拱桥、悬链线拱桥。

① 圆弧拱桥：拱圈轴线按部分圆弧线设置的拱桥。优点是构造简单，石料规格最少，备料、放样、施工都很简便；缺点是受荷时拱内压力线偏离拱轴线较大，受力不均匀。一般适用于跨度小于20m的石拱桥。

② 抛物线拱桥：拱圈轴线按抛物线设置的拱桥，是悬链线拱桥的一种特例。优点是弯矩小，材料省，跨越能力较大；缺点是构造较复杂，如果是石拱桥则料石的规格较多，施工较不方便。

③ 悬链线拱桥：拱圈轴线按悬链线设置的拱桥。优点是受力均匀，弯矩不大，节省材料。多适用于实腹拱桥，大跨度的空腹拱桥中也常常采用这种线形布置。

(3) 按照有无水平推力可分为：有推力拱桥、无推力拱桥。

① 无推力拱桥：在竖向荷载作用下拱脚对墩台无水平推力作用的拱桥。其推力由刚性梁或柔性杆件承受，属于内部超静定、外部静定的组合体系拱桥。适用于地质不良的桥位处，墩台与梁式桥基本相似，体积较大，只能做成下承式桥，建筑高度很小，桥面标高可设计得很低，降低纵坡，减小引桥长度，因此可以节约材料。但是，其结构的施工比较复杂。

② 有推力拱桥：在竖向荷载作用下拱脚对墩台有水平推力作用的拱桥。优点是水平推力可减小跨中弯矩，能建成大跨度的桥梁。其造型美观，城市桥梁一般优先选用，可做成上承式、中承式桥；缺点是对地质要求很高，为防止墩台移动或转动，墩台须设计很大，施工较麻烦。

(4) 按照建筑材料的不同可分为：石拱桥、混凝土拱桥、钢拱桥。

① 石拱桥：用石料建造的拱桥。优点是外形美观，养护简便，并可以就地取材，造价低；缺点是自重大，跨越能力有限，石料开采、加工和砌筑均需要较多劳动力，工期较长。多用于小跨径桥梁。

② 混凝土拱桥：混凝土建造的拱桥，包括素混凝土和钢筋混凝土两类。优点是加工和制造较石拱桥方便；缺点是由于混凝土抗拉强度低，故其跨越能力小，混凝土用量大。多用于小跨径桥梁。

③ 钢拱桥：上部结构用钢材建造的拱桥类型。优点是跨越能力大，且自重是3种拱桥中最轻的；缺点是结构复杂，由于三铰拱钢拱桥一般不用，所以对地基要求高，造价高，且维护费用高。适用于大跨度桥梁中。

(5) 按照铰的多少可分为：两铰、三铰、无铰。

① 三铰拱：在拱冠与拱端处均设铰的拱桥，属于静定结构。优点是不受混凝土收缩、

徐变、温度变化，以及墩台位移的影响，适用于地质条件差而要求修建大跨度桥的场合；缺点是结构复杂，施工麻烦，维护费用高，整体刚度差，由于三处设置铰，故对应的桥面处亦需设置构造缝；拱圈挠曲在铰处急剧变化，对行车不利。我国仅在一些较小跨径的桥上采用。

② 两铰拱：拱圈中间无铰而两端设铰与墩台铰接的拱桥，属于外部一次超静定结构。优点是拱脚处不承受弯矩，较无铰拱桥可减小混凝土收缩、徐变，温度变化，以及墩台位移的影响；缺点是构造较复杂，对应的桥面处应设置构造缝，施工亦较麻烦，对地基要求比较高，但较无铰拱对地基要求略低。

③ 无铰拱：又称固端拱桥，是拱圈两端嵌固在桥墩上而中间无铰的拱桥，属于外部三次超静定结构。优点是较有铰拱桥桥内的弯矩分布合理，材料用量较省，结构刚度大，结构简单，施工方便，维护费用少，还可以将拱脚设计在洪水位以下，有利于降低桥面的设计标高，具有较好的经济与使用效益；缺点是对混凝土收缩、徐变、温度变化，以及墩台位移最敏感，会产生附加应力，必须建设在可靠的地基上。

3.1.5 钢铁在拱桥中的应用

钢铁首次大量应用于桥梁的是 1874 年修建的美国 Eads 桥(图 3.9)，该桥为 3 跨 (153+158+153)m 钢桁肋拱桥，采用悬臂架设法。受 Eads 桥成功的影响，许多精美的钢拱桥先后建成。在 20 世纪，大跨径钢拱桥跨径超过 500m 的有 3 座，它们是澳大利亚建于 1932 年的悉尼港大桥(主跨 503m)，美国建于 1931 年的培虹桥(图 3.10)(跨径 504m)，建于 1977 年的新河谷桥(跨径 518.3m)。

图 3.9　美国 Eads 桥

图 3.10　美国培虹桥

大跨径钢箱肋拱，如美国的 Rainbow 桥(图 3.11)和 Fremont 桥(图 3.12)。Rainbow 桥

图 3.11　美国 Rainbow 桥

图 3.12　美国 Fremont 桥

建于1942年，位于美国和加拿大边界尼亚加拉大瀑布，跨径290m。Fremont桥，1973年建成，主跨为382.6m，双层桥面，上层为正交异性板钢桥面，下层为钢筋混凝土。

最大跨径的大跨径钢筋混凝土拱桥是1979年南斯拉夫建成的克尔克大桥。主跨390m，矢跨比1/6，等截面无铰拱，采用悬臂桁架方法施工。

世界十大跨径拱桥如表3.2所示。

表3.2 世界十大跨径拱桥

桥 名	国 家	主跨/m	建成年份
迪拜赛义德大桥	阿联酋	667	预计2015年
重庆朝天门大桥	中国	552	2008年
上海卢浦大桥	中国	550	2003年
美国新河谷桥	美国	518.2	1997年
美国培虹桥	美国	504	1931年
澳大利亚悉尼港大桥	澳大利亚	503	1932年
重庆巫山长江大桥	中国	492	2005年
重庆万县长江大桥	中国	420	1997年
重庆菜园坝长江大桥	中国	420	2007年
克罗地亚克尔克桥	克罗地亚	390	1980年

从拱桥的材料与形式上看，主要有：

山西晋城丹河大桥，跨径146m，2001年建成，世界最大跨度的石拱桥。

重庆万县长江大桥，主跨420m，1997年建成，世界最大跨度混凝土拱桥。

贵州江界河大桥，主跨330m，1995年建成，世界最大跨度混凝土桁架拱桥。

重庆巫山长江大桥，主跨492m，2005年建成，世界最大跨径钢管混凝土拱桥。

重庆朝天门长江大桥，主跨552m，2008年建成，世界最大跨径钢拱桥。

我国现代拱桥的发展历史，可分为以下四个阶段。

第一阶段是20世纪50年代到60年代，石拱桥。最大跨度拱桥是1961年建成的云南南盘江上的长虹桥，单跨112.5m空腹式石拱桥。

第二阶段是20世纪60年代中至70年代，双曲拱桥。最大跨度是1968年建成的河南嵩县前河大桥，跨度150m。

第三阶段是20世纪70年代末到80年代，主导桥型是大中跨预制钢筋混凝土箱(肋)型拱桥。采用支架法建成的最大跨度拱桥是四川攀枝花市宝鼎大桥(1982年建成，跨度170m)，采用无支架吊装架设法建成的最大跨度拱桥是四川宜宾马鸣溪大桥(1979年建成，跨度150m)。

第四阶段是近二三十年，劲性骨架混凝土肋拱桥，以1990年建成的四川宜宾南门金沙江大桥为标志，中承式跨度240m。大桥采用劲性骨架成拱，应用电子计算机技术和电测手段进行施工仿真计算和施工监控，大大节省了钢材，使拱桥施工决策走向了科学化。

3.2 大跨度拱桥关键性技术难题

目前，世界上已经建成的最大跨度悬索桥跨度为日本明石海峡桥，主跨1991m；最大跨度斜拉桥跨度为俄罗斯岛大桥，主跨1104m；最大跨度拱桥跨度为中国重庆朝天门桥，主跨552m，即将建成的阿联酋迪拜赛义德大桥主跨667m。

前两者是索体系桥梁，采用预应力体系的高强材料；后两者为非索体系桥梁，采用非预应力体系即普通钢材或者混凝土材料。

大跨度拱桥存在三大关键性技术难题：一是主拱横向稳定性问题，二是拱脚水平推力问题，三是大跨度拱桥施工安装问题。

3.2.1 稳定性问题

拱桥的主拱圈作为压弯结构，必然存在稳定问题。从失稳的性质上可分为一类稳定和二类稳定；从失稳的空间模态上可分为面内失稳和面外失稳[1]；从失稳工作阶段可以分为施工阶段稳定与运营阶段稳定。

平衡分岔失稳也称分支点失稳、第一类失稳，是指结构到达临界荷载时，除结构原来的平衡状态理论上仍然可能外，出现第二个平衡状态，即在同一个荷载点出现了平衡分岔现象。发生分支点失稳时，拱肋在竖平面内拱轴线离开原来的以主要受压为主的对称变形，向反对称的平面挠曲状态转化；或者拱轴线倾出竖平面之外，转向空间弯扭的变形状态[2]。上述两种现象都是由于拱的平衡状态出现了分支，使原来的平衡状态失去了稳定性而转向新的平衡状态。拱的第一类稳定问题在数学上是一个齐次方程的特征值问题。

对于弯压结构，其结构的挠度随荷载而增加，处于稳定平衡状态结构，随着荷载的继续增加，结构位移与荷载曲线出现极值点，没有出现平衡的分岔点，构件弯曲变形的性质没有改变[3]，因此，称为极值点失稳，也称为第二类失稳。平衡分岔的稳定问题只是在理想情况下才能出现，实际工程问题中，由于构件都存在初始缺陷和偏心荷载，因此一般都表现为第二类失稳，即极值点失稳。发生第二类失稳时，拱的平衡形式不再出现分支现象，拱肋进入弹塑性工作状态，P-Δ曲线具有极值点，极值点荷载就是第二类稳定的临界荷载。拱的第二类失稳是几何非线性和材料非线性共同作用的结果。

第一类稳定会发生平衡分支问题，以轴心受压直杆为例，当轴压力达到临界值时，杆除维持原来的受压平衡状态外，还会出现第二种平衡，即受弯平衡。第二类稳定则不会发生平衡分支问题，压弯构件从施载开始直至破坏，保持着压弯平衡状态，不发生平衡分支。

第一类稳定问题的计算主要是求临界荷载，第二类稳定问题的计算主要是稳定极限承载力。对于压弯杆件，或有初始缺陷（如初始变形或初始偏心）的杆件，结构从加载开始就在存在弯矩或缺陷的方向产生侧向变形，即在面内存在弯压平衡状态，结构始终保持一种平衡状态，随着荷载的增加，结构的变形不断增加，当荷载达到一定值时，结构在应力较大的区域出现塑性变形，刚度下降，变形增加更快；当荷载达到峰值时，只有卸载才能维持结构的平衡，而结构的变形仍在增大，并因结构的变形迅速增大而破坏。结构在荷载挠曲线上升段是稳定的，在下降段是不稳定的，所以这类失稳又称极值点失稳，这一荷载峰值被称为稳定极限荷载，又被称为压溃荷载。

严格地说，由于结构构件制作安装的误差、材料的缺陷、荷载施力点的偏差，工程上的第一类稳定问题是不存在的，而任何材料都不可能是无限弹性的，因此，通常认为材料为无限弹性的第一类稳定问题更不符合实际。然而，第一类稳定问题在简单情况下可以得出解析解，对稳定问题具有很强的理论意义。在工程应用上，第一类稳定问题的求解较第二类稳定问题容易，因此其计算方法仍被广泛应用于工程领域。然而，第一类稳定问题所求得的荷载是第二类稳定问题的极值点荷载的上限,其差值对不同问题有不同的幅值,而且结构失稳很突然,破坏性大,因此,实际应用中,采用第一类稳定计算方法进行稳定计算时,均要求有较大的稳定系数,在拱桥计算中稳定系数常取 4~6。

拱桥在面内的受力,只有当拱轴线为合理拱轴线,且对超静定拱不计弹性压缩时,拱受纯压作用。除圆弧拱承受径向均布荷载外,抛物线和悬链线拱的一类稳定空间问题通常只能采用渐近法和差分法求解。

若拱在面外没有受到横向荷载的作用,对于横向刚度较小的拱,当拱所承受的面内荷载达到临界值而使拱轴线向竖平面之外偏离并出现侧倾,拱由面内受压或以压为主,转向空间弯扭形式的平衡状态过渡,称之为拱的面外屈曲,又称为拱的侧倾。

对于肋拱,拱在施工过程中若采用单片拱肋安装,则其面外稳定性较面内稳定性差。为防止面外屈曲,可以通过缆风、临时横撑等措施予以加强,面内的稳定性可以通过拉索予以提高。计算和实践均表明,这些临时措施对提高肋拱在施工过程中的稳定性是非常有效的。成桥以后的拱,若将拱肋做成内倾式(又称 X 型拱或提篮拱),则能提高拱的稳定性。

1. 纵向稳定性计算

在验算拱圈或拱肋稳定性时,当长细比不大且是跨比较小时,可将拱圈换算为相当稳定计算长度的压杆,以验算抗压承载力的形式验算稳定性[4]。

当拱圈或拱肋换算压杆的长细比超出规范规定时,采用欧拉临界力验算稳定性,即

$$N_d \leqslant \frac{N_{L1}}{K_1}$$

式中,N_d 为拱圈或拱肋轴向力设计值;K_1 为纵向稳定性安全系数,一般取 4~5;N_{L1} 为纵向失稳的临近轴向力,表示为

$$N_{L1} = \frac{H_{L1}}{\cos \phi_m}$$

其中,H_{L1} 为纵向失稳的临近水平推力,按下式计算:

$$H_{L1} = k_1 \frac{E_a I_x}{l^2}$$

其中,E_a 为拱圈或拱肋材料的弹性模量;I_x 为纵向稳定性安全系数,一般取 4~5;k_1 为纵向失稳的临界推力系数。

2. 横向稳定性计算

宽跨比小于 1/20 的主拱及无支架施工的拱桥,应验算拱的横向稳定性;可采用公式与纵向稳定性相似[5]

$$N_d \leqslant \frac{N_{L2}}{K_2}$$

式中,N_d 为拱圈或拱肋轴向力设计值;K_2 为横向稳定性安全系数,一般取 4~5;其余符号意义同前。

临界轴向力对拱圈或单肋合拢的拱肋情况,可由临界推力与半拱的弦与水平线的夹角求得;对肋拱或无支架施工采用双肋合拢的拱,可视为组合压杆计算临界轴力。

3.2.2 水平推力问题

拱桥是一种具有推力的结构，通常适合建造在岩石地基或地质条件较好的地方。建设拱桥，首先必须解决桥梁结构向两端的水平推力问题，这是一个世界桥梁界公认的难题。中承式系杆拱桥桥型可以依靠系杆的水平拉力来平衡拱的水平推力，使系杆的拉力与拱的推力始终处于一种平衡状态。如，卢浦大桥的水平推力近2万吨。

1. 实腹式拱

不考虑弹性压缩时的恒载内力，认为实腹式拱轴线与恒载压力线完全重合，拱圈中只有轴力而无弯矩，按纯压拱计算恒载水平推力[6]：

$$H_g = \frac{m-1}{4k^2} \times \frac{g_d l^2}{f} = k_g \frac{g_d l^2}{f}$$

其中，$k_g = \frac{m-1}{4k^2}$，m 为拱轴线系数，f 为矢高，l 为跨度，g_d 为拱顶恒载集度。

2. 空腹式拱

空腹式悬链线无铰拱的拱轴线与压力线均有偏离，计算时分为两部分相叠加：无偏离恒载内力+偏离影响的内力=不考虑弹性压缩的恒载内力。无偏离时恒载水平推力[7]：

$$H_g = \frac{\sum M_j}{f}$$

偏离弯矩：对中小跨径空腹拱桥不考虑该值偏于安全；对于大跨径空腹拱桥对拱顶、拱脚有利，对 1/8、3/8 截面不利，尤其 3/8 截面往往成为正弯矩控制截面。偏离弯矩为

$$\Delta N = \Delta X_2 \cos\phi$$
$$\Delta M = \Delta X_1 + \Delta X_2(y_1 - y_s) + H_g \Delta y$$
$$\Delta Q = \Delta X_2 \sin\phi$$

偏离附加内力大小与拱上恒载布置有关，一般腹拱跨度大时影响较大。

3.2.3 主拱施工安装问题

施工方法是大跨径拱桥最关键的技术之一，无支架施工方法是大跨径拱桥的主要发展方向。目前我国拱桥无支架主要施工方法有以下几种。

1. 缆索吊装法

缆索吊装施工方法是我国修建大跨度拱桥的主要方法之一，一般采用塔架、缆索和扣索扣挂悬臂拱段直至合拢。万县长江大桥（图 3.13）全桥长 814m，主跨 420m，宽 23m，桥拱净跨 420m，打破了当时世界上已建成的最大跨度钢筋混凝土拱桥——南斯拉夫克尔克桥（390m）的纪录，成为同类桥型的世界之最。它采用缆索吊装，分 11 段，段长 40m，吊重 50 余吨。

2. 转体施工法

半跨拱圈现场浇筑，绕拱座作水平或竖直旋转合拢，其中平转施工拱桥是我国独创技

图 3.13 万县长江大桥缆索吊装

术。丫髻沙大桥分跨为(76+360+76)m，桥宽 36.5m，通过边跨半拱平衡主拱水平推力。主拱肋采用悬链线无铰拱，矢高 76.45m，矢跨比 1/4.5，拱肋中心距为 35.95m，共设置 4 组"m"字形、两组"K"字形风撑。竖转重量 2058t，平转重量 13685t，先竖转再平转合拢。

图 3.14 广州丫髻沙大桥

3. 悬臂桁架法

将拱圈、立柱、临时或永久的斜拉杆和上弦杆组成的桁架，悬臂施工直至合拢。在我国主要用于组合桁拱，均采用悬拼，不需临时杆件，但要用临时预应力筋。主跨径 330m 的江界河大桥(图 3.15)用钢人字桅杆作吊机，最大吊重 120t。

图 3.15 江界河大桥

4. 组合骨架法

外包混凝土组合骨架法，一般骨架合拢成拱后，分底、腹、顶板 3 层，自拱脚向拱顶浇筑混凝土，为防止骨架失稳，需在拱顶区段压重，随混凝土浇筑至拱顶区段而逐步卸载。万县长江大桥和邕宁邕江大桥(图 3.16)均采用劲性骨架法施工。

图 3.16　广西邕宁邕江大桥

5. 拱架施工法

我国主要利用贝雷架，在上弦加些小杆件形成贝雷拱架，进行施工。在软弱地基或高山峡谷条件下，施工比较困难（图 3.17）。

图 3.17　沅陵五强溪电站大桥

传统拱桥采用无支架架设方法架设拱肋，需要两端搭设大型门架，安装缆索吊装拱肋节段，施工工艺复杂，工程造价高。对于大跨度异型拱桥，则存在随跨度增加，门架高度增加，而吊重与水平吊装距离减小的矛盾。

3.3　大跨度异型组合拱桥理论

大跨度异型组合拱桥（图 3.18）造型及基本力学特征与传统拱桥不同。异型组合拱桥与传统拱桥最大的区别是前者不要求拱轴线与压力线重合，拱截面将产生附加弯矩 M。所以，只有采用组合结构材料，才能满足这一力学性能需求。

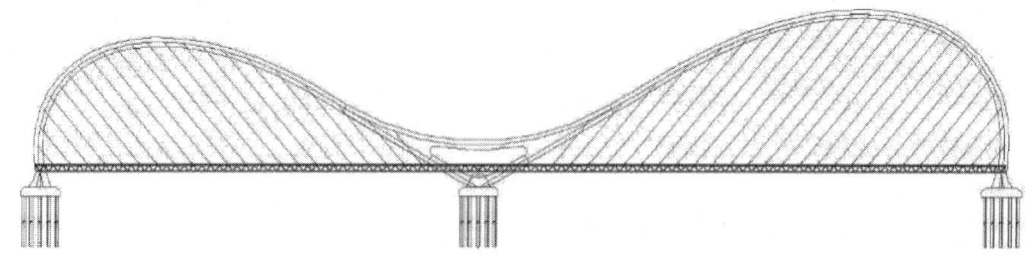

图 3.18　大跨度异型拱桥图（非对称型）

大跨度组合拱桥理论从力学、美学、施工等方面，运用现代桥梁新结构、新技术、新工艺，通过合理调整拱的线形，调整传统拱桥的两个基本力学特征及受力性能：一是拱的横向稳定问题，二是拱的水平推力问题。

异型组合拱桥新结构外形如古琴，称为琴拱桥。它与传统拱桥相比，最大优点是组合拱在横向稳定性方面有较大的提高，且拱脚水平推力小，施工难度降低。它使拱桥这一传统而又相对经济美观的桥型，在大跨度桥梁中获得应用。

传统拱桥主拱截面尺寸通常不是由强度决定，而是由横向稳定性控制，稳定性计算所需要的截面尺寸比强度计算所需要的截面尺寸大，这将降低截面效率。随着截面尺寸的增加，结构自重、造价等大幅增加，跨越能力明显降低[2~5]。

大跨度异型拱桥通过以下技术措施，对大跨度拱桥进行结构体系的优化，为解决拱桥的三大关键性难题提供了新的思路。

1. 解决水平推力问题主要措施

传统拱桥的拱轴线与压力线基本重合，主拱截面弯矩为零，发挥了材料抗压特性。其缺点是拱脚水平推力较大，导致水平系杆多，工程造价增加。同时，拱桥的水平推力问题限制了其在平原地区及软弱地基条件情况下的使用。

通过合理调整拱轴线，借鉴耕牛犁田和双人拔河的力学原理，在两跨外拱脚将拱轴线向跨中收敛，外拱脚水平推力为零；同时，将两条拱轴线在中墩处拟合，其水平推力相互抵消。本结构造型美观、受力合理，在软弱地基及平原地区也可修建大跨度拱桥，尤其适合于江中有岛的江河地形。

2. 解决横向稳定性问题主要措施

传统拱桥拱截面由稳定性计算控制，所需拱截面远大于由强度计算所需要的截面尺寸，降低了主拱截面效率，明显增加了主拱自重，大跨度拱桥的结构自重问题成为约束其发展的主要因素之一。

通过合理调整拱轴线，一方面，减小主拱水平推力；另一方面，降低主拱的重心，并使主拱重心向拱脚趋近，以增强主拱的横向稳定。由此带来的主拱附加弯矩，通过调整拉索倾角、优化拱脚截面、采用钢-混凝土组合结构加以解决，提高主拱截面效率，降低造价，增强了拱桥跨越能力。

3. 解决大跨度拱桥施工安装难题主要措施

采用组合式索塔，将扣塔与吊塔两种结构"合二为一"，减少用钢量；组合式索塔中间万能杆件横梁形成"系杆拱结构"受力体系，配合采用自动控制和综合监测监控技术，解决设计与施工的节段最大吊重较小、横向吊装距离过短等问题。

广西南宁大桥通过采用组合式索塔施工，拱肋最大吊重由60t提高到220t，最大横向吊装距离由40m增加到110m，而且能够在高空中调节拱节段姿态，实现精确定位合拢，避免拱肋产生附加应力[8]。

利用组合式索塔，对大跨度拱桥采取"先拱后梁、合二为一、斜拉扣挂、悬臂吊装"施工方法，具有施工安全性高，速度快，成本低，结构受力体系简单明确等特点，提高了大跨度拱桥的架设能力。无支架缆索吊装、斜拉扣挂悬臂拼装技术属首次应用[7, 8]。

由于拱轴线调整,将产生附件弯矩 M 等新的问题:一是拱脚负弯矩大;二是中支点的负弯矩大,三是拱腰的竖向位移大。

对于以上出现的问题,提出如下技术解决方案:

(1)拱截面附加弯矩,通过调整吊杆倾斜角度、采用钢-混凝土组合截面、预应力组合截面、调整主梁施工安装顺序等措施加以解决。

(2)拱脚附加弯矩,通过采用双拱轴的方法来解决。在边支点、中支点均可以合理设置局部双拱轴,不仅可有效解决支点的负弯矩问题,拱腰的竖向位移也大大减小。

通过合理调整主拱轴线,充分利用钢-混组合结构力学特性,对大跨度拱桥三大关键性技术难题,即水平推力、横向稳定、施工难题,提出新的解决思路与技术方案,实现了桥梁建筑美学与力学的统一。

3.4 大跨度异型组合拱桥的拱轴线方程

3.4.1 琴拱桥理论的基本思想

拱桥是一种具有推力的结构,通常适合建造在岩石地基或地质条件较好的地方。上承式拱桥,首先必须解决桥梁结构向两端的水平推力问题;中承式、下承式系杆拱桥,可以依靠系杆的水平拉力来平衡拱的水平推力,使系杆的拉力与拱的推力始终处于一种平衡状态。

拱桥在面内的受力,只有当拱轴线为合理拱轴线,且对超静定拱不计弹性压缩时,拱受纯压作用。除圆弧拱承受径向均布荷载外,抛物线和悬链线拱的一类稳定空间问题通常只能采用渐近法和差分法求解。

为了解决大跨度拱桥水平推力与横向稳定性,通过将发散式拱轴线,调整为收敛式拱轴线,将一部分推力转换为弯矩。合理调整拱轴线,首先需要建立拱轴线的一般方程。

3.4.2 琴拱桥拱轴线图

拱轴线几何关系示意图如图 3.19 所示。

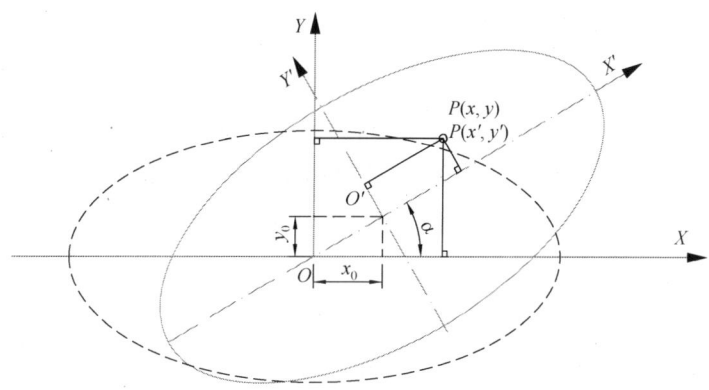

图 3.19 拱轴线几何关系示意图

3.4.3 琴拱桥拱轴线一般方程

要看椭圆旋转坐标变换公式及推导过程，就要先看两个直角坐标系之间的旋转变换和平移变换关系。

1. 旋转变换

2 个右手螺旋平面直角坐标系，$X'OY'$ 和 XOY，两坐标系共原点 O，$X'OY'$ 的 X' 轴的正向和 XOY 的 X 轴正向之间的夹角为 α，在 XOY，$X'OY'$ 的第一象限的公共部分画一点 P，然后由 P 分别向 X、Y、X'、Y' 画垂线，则

$$x = x'\cos\alpha - y'\sin\alpha$$
$$y = x'\sin\alpha + y'\cos\alpha$$
$$x' = x\cos\alpha + y\sin\alpha$$
$$y' = x\sin\alpha - y\cos\alpha$$

直角坐标系 XOY 中的标准的椭圆方程为 $\dfrac{x^2}{a^2}+\dfrac{y^2}{b^2}=1$，即 $X'OY'$ 的方程为

$$\frac{(x\cos\alpha + y\sin\alpha)^2}{a^2} + \frac{(x\sin\alpha - y\cos\alpha)^2}{b^2} = 1$$

2. 平移变换

2 个右手螺旋平面直角坐标系，$X'O'Y'$ 和 XOY，两坐标系的 X'，X 坐标轴相互平行，Y'，Y 坐标轴也相互平行，$X'O'Y'$ 的原点 O' 在 XOY 中的坐标为 (x_0, y_0)，若平面上一点 P 在 XOY 坐标系下的坐标为 (x, y)，在 $X'O'Y'$ 坐标系下的坐标为 (x', y')，则

$$x = x' + x_0$$
$$y = y' + y_0$$
$$x' = x - x_0$$
$$y' = y - y_0$$

直角坐标系 XOY 中的标准的椭圆方程为 $\dfrac{x^2}{a^2}+\dfrac{y^2}{b^2}=1$，即 $X'O'Y'$ 的方程为

$$\frac{(x-x_0)^2}{a^2} + \frac{(y-y_0)^2}{b^2} = 1$$

3. 平移和旋转结合起来

2 个右手螺旋平面直角坐标系，$X'O'Y'$ 和 XOY，$X'O'Y'$ 的原点 O' 在 XOY 中的坐标为 (x_0, y_0)，$X'O'Y'$ 的 X' 轴的正向和 XOY 的 X 轴正向之间的夹角为 α，若平面上一点 P 在 XOY 坐标系下的坐标为 (x, y)，在 $X'O'Y'$ 坐标系下的坐标为 (x', y')，则

$$x = x'\cos\alpha - y'\sin\alpha + x_0$$
$$y = x'\sin\alpha + y'\cos\alpha + y_0$$
$$x' = (x-x_0)\cos\alpha + (y-y_0)\sin\alpha$$
$$y' = (x-x_0)\sin\alpha - (y-y_0)\cos\alpha$$

一个在直角坐标系 XOY 中的标准的椭圆方程为 $\dfrac{x^2}{a^2}+\dfrac{y^2}{b^2}=1$，即 $X'OY'$ 的方程为

$$\frac{[(x-x_0)\cos\alpha+(y-y_0)\sin\alpha]^2}{a^2}+\frac{[(x-x_0)\sin\alpha-(y-y_0)\cos\alpha]^2}{b^2}=1$$

主拱轴线方程的一般表达式

$$4m^2[(x-x_0)\cos\alpha+(y-y_0)\sin\alpha]^2+[(x-x_0)\sin\alpha-(y-y_0)\cos\alpha]^2=m^2l^2$$

其中，m 为拱轴线系数，l 为跨度，f 为矢高，$f=ml$，a 为长轴，$a=\dfrac{l}{2}$，b 为短轴，$b=f$，x_0 为 $X'O'Y'$ 直角坐标系沿着 X 轴平移的距离，y_0 为 $X'O'Y'$ 直角坐标系沿着 Y 轴平移的距离，α 为 $X'O'Y'$ 的 X' 轴的正向与 XOY 的 X 轴正向之间的夹角。

4. 主拱轴旋转角

α 一般小于 $90°$，需要时可以不旋转。当 $\alpha=0$ 时，拱不旋转且不平移时，形成半椭圆形拱，即拱为一个标准的半椭圆，其方程可表示为

$$\frac{x^2}{a^2}+\frac{y^2}{b^2}=1$$

3.4.4 建立琴拱桥拱轴线方程目的及其意义

（1）建立了大跨度异型拱桥的拱轴线一般方程。其主拱轴线方程的一般表达式为：$4m^2[(x-x_0)\cos\alpha+(y-y_0)\sin\alpha]^2+[(x-x_0)\sin\alpha-(y-y_0)\cos\alpha]^2=m^2l^2$，为大跨度异型拱桥的研究、设计与施工等提供科学的理论依据。

（2）通过合理调整主拱轴线，减小拱脚水平推力 T。通过将发散式拱轴线，改为收敛式拱轴线，将一部分推力合理转换为弯矩，达到减小拱脚水平推力 T 的目的，也有效地扩大了拱桥在软弱地基等条件下的使用范围。

（3）随着水平推力 T 的减小，提高主拱横向稳定性。因为压杆稳定问题，主拱截面尺寸一般不由强度控制，而由横向稳定性要求决定。随着水平推力 T 减小，拱截面压力 N 减小，可以提高主拱横向稳定性。

（4）随着水平推力 T 的减小，可节省施工安装费用。随着水平系杆的减少，施工阶段水平推力调整次数大为减少，其过程由复杂变得简单，节省工程造价。

（5）主拱拱脚采用局部双拱轴线，可增强主拱稳定性。采用拱脚局部双拱轴线，不仅可以改善主拱受力状态，而且可以进一步提高主拱的横向稳定性。

（6）采用组合结构或预应力组合结构承受附加弯矩 M。充分发挥钢-混组合结构中钢材抗拉强度高的优点，解决由于拱轴线调整产生的附加弯矩 M。

（7）优化调整拉索倾斜角 β，减少主拱截面的弯矩 M。根据主拱弯矩包络图，通过优化调整拉索倾斜角 β（$0<\beta\leq 90$），减小主拱 M，达到力学与美学统一。

（8）主拱轴旋转角 α 可以结合力学与美学需要调整。当 $\alpha=0$ 时，形成半椭圆形拱，如南宁大桥；当 $\alpha>0$ 时，为非对称拱；采用两个非对称拱，形成对称双拱，外拱脚 T 较小，内拱脚 T 抵消，如溜子洲大桥、琼湖大桥等。

3.5 大跨度异型组合拱桥的力学特征

3.5.1 大跨度组合拱桥的几何特征

(1) 拱轴线由多段曲线组成：拱背部分为圆锥曲线，拱腰部分为直线段，中间双拱肋的上拱肋为圆弧，下拱肋为直线。以下为(200+300)m 跨的拱轴线方程。

① 拱轴线立面。取单片拱，建立坐标系如图 3.20 所示。

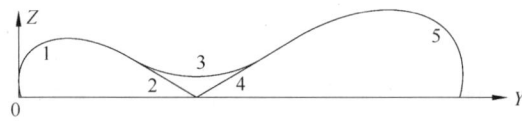

图 3.20　琴拱立面坐标系

各曲线方程如下：

曲线 1 方程

$$0.000120(x-101.7925)^2 + 0.000167(z+20.1953)^2 \\ +0.000126(x-101.7925)(z+20.1953)=1, \quad \begin{cases} x \in [0,127.3034] \\ z \in [0,66.0795] \end{cases}$$

几何描述：椭圆弧，长轴 $a=114.3076$，短轴 $b=68.8398$，圆心坐标 $x=101.7925$，$z=-20.1953$，旋转角度 $145°15'29''$。

曲线 2 方程

$$z = -0.5729x + 117.9768, \quad x \in (127.3034, 205.9159]$$

曲线 3 方程

$$\frac{(x-205.6429)^2}{151.7616^2} + \frac{(z-175.0618)^2}{151.7616^2} = 1, \quad \begin{cases} x \in [130.1983, 281.4978] \\ z \in [23.3001, 43.6174] \end{cases}$$

几何描述：圆弧，半径 151.7616，圆心 $x=205.6429$，$z=175.0618$。

曲线 4 方程

$$z = 0.5771x - 118.8317, \quad x \in (205.9159, 321.0909]$$

曲线 5 方程

$$0.0000534(x-360.1133)^2 + 0.0000744(z+30.9520)^2 \\ -0.000056(x-360.1133)(z+30.9520)=1, \quad \begin{cases} x \in [321.0909, 512.8032] \\ z \in [0, 98.4598] \end{cases}$$

几何描述：椭圆弧，长轴 $a=171.4614$，短轴 $b=103.2596$，中心坐标 $x=360.1133$，$z=-30.9520$，旋转角度 $34°44'31''$。

② 拱轴线平面。取单片拱，建立坐标系如图 3.21 所示。

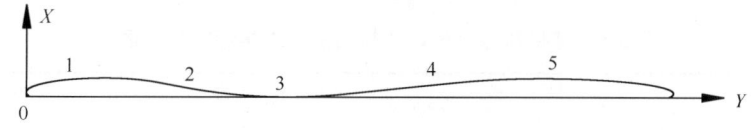

图 3.21 琴拱平面坐标系

各曲线方程如下：

曲线 1 方程

$$\frac{(x-60.9166)^2}{60.9166^2}+\frac{(y-3.2222)^2}{11.2778^2}=1, \quad \begin{cases} x\in[0,104.0559] \\ y\in[0,14.5] \end{cases}$$

几何描述：椭圆弧，长轴 $a=60.9166$，短轴 $b=11.2778$，圆心坐标 $x=60.9166, y=3.2222$

曲线 2 方程

$$y=-0.1838x+30.314, \quad x\in(104.0559,124.5541]$$

曲线 3 方程

$$\frac{(x-205.9166)^2}{450^2}+\frac{(y-450)^2}{450^2}=1, \quad \begin{cases} x\in(124.5541,251.22] \\ y\in(0,7.4165] \end{cases}$$

几何描述：圆弧，半径 450，圆心 $x=205.9166$，$y=450$

曲线 4 方程

$$y=0.1012x-23.1342, \quad x\in(251.22,340.423]$$

曲线 5 方程

$$\frac{(x-410.9166)^2}{101.8866^2}+\frac{(y-3.034)^2}{11.466^2}=1, \quad \begin{cases} x\in(340.423,512.8032] \\ y\in(0,14.5] \end{cases}$$

几何描述：椭圆弧，长轴 $a=101.8866$，短轴 $b=11.466$，圆心坐标 $x=410.9166, y=3.034$

(2) 拱的重心整体下移，拱的面内稳定系数提高。

(3) 拱的重心前移，重心离边界约束条件更近，拱的面内稳定系数提高。

(4) 琴拱改变了拱的部分力学特征，由于拱的水平推力转化为琴拱拱背截面的弯矩，拱背水平推力为 0；加之斜吊杆产生的水平推力抵消了拱脚的水平推力，拱脚处水平推力大幅度减小，这将大大节省水平系杆。

(5) 由于琴拱桥中间的水平推力互相抵消，使得水平推力为零。而两端的水平推力也几乎为零，有效地降低了造价。

(6) 风撑不仅加强了拱的横向稳定性，而且直接参与拱在 M_{max} 区段的抗弯，发挥了各部位的力学作用。

(7) 为解决大跨度拱桥施工难题，中间墩立施工塔架，对称施工，技术先进。

3.5.2 琴拱桥与传统拱桥的力学比较

1. 主拱截面空间受力比较

琴拱桥与拱桥、梁桥的主要力学特征如表 3.3 所示。

表 3.3　琴拱桥与拱桥、梁桥的主要力学特征比较表

主要力学参数	拱　桥	梁　桥	琴　拱　桥
截面轴力 N	N 大	N 小	N 较小
截面弯矩 M	$M=0$	M 大	M 较小
水平推力 T	T 大	$T=0$	T 很小

通常情况下,拱的 N 较大,M 接近 0,但截面不是由强度控制,而是由横向稳定控制,造成截面十分富余。利用截面的富余部分,将水平推力 T 转化为拱截面的 M,既可满足 N 要求,又满足横向稳定要求,同时还节省了水平系杆,达到 N、M、T 合理的平衡。非对称(200+300)m 跨琴拱桥的空间力学分析如图 3.22、图 3.23、图 3.24 所示。

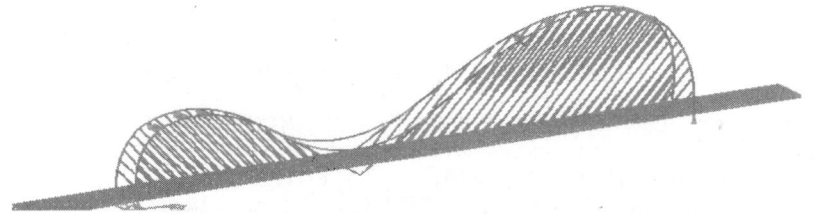

图 3.22　恒载+活载组合,截面最大应力(MPa)

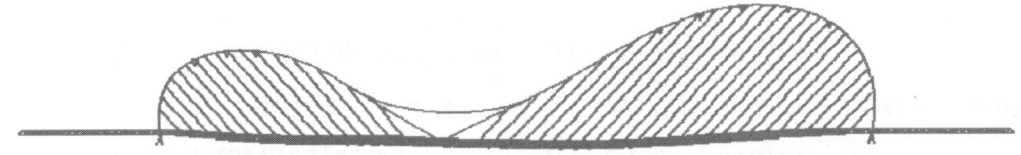

图 3.23　恒载+活载组合,竖向挠度(mm)

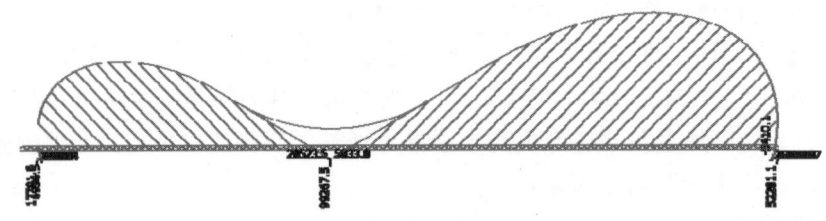

图 3.24　恒载+活载组合,各拱脚反力(kN)

2. 拱脚水平推力比较

拱桥拱脚水平推力比较如表 3.4 所示。

3. 横向稳定系数比较

拱桥横向稳定系数比较如表 3.5 所示。

4. 比较计算

(1)主拱自重+主梁自重下比较计算如图 3.25～图 3.27 所示。

表 3.4 2×500m 拱桥拱脚水平推力比较表

结构形式 荷载工况	传统拱桥 $L=2×500$, $f=1/4$	琴 拱 桥 $L=2×500$, $f=1/4$, 主梁为纵向漂浮体系	琴拱桥/拱桥,水平推力 减小百分率
主拱自重	21104.8	13003.5	38.4%
主梁自重	37550.7	−9503.6	74.7%
活载(城-A)	19131.0	6714.9	64.9%
活载(公路Ⅰ级)	5518.2	2013.5	63.5%
组合 1(城-A)	78704.5	10304.7	86.9%
组合 2 (公路Ⅰ级)	65091.5	5603.3	91.4%
结论	琴拱桥的拱脚水平推力减小 90%		

说明：力的单位为 kN，"−"表示反向；表中数据为单片拱水平推力值。

表 3.5 2×500m 拱桥横向稳定系数比较表

结构形式 荷载工况	传统拱桥 $L=2×500$, $f=1/4$		琴 拱 桥 $L=2×500$, $f=1/4$, 主梁为纵向漂浮体系		琴拱桥/拱桥, 稳定系数增加百分率	
	面内稳定	面外稳定	面内稳定	面外稳定	面内稳定	面外稳定
主拱自重+主梁自重	10.5	2.95	11.75	3.54	11.7%	20%
主拱自重+主梁自重 +活载(城-A)	9.64	2.77	10.77	3.38	11.7%	22%
主拱自重+主梁自重 +活载(公路Ⅰ级)	10.08	2.86	11.27	3.47	11.8%	21.3%
结论	琴拱桥的面内稳定系数增加 10%，面外稳定系数增加 20%					

说明：表中数据为单片拱的稳定系数。由于采用单片拱，横向未采取任何加强措施，故面外稳定系数小于 4，琴拱桥采用提篮式，面外稳定容易满足要求。

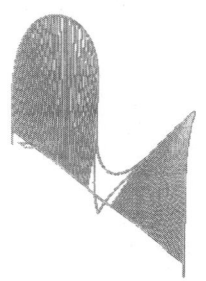

图 3.25 琴拱面外失稳模态

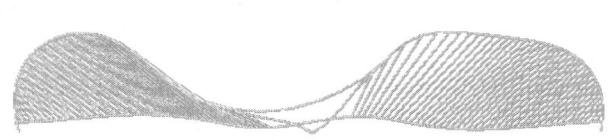

图 3.26 琴拱面内失稳模态

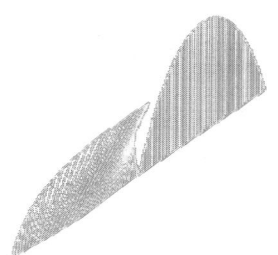

图 3.27 传统拱面内失稳模态

(2)主拱自重+主梁自重+活载(公路Ⅰ级)相比较计算如图3.28~图3.31所示。

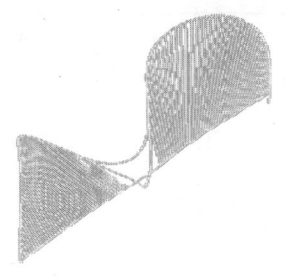
图 3.28　琴拱面外失稳模态

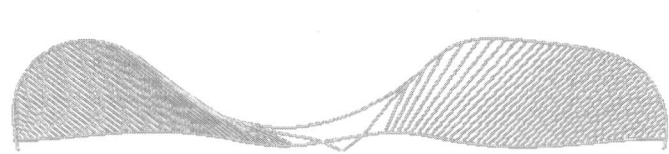
图 3.29　琴拱面内失稳模态

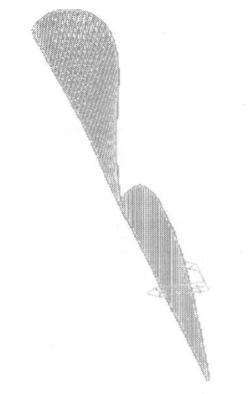
图 3.30　传统拱面外失稳模态

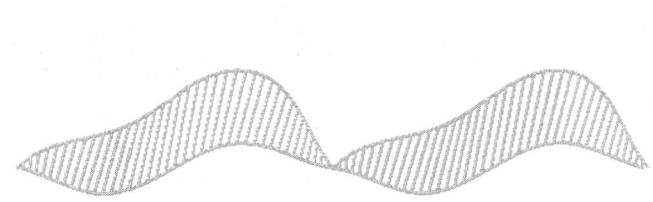
图 3.31　传统拱面内失稳模态

3.6　大跨度异型组合拱桥新结构

3.6.1　主跨(350+250)m 大跨度组合拱桥方案设计

1. 设计构思

主跨(350+250)m 拱桥如图 3.32 所示。主跨矢跨比为 1/4,主拱采用提篮式钢箱拱,拱脚段 30m 内灌 60 号微膨胀混凝土,风撑及主拱为空腹。主梁采用预应力钢桁腹 PC 梁,桥面宽度为 35m。吊杆采用 91φ7 高强度低松弛镀锌平行钢丝,双层 PE 防护。

设计荷载:公路-Ⅰ级,人群 3.0kPa;制动力:按 JTJ021—89 第 2、3、9 条办理;温度影响力:分别按升温 30℃,降温 30℃计算;冲击力:计冲击力;混凝土收缩影响力:按降温 30℃计;地震烈度:六度,按七度设防;风力:基本风压强度 W_0=1200Pa。

2. 设计特点

(1)拱轴线由多段曲线组成,主要由椭圆与抛物线或悬链线组成。

(2)拱的重心下移并前移,重心离边界约束条件近,拱的面内稳定系数提高。

(3)大跨度异型拱桥改变了传统拱桥的力学特征,由于拱的水平推力转化为拱背截面的弯矩,拱背水平推力较小,拱脚处水平推力小,节省水平系杆,减少了施工阶段水平力。

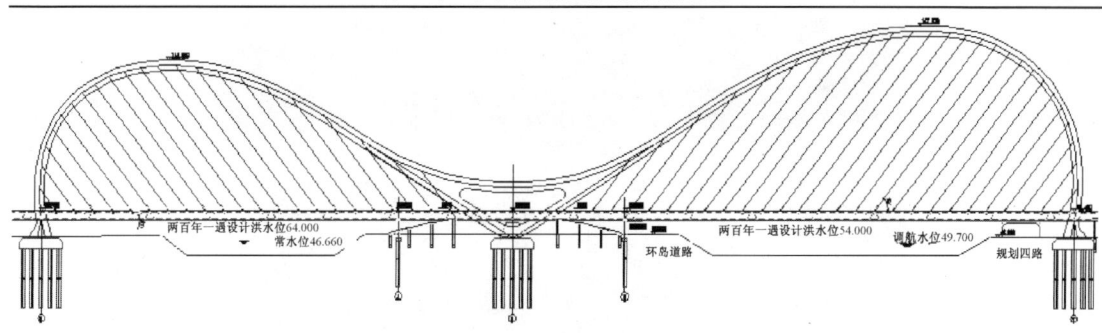

图 3.32　主跨(250+350)m 拱桥

(4) 由于中间的水平推力互相抵消，两端的水平推力小，特别适合中间有洲或岛的河床地形，接合自然地形更具有优势。

(5) 风撑不仅加强了拱的横向稳定性[9]，而且直接参与拱在 M_{max} 区段的抗弯，它充分发挥了各部位的力学作用。

(6) 提出新的方案解决大跨度拱桥施工难的问题。在中间墩立施工塔架，对称施工，造价低，施工安全，技术先进。

3.6.2　主跨(2×500)m 大跨度异型拱桥方案设计

1. 设计构思

设计主跨(2×500)m，主跨矢跨比为 1/4，主拱采用提蓝式钢箱拱，拱脚段 30m 内灌 60 号微膨胀混凝土，风撑及主拱为空腹。主梁采用新型的压型钢板钢-混凝土组合梁，桥面宽度为 35m。吊杆采用 109φ7 高强度低松弛镀锌平行钢丝，双层 PE 防护。

设计荷载：城-A 级；跨径 $L>150m$，公路-I 级；人群荷载：按 $2.5kN/m^2$ 标准设计。桥面横坡为双向 2.0%；地震烈度按 8 度设防。

2. 设计特色

对称拱除拥有不对称拱的特点外，跨中支点处的水平推力相互抵消，使对称琴拱的受力更加合理。这种桥型非常美观，也非常适合大跨度桥梁的建设(图 3.33 和图 3.34)。

图 3.33　主跨(2×500)m 拱桥

图 3.34　主跨(2×100)m 琴拱桥

3.6.3　大跨度异型组合拱桥——南宁大桥

南宁大桥(图 3.35)主桥采用美国工程院院士、桥梁设计大师林同炎设计的单孔 300m 跨径、非对称肋拱钢箱拱桥方案，全长 1240m；双向六车道，桥面宽 35m。

图 3.35　南宁大桥

南宁大桥是目前世界上最大跨度的外倾式非对称曲线肋拱桥。主拱采用钢-混凝土混合箱形截面，其强度、刚度、延性、抗震性、耐久性将比普通钢梁大幅度提高，而冲击系数降低；主梁采用曲线钢箱，轻巧美观拉索采用横向双吊杆，施工方便、结构安全、易于更换。构思新颖独特，造型美观大方，与周围环境高度融合极富时代特色，是南宁市开放形象和城市建筑的重要标志。

3.7　大跨度桥梁缆索吊装施工方法

3.7.1　大跨度组合式索塔对拱桥施工新技术

在无支架施工方法中，缆索吊装法为较多采用的施工工法，但传统缆索吊装节段重量有限，水平吊装宽度较小(不超过 40m)。

南宁大桥为首座大跨度、曲线梁、非对称外倾式钢箱拱桥，融入了当代桥梁建设多项新技术，采用常规的门架及缆索方式无法实现此桥的设计要求。

组合式索塔，采用扣塔和吊塔合一的方式，其外形呈"门"字，包括塔架基础、索塔管立柱、H 型钢柱、万能杆件横梁、锚梁及塔顶分配梁、缆风系统部分。本方法的组合式索塔中间万能杆件横梁跨度大，中间万能杆件横梁形成"系杆拱结构"受力体系，可以有效地提高中间万能杆件横梁的跨度，没有在扣塔顶单独设置吊塔，采用"扣吊合一"的组合式索塔，有效地降低了索塔高度，减少了用钢量。整个索塔为全钢结构，立柱、连接系及分配梁在工厂加工，横梁为通用万能杆件，工地通过螺栓进行构件组装，装拆方便，质量容易得到保障。

组合式索塔主要包括：塔架基础、索塔管立柱、H型钢柱、万能杆件横梁、锚梁及塔顶分配梁、缆风系统。

塔架基础采用承台、群桩形式。索塔管立柱固定在塔架基础上，索塔管立柱每肢由6根钢管立柱组成，成2×3分布，各钢管立柱间通过双槽钢联结，钢管立柱为节段拼装，节段间采用法兰盘连接。H型钢柱固定在索塔管立柱顶部，内侧两个H型钢大立柱中间是H型钢小立柱，H型钢大立柱、H型钢小立柱之间通过双槽钢联结系。在H型钢柱内侧安装有万能杆件横梁，万能杆件横梁沿纵桥向共布置了四榀，外侧两榀与H型钢大立柱相连接，中间两榀与H型钢小立柱相连；锚梁布置于H型钢立柱区和万能杆件横梁区，形成扣锚索的锚固区。塔顶分配梁直接布置于锚固区上，塔顶分配梁按三层布置，自下而上依次为下横梁、纵梁、索鞍导轨，下横梁在横桥方向、段与段之间利用拼接板连接，连接位置为腹板及上、下翼缘，纵梁在节点位置增设横向加劲肋，并在固定位置增加缆风锚箱，纵梁上部直接铺设横桥向索鞍导轨。锚梁布置于索塔H型钢和万能杆件区内，扣索、锚索交叉锚固于锚梁上，锚梁采用箱形结构。在组合式索塔的塔顶安装有缆风系统。

外倾式钢箱拱肋节段姿态调整方法：采用无支架缆索吊装施工方案，利用置于翻身轨道梁上设置的单向活动支座、起重缆索上设置的两组扁担梁及其多根不同长度的吊索，对钢箱拱肋节段的侧向翻转和竖向翻转使该钢箱拱肋节段姿态符合设计线形的安装要求。本方法有效地解决了无支架进行钢箱拱肋节段姿态调整这一技术难题，并且较以前的支架法相比具有施工周期短，施工成本低，操作方便等优点，效果显著，使该桥梁钢箱拱肋施工线形完全符合设计要求。

组合式索塔（图3.36）在南宁大桥应用情况如图3.37所示。主索跨度布置为：(240+452+280)m，索塔塔架高度138m，横向宽度110m，拱肋吊重达218吨，钢主梁吊重约280吨。缆索起重机投入起重、牵引卷扬机32台，采用PLC电气集中自动控制和综合监测监控技术。

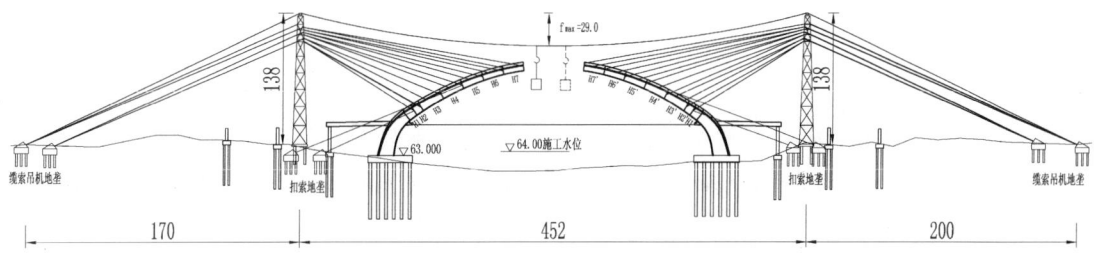

图3.36 组合式索塔构造图

相比传统无支架的拱桥架设，组合式索塔解决了限制设计与施工的节段最大吊重较小、水平吊装距离过短的问题，能够在空中调节拱节段姿态，实现精确定位合拢，避免附

图 3.37 用于南宁大桥的组合式索塔

加应力。该方法具有施工操作方便，安全性高，工程进度快，成本低，结构受力体系简单明确等诸多特点，提高了大跨度拱桥的施工安装能力。

3.7.2 拱桥缆索吊装施工中关键问题分析

由于缆索吊装系统具有跨越能力大、水平和垂直运输机动灵活、适应性广等优点，目前已被广泛用于大跨度拱桥无支架施工中。然而随着我国高速公路的迅速发展，许多跨江、跨河、跨峡谷的拱桥都在向大跨度、超大跨度挑战，于是出现了满足施工需要的矢跨比较高、吊装节段多、吊装重量大的大型缆索装结构体系，因此对吊装系统的荷载要求就越高，主塔和扣塔的强度、刚度和稳定性要求也越高。

缆索吊装施工塔架属于大型高耸结构物，在吊装施工中主要承受主吊索、扣索及风缆传递的压力作用，因此对其塔架的稳定性分析对设计和施工是一项十分必要而且重要的环节。所以，对于拱桥缆索吊装施工中的关键问题进行分析和研究便显得更加重要。

3.7.3 缆索吊装系统

1. 用途

在钢管拱肋施工过程中，必须保证拱肋节段的吊装安全、顺利合拢和横撑、纵横梁等的吊装安全。消除吊装过程中，后吊装节段与已吊装定位节段扣索相互干扰问题。完成拱肋节段的垂直运输和沿桥轴线的纵向运输。

2. 技术要求

确保缆索吊装系统塔架的稳定、主缆索的质量和锚固可靠。两套吊装系统共需 4 个独立的塔架基础，塔架基础不但是缆索吊装和拱肋扣索的承载面，而且还是起重、牵引转角滑轮千斤扣的地锚，所以塔架基础的稳定性关系着整个施工的成败。要确保塔架竖直和稳定，根据验算结果和受力分析确定缆索端头的锚固力和锚固方式。

保证扣索不影响后续节段吊装施工，起重吊点的方便卸扣操作。钢管拱为分节段吊装，必然有先后吊装互相干扰的问题。因设计时考虑缆索的中心与钢管拱肋的中心重合，必须设计出一种扣索装置，来保证后起吊节段能顺利通过已吊装节段的扣索后定位。

3. 基本原理

在桥跨两岸桥轴线上布置塔架和缆索系统，采用缆索吊装与扣索相结合的吊装方案。通过跑车的起吊索垂直起降和跑车的牵引索在缆索上沿桥轴向水平移动，来实现钢管拱桥构件的垂直起吊、安装和水平移位等施工要求，保证施工安全。

根据缆索吊机的吊装能力，将钢管拱肋分段组拼，由缆索吊机分别将分段拱肋吊装就位。并用其扣索将其固定，再依次吊装其余各段并与先吊段对接，直至吊装完毕。主索在纵向的布置采用一次跨越的方法，即双塔单跨布置。

缆索系统的布置首先要根据场地和所吊重物的实际情况合理选择缆索系统的跨度、塔架的高度、主跑车的规格和主索，然后通过计算选定出各种主索、起重索、牵引索的规格和根数，最后计算主索初始垂度及各扣索张力，确定扣索的规格及根数。

3.7.4 缆索吊装的施工程序

1. 试吊

1) 施工准备

包括预制构件质量检查、墩台拱座尺寸检查、测点的布设。

2) 试吊

试吊一般分为跑车空载反复运转、静试吊和吊重三个步骤进行。缆索、地锚在试吊前必须进行试拉，扣索可进行对拉，以检查扣索、扣索收紧索、扣索地锚以及动力设施等是否达到要求。在各试吊阶段，应仔细观测塔架位移，主索垂度，主索受力均匀程度，动力设施工作状况，牵引索、起重索在各转向轮上运转情况，以及主索地锚稳固情况等，并检查通信、指挥系统的畅通性能和各作业组之间工作协调情况。主索、牵引索及起重索的拉力可以用测力计测得。试吊后应综合各种观测数据和检查情况，对设备的技术状况进行分析和鉴定，然后定出改进措施和确定能否进行正式吊装。

2. 拱箱吊装

拱箱吊装顺序为，拱脚段、次拱段、拱脚段、次拱段、拱顶合龙段。完成一侧的内拱肋和外拱肋的吊装合龙后横移主索，进行另一侧的内拱肋和外拱肋的吊装。

1) 拱脚段吊装

吊运至大约安装位置后，用侧向缆风索横移、调整，同时准确对位，控制轴线和高程变化，轴线偏差控制在正负 10cm 以内，上端接头高程预抬高 150~200mm，然后由扣索固定，收紧侧向缆风索并固定。

2) 次拱段吊装

次拱段吊运至大约安装位置后，用侧向缆风索横移到位，调整上下端高程，安上接头螺栓，同时控制上下端高程变化。此时接头螺栓不可拧得太紧，先收紧次拱段扣索，然后松一次起重索，如此反复多次进行，直至起重索不再受力为止。在每次收紧扣索，放松起重索时，应用水准仪配合观测，控制上端接头升降幅度变化在 5~10cm 以内。次拱段上端头的高程应预抬高 200~300mm，轴线偏差控制在正负 10cm 以内。在起拱段和次拱段接头处嵌塞临时钢板楔，取走吊钩。

3.7.5 缆索吊装的施工中关键问题分析

1. 缆索吊装施工中稳定问题

1)稳定问题的类型

稳定问题是力学中的一个重要分支，在桥梁工程及钢结构中是不容忽视的问题。随着桥梁跨径的不断增大，桥塔及施工塔架高耸化、箱梁薄壁化以高强材料的应用，细长比增大、结构整体和局部的度下降，使得稳定问题在结构分析中显得更为重要。

从微分学角度稳定问题主要有两种形式：第一类稳定，分支点失稳问题；第二类稳定，极值点稳问题。研究稳定问题可以从小范围即在邻近原始状态的微小区域内进行研究。以小位移理论为基础。在实际工程中结构稳定问题一般表现为第二类稳定，但是由于第一类失稳的特征值问题求解方便，在许多情况下二类问题的临界值又相差不大，因此研究第一类稳定问题具有重要工程意义。

2)稳定问题的计算方法原理

大量的是稳定问题的近似求解。归结为两类：一类是从微分方程出发，通过数学上的各种近似方法求解，另一类是基于能量变分原理的近似法，有限单元法就是这种方法的运用。当今非线性力学将有限元与计算机结合，将稳定问题当作一个非线性力学的特殊问题，用计算机程序来实现求解。它解决了求解高阶线性特征方程组的困难，基于变位法的有限元方法能够适应各种形状的结构，既可以构造平面结构，又可以组拼空间结构；杆件之间可以是刚接也可以是绞接；还可以和其他构件单元组合，组成真实的结构模型。因而有限元方法研究结构的稳定问题得到广泛运用。

针对结构稳定问题的两种失稳形式来看，实际工程中的结构失稳多表现为第二类极值点失稳，但由于第一类稳定问题可归结为求特征值问题，其求解方便，适用于运用有限元方法来求解。而且在一般情况下的两类问题的临界值相差不大，于是研究第一类稳定问题就具有工程明显的使用价值。笔者基于结构稳定理论，简要介绍了在结构稳定性分析中有限单元法的求解原理及求解过程，希望能为结构稳定性分析的研究提供一些参考。

在桥梁工程中，大跨径拱桥的施工方法多采用缆索吊装施工，而且缆索吊装系统中塔架为高耸的大型钢桁架结构结构，因此其稳定性问题显得十分重要。从稳定性分析结果看出，风荷载对缆索吊装系统主塔架的稳定性影响较明显，在风载组合作用下较只受吊、扣索作用，其施工塔架的屈曲临界荷载系数降低了 26%左右。因此，在设计和施工控制中应当引起高度重视。

3)施工加载时的挠度控制及加强稳定性的措施

施工加载程序设计时．应计算加载各工序各计算截面的挠度值，以便在施工过程中控制拱轴线的变形情况。因为这时在施工过程中难以对拱肋的应力变化情况进行观测，而通常只能通过拱肋的变形反映出来。为了保证拱肋(拱圈)的施工安全和施工质量，必须用计算所得的挠度值与加载过程中的实测挠度值进行对照，如实测挠度值过大或出现不对称变形等异常现象时，应立即分析原因、采取措施、及时调整施工加载程序。

实践表明，计算挠度值与实测值，有时两者的差值较悬殊，其原因主要是计算拱肋(拱箱)截面刚度时,一方面计算中未充分反映拱肋在施工过程中出现裂缝的实际情况;另一方面是计算采用的材料弹性模量与实际的也不一致。因此,对于计算挠度值,也要在施工过程中结合实测挠度值加以校核和修正。

另外,温度变化对拱肋挠度的影响也很大。为了消除温度对拱肋加载变形的干扰,还必须对温度变化引起拱肋挠度变化的规律进行观测,以便校正实测的拱肋加载挠度值。正确地控制拱实际重肋的受力情况。在无支架施工的拱桥中,为保证拱肋有足够的纵、横向稳定性,除要满足计算要求外,在构造上都必须采取一些措施。

一般来说,跨径在 50m 以内的可以采用单肋合拢;当跨径大于 50m 时宜采用双肋同时合拢,这时,肋与肋之间需用横夹木或斜撑木临时连接,以便形成横向框架,增强横向稳定性。无论是单肋合拢或是双肋合拢,要结合具体情况设置横向浪风索,以增强拱肋横向稳定性。安排施工进度时,应尽快完成肋间横向联系(如横撑或横隔板等)的施工。

2. 常见拱轴线偏差形式问题及分析

常见的拱轴线偏差形式有:全拱升高或降低;半拱升高或降低;全拱反对称偏差;全拱对称偏差(即 M 形偏差);局部偏差;面外偏差。除上节对 M 形偏差的有限元分析外,对于其他各种偏差形式,分别假定一定的施工误差量。采用 MIDAS 进行有限元分析后,可以得出如下的结论:

(1)拱轴线变化引起的荷载位移变化量很小,不超过施工拱轴线变化的 1/10。

(2)拱轴线变化引起的轴力变化很小。最大相对误差为 L/500 时,轴力的变化量不超过 3%。

(3)施工误差引起弯矩的变化较大,且主要是恒载附加弯矩。

(4)在同样的施工误差形式下,施工误差附加内力基本与最大误差值呈线性关系。

(5)拱均匀上升或下沉的施工误差附加内力较小,而反对称偏差的施工误差附加内力较大。以拱轴线偏差的正值与负值的绝对值之和作为施工误差更能反映结构受力变化。

(6)局部节点下沉的施工误差引起很大的局部应力,部分截面的应力超过规范容许值,施工中应特别注意。此时,无论压力值多大,围岩都不会发生破坏。这与岩石材料受压时的特性基本一致。

在工程实际中,工程师们通常更关心隧道开挖后初始应力场的扰动情况,即次生应力和初始应力的比值的大小,它是判定隧道稳定性的一个重要指标。定义:应力集中系数=次生等效应力/初始等效应力。

3. 缆索吊装过程的理论分析

目前,关于大跨度拱桥吊装过程的理论分析已经提出了多种方法,如零弯矩法、正装法(前进分析法)、正装迭代法、倒退分析法、正装法与倒退法联合使用、动态控制法、基于优化理论的方法等。这些方法一般均假设拱肋节段为一次放松吊索就位。然而,实际上,在拱肋安装时,为确保安全大多为循环张拉扣索并逐步放松吊索进行就位,其拱肋安装时的空间就位坐标与一次放松吊索就位法的空间就位坐标有很大差别。

采用刚性支承-弹性索法对此进行计算,需要在各阶段改变计算模型,并且需要进行从支承力向扣索索力的转换。事实上,该方法的基本假定是拱肋安装时前端变形已通过扣索的张拉调整抵消。基于上述假定,可以将拱肋安装阶段扣索刚度取无穷大,然后,在后续阶段中再恢复其刚度进行计算，在计算过程中产生的残余变形通过迭代法进行调整。该方法可以称为刚性-弹性索法。

首先，假定各控制点的坐标变化量（包括预抬高和纵向坐标变化量，第一轮计算可采用一次正装计算结果），并修正结构计算模型；然后，按照拟定的节段安装过程进行正装计算，直至合拢并拆除扣索。在计算过程中，安装时的扣索刚度可先取无穷大，安装完成后进行后续阶段施工时恢复其实际刚度。各轮计算完成后比较所得到的合拢拱轴线和目标拱轴线，若两者的差值在控制误差范围之内，则假定值即为所求，否则重新修正安装标高并按照。上述过程进行计算，直至最后所得合拢线形与控制线形相符为止。

4. 缆索吊装施工加载程序设计问题分析

目前，在设计加载程序时，多采用影响线加载计算内力及挠度，再进行强度、稳定、变形的验算。计算步骤大致如下：

(1)绘制计算截面的内力及挠度影响线。

(2)根据施工条件初步拟定施工阶段。

(3)在左、右半拱对称地将拱圈分环、分段，再将已分的各环按段计算重量。分段宜小，以便于调整加载范围。

(4)按照各阶段的工序，拟定加载顺序及加载范围，在影响线图上分段逐步加载，求出各计算截面在此荷载作用下的内力及挠度，并验算强度。加载时，要左、右半拱对称进行，尽量使各计算截面的计算弯矩及挠度最小，截面应力及挠度不超过允许值，并尽量使计算截面不出现反复变形（挠度）。

(5)根据强度及挠度计算情况，调整施工加载顺序和范嗣或增减施工阶段。这一计算工作往往需要反复多次，才能做出较恰当的施工加载程序方案。

(6)在主拱圈砌筑完成后，拱上建筑的施工只要由拱脚向拱顶对称均衡地砌筑，就能保证拱圈的安全，故可不再进行计算。对于多孔连续拱桥，也需注意相邻孔的砌筑要协调，防止桥墩的过大变形。施工加载程序设计既重要又烦琐，因此，一方面需要探讨合理加载程序的简化计算方法，同时也应在主拱圈的型式、构造及施工方法等各方面做进一步的改善。例如，目前采用的薄壁箱形截面的拱肋（拱箱），既能大大减少施工程序，加快施工进度，又能保证拱圈的安全。

5. 结论

(1)通过采取一定的措施，并研究缆索吊装施工中稳定问题和施工过程中的关键性问题，完全可以将拱桥的空间安装的难度降低到平行拱桥安装的水平，能节省加工、预拼场地，避免采用大型吊装设备，减少大量临时材料。

(2)缆索吊装施工过程中关键性问题所引用的技术可以扩展应用到外倾拱桥施工中。

3.8 外倾式钢箱拱肋节段调整

外倾式钢箱拱肋节段调整方法：采用无支架缆索吊装施工方案，利用置于翻身轨道梁上设置的单向活动支座、起重缆索上设置的两组扁担梁及其多根不同长度的吊索，对钢箱拱肋节段的侧向翻转和竖向翻转使该钢箱拱肋节段姿态符合设计线形的安装要求。本方法有效地解决了无支架进行钢箱拱肋节段姿态调整这一技术难题,并且与以前的支架法相比,具有施工周期短、施工成本低、操作方便等优点,效果显著,使该桥梁钢箱拱肋施工线形完全符合设计要求(图 3.38 和图 3.39)。

图 3.38 南宁大桥钢拱吊装

图 3.39 南宁大桥吊装完成后照片

3.8.1 概况

钢箱拱肋从受力特点上属于压弯构件,其稳定性是控制设计的关键问题,而局部稳定则是整体稳定的前提和基础。由于国内现阶段对局部稳定的问题尚处在研究阶段,桥梁设计规范相关条文的规定较少,所以在设计时往往参考国外的钢结构规范。在此以板的稳定理论为基础,结合工程实例及国外规范,研究钢箱拱肋局部稳定的设计方法。

3.8.2 板的稳定

板的稳定问题可以分为第一类稳定平衡分支问题和第二类稳定极限荷载问题。实际上的结构稳定问题都属于第二类稳定,但第一类稳定问题力学和数学上情况比较简单、明确、容易求解,因此经常按第一类稳定进行简化。理论上板在压力作用下产生屈曲变形而导致局部失稳属于平衡分支问题。钢拱肋的板件所处的内力状态可以看成单向均匀受压、单向不均匀受压和均匀受剪这 3 种最基本状态的组合。而钢箱拱肋的壁板所处的边界条件,可以近似取为四边简支的薄板。

1. 均布压力作用下板的屈曲

图 3.40 所示为一两端均布压力 $N_x=t_w\sigma_x$ 作用下的弹性简支矩形薄板。它的最小临界应力可以写成:

$$\sigma_{c.cr} = k_c \sigma_e$$

其中,欧拉临界应力

$$\sigma_e = \frac{\pi^2 E}{12(1-\upsilon^2)}\left[\frac{t_w}{b}\right]^2$$

纯压屈曲系数

$$k_c = \left[\frac{m}{\alpha}+\frac{\alpha}{m}\right]^2$$

式中,$\alpha=a/b$ 为板件的长宽比,m 为半个波形的个数,υ 为材料的泊松比,t_w 为板厚。

由上式可知,四边简支薄板在均布压力下最小临界应力与板的宽厚比有关,与板的长宽比有关。当 $\alpha>1$ 时 k_c 的值变化很小，可以近似取 $k_c=4$，当 $\alpha<1$ 时 k_c 的值才会随着 α 的减小而有显著提高，而改变宽厚比却有二次函数的变化关系。因此可以得到一个结论，拱肋的壁板在板厚和纵肋间距不变的情况下，横向肋或横隔板很密时才能使临界应力有较大提高，而加大板厚或加密纵向肋间距确是增加拱肋壁板临界应力的最有效措施。

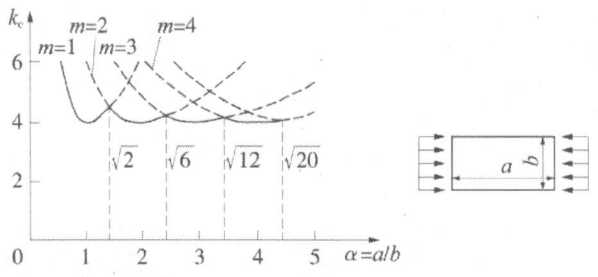

图 3.40 均布压力下屈曲系数与长宽比的关系

2. 不均匀压力作用下板的屈曲

纯弯、偏心受压都属于不均匀受压。纵向应力分布可以用应力分布变化系数 φ 来表示：

$$\varphi = \frac{\sigma_1 - \sigma_2}{\sigma_1}$$

式中，σ_1、σ_2 为板边缘应力，压应力为正，$\sigma_1 \geq \sigma_2$；$\varphi=0$，均匀受压；$\varphi=2$，纯弯；$0<\varphi<2$，偏心受压。

屈曲临界应力公式：$\sigma_{l,cr}=k_l\sigma_e$，$k_l$ 根据不同的 φ 取值而不同，如图 3.41 所示。

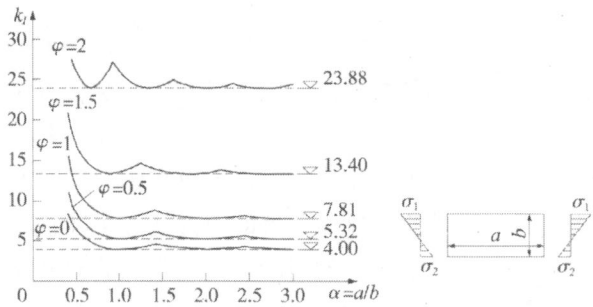

图 3.41 不均匀压力下屈曲系数与长宽比及应力分布变化系数的关系

图 3.41 可以看出，不均匀受压板受不均匀度影响最为显著，在外荷载一定的情况下，临界应力的变化规律接近均匀受压板。

3. 均布剪力作用下板的屈曲

在仅有剪应力作用下，在对角线方向受压发生挠曲，也可采用能量法求板的挠曲应力，类似的可以给出临界剪应力的公式：$\tau_{cr}=k_\tau\sigma_e$，文献[4]给出 k_τ 在不同 α 时的取值，如图 3.42 所示，图中可以看出，改变 α 对增加 τ_{cr} 效果明显。

拱桥可通过调整拱轴线，使钢拱肋的受力基本属于均匀受压，因此拱肋板件的屈曲行为更接近均布压力作用下板的屈曲。由板的稳定屈曲规律可以看出，控制受压板局部稳定的关键因素在于板的宽厚比，因此在设计中控制板的宽厚比即可控制局部板件的稳定。

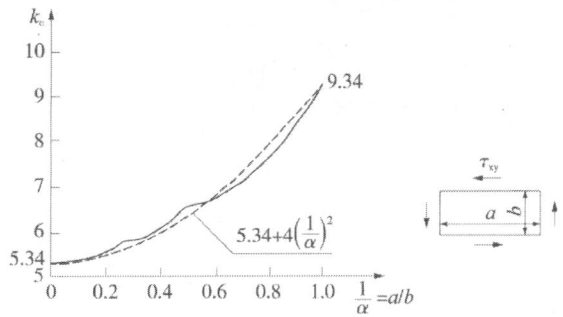

图 3.42 均匀剪力下屈曲系数与长宽比的关系

四边支承的受压板在挠曲后仍有很大的承载力,板的挠曲后强度源于板面内的薄膜张力,使得板件即使发生屈曲仍可继续承载。在设计中,由于板件的宽厚比较小,已经具有较大的临界应力,所以一般不考虑挠曲以后的强度。

3.8.3 受压钢箱局部稳定设计方法

受压钢箱的失稳模态有多种,设计的理想状态为纵横向加劲肋与被加劲板同时失稳。但在设计过程中,恰好达到理想状态的情况不多。因此,为保证被加劲板不因加劲肋的刚度不足而发生屈曲,各国规范通常要求加劲肋后失稳[10, 11]。

由此,引入加劲肋的临界刚度比,当加劲肋刚度比小于临界刚度比时,加劲板的屈曲原因为加劲肋刚度不足,此时板的屈曲应力受加劲肋的刚度控制,刚度越大板的屈曲临界应力就越大,即柔性加劲肋设计;反之,加劲板的屈曲原因为板的宽厚比过大,由板厚和加劲肋间距控制板的临界屈曲应力,即刚性加劲肋设计。各国规范通常推荐的设计方法为刚性加劲肋设计法,在既定板厚的情况下,某些总体应力比较低的局部,也可以采用柔性加劲肋的设计法,可有效降低拱肋的加工制造难度和造价。

我国的《公路桥涵钢结构及木结构设计规范》(JTJ025—86)、《铁路桥梁钢结构设计规范》(TB1000212—2005)仅对箱形截面压杆的板件最大宽厚比做了限定,但对其加劲肋的构造没有具体规定;《钢结构设计规范》(GB50017—2003)中虽然有箱形截面受压构件局部稳定的相关规定,但对于加劲肋的规定不全,限制了其在桥梁设计上的使用。因此在设计过程中常参考日本《道路桥示方书·同解说》以及《AASHTO》中的相关规定进行设计。在局部稳定设计之前,板件尺寸及厚度已由整体分析确定。而通过局部稳定计算,确定板件的宽厚比(纵向加劲肋间距)、板件长宽比(横向加劲肋间距)及纵横向加劲肋的刚度[12]。

在日本《道路桥示方书》中,局部稳定的设计方法采用了刚性加劲设计法,要求加劲后板件的屈曲应力不小于杆件整体失稳的临界应力。而钢材的容许应力就以材料的屈服强度为基础,综合考虑材料安全系数、总体稳定、受力状态、边界条件及板厚的因素[13, 14]。

当板件的宽厚比满足表 3.6 时,可不设加劲肋,否则应该设置加劲肋并且满足加劲肋的最小刚度及面积要求。

加劲肋所应满足的最小刚度及面积如下:

$$I_1 \geq \frac{bt^3}{11} \gamma_{1,\text{req}}$$

$$A_1 \geq \frac{bt}{10n}$$

其中，$\gamma_{1,\text{req}}$ 由下面计算方法得到的加劲肋的刚度比。

(1) 当 $\alpha \leq \alpha_0$ 且横向加劲肋刚度满足要求时：

$$\begin{cases} \gamma_{1,\text{req}} = 4a^2 n(1+n\delta_1)\left[\dfrac{t_0}{t}\right]^2 - \dfrac{(a^2+1)^2}{n} & (t \geq t_0) \\ \gamma_{1,\text{req}} = 4a^2 n(1+n\delta_1) - \dfrac{(a^2+1)^2}{n} & (t < t_0) \end{cases}$$

$$I_t \geq \frac{bt^3}{11} \times \frac{1+n\gamma_{i,\text{req}}}{4a^3}$$

(2) 当不满足式中的条件时：

$$\begin{cases} \gamma_{1,\text{req}} = \dfrac{1}{n}\left[\left\{2n^2(1+n\delta_1)\left[\dfrac{t_0}{t}\right]^2 - 1\right\}^2 - 1\right] & (t \geq t_0) \\ \gamma_{1,\text{req}} = \dfrac{1}{n}\left[\left\{2n^2(1+n\delta_1) - 1\right\}^2 - 1\right] & (t < t_0) \end{cases}$$

式中，b、t 为被加劲板的宽（腹板间距）、厚；

n 为被加劲板分隔的局部板件数目 $n = n_l + 1$，n_l 为纵向加劲肋数目；

α 为被加劲板的长宽比 $\alpha = a/b$；

α_0 为被加劲板的临界长宽比，$\alpha_0 = \sqrt[4]{1+n\gamma_1}$；$a$ 为横向加劲肋间距；

δ_l 为纵向单根加劲肋截面面积与被加劲板的面积比，$\delta_l = A_1/bt$；

γ_l 为纵向加劲肋的刚度比，$\gamma_l = EI_l/D$，其中 $D = Ebt^3/[12(1-\upsilon^2)]$，$\upsilon$ 为材料泊松比；

t_0 为不考虑加劲肋局部稳定时必须满足的最小板厚（表 3.6）。

表 3.6 不考虑加劲肋局部稳定时必须满足的最小板厚

钢材种类 （中国标准）	SS400 SM400 (Q235)	SM490 (Q345)	SM490Y SM520 (Q370)	SM570 (Q420)
t_0	$b/(28f_n)$	$b/(24f_n)$	$b/(22f_n)$	$b/(22f_n)$

注：$f_n = 0.65\left[\dfrac{\phi}{n}\right]^2 + 0.13\left[\dfrac{\phi}{n}\right] + 1.0$

当加劲肋的刚度和面积满足上面的条件后，局部板件按照本节前面所阐述的原理进行设计，在《道路桥示方书》中以板件的宽厚比来限制（表 3.7），使板件的临界应力高于考虑整体稳定的容许应力。

表 3.7 受压钢板最小板厚

板厚/mm	SS400 SM400 (Q235)	SM490 (Q345)	SM490Y SM520 (Q370)	SM570 (Q420)
40 以下	$b/(56f_n)$	$b/(48f_n)$		
41～75	$b/(58f_n)$	$b/(50f_n)$	$b/(46f_n)$	$b/(40f_n)$
76～100			$b/(48f_n)$	$b/(42f_n)$

3.9 曲线钢箱梁精确调整定位

通过精确调整连接拱肋与钢箱梁永久吊杆和临时吊杆的长度,使钢箱梁节段准确定位;施工安装时,先临时连接钢箱梁各节段,待所有节段全部就位并临时连接后,通过精确调整永久吊杆和临时吊杆的长度,结合内导管定位法新工艺,进行零错边量对接,使钢箱梁整体线形符合设计精度要求,再进行焊接。主要技术方案如下:

(1) 曲线钢箱梁吊装施工总体方案。钢箱梁拱桥,桥梁两端分别称为 A 端和 B 端。钢箱梁位于一定半径的平曲线上,一定半径的竖曲线上,从桥梁跨越空间 A 端和 B 端向桥梁中心,共分为 $2n+1$ 个节段,除钢箱梁中心节段外,其编号自桥梁两端至桥梁中心分别为 $1\sim n$,分别用 Ax 和 Bx 标识,$x=n$ 或 $n-y$,y 为小于 n 的正整数。每一箱梁节段均呈扇形。钢箱梁为单箱单室截面扁平流线型全焊结构(图 3.43)。

(2) 钢箱梁节段采用缆索吊机进行吊装安装。节段吊装前,用千斤顶顶推内侧 2 组索鞍横移至桥梁中心节段位置,对中心节段进行吊装。中心节段初步就位后,调节外侧永久吊杆和临时吊杆的长度使中心节段准确确定空中位置。然后分别吊装桥梁端最靠近桥梁中心的 Bn 节段和 An 节段,安装并张拉本节段外侧永久吊杆和临时吊杆,同步松开吊钩,完成本节段吊装。通过调整准确调整外侧永久吊杆和临时吊杆的长度确定两节段的空中相对位置,分别与中心节段临时连接(图 3.44)。

(3) 吊装桥梁 A 侧 $An\sim 1$ 节段,安装并张拉该节段外侧永久吊杆和临时吊杆,同步松开吊钩。与中心节段临时连接的 An 节段进行临时连接。

(4) 完成桥梁 A 侧 $An\sim 2$ 至 A3,B 侧 $Bn\sim B3$ 节段吊装。吊装两端 1 节段放置在两端主墩肋间平台主桥侧牛腿上并进行精确定位,最后吊装两端 2 节段完成钢箱梁吊装合拢。吊装期间,分步调整临时吊杆索索力,控制拱脚段水平推力在设计范围内。

(5) 主梁合拢后调整永久吊杆和临时吊杆,精确调整主梁至设计线形后完成全部主梁焊接。主梁焊接完成后,安装永久系杆索,张拉永久系杆,安装内侧永久吊杆,调整永久吊杆索和永久吊杆索索力,完成结构体系转换。

(6) 对于跨度大的桥梁,由于节段体积及其重量的限制,可以在空中将小节段焊接拼装合成为大的节段,实现曲线钢箱梁精确调整定位。

图 3.43 深港西部通道钢梁安装

图 3.44 深港西部通道钢梁安装

大跨度异型组合拱桥造型新颖,受力合理。通过合理调整主拱轴线及充分利用钢-混组合结构力学特性，对其三大关键性技术难题，即水平推力、横向稳定、施工难题，提出新的解决思路与技术方案，实现桥梁建筑美学与力学的统一。异型拱桥适合建在河中间有洲或岛的河床地形，可与自然地形完美结合。它造型优美，技术先进，施工安全，具有明显的经济效益。大跨度异型组合拱桥理论的提出，对提升我国大跨度拱桥的设计、施工技术创新和促进土木建筑行业科学技术进步有意义，具有社会效益、经济效益和工程应用前景。

参 考 文 献

[1] 姚玲森. 桥梁工程. 北京：人民交通出版社，2008.

[2] 李勇. 钢-混凝土组合桥梁设计与应用. 北京：科学出版社，2002.

[3] Li Y, etc. Study on prestressed transfer efficiency and moment amplitude modulation of steel-concrete composite bridge.哈尔滨工业大学学报，2011，(2).

[4] Li Y, etc. The application of active type inter transfer tube on long span bridge's folding construction. 第八届国际组合结构论文，2006.

[5] 李勇，郭帅. 钢-混凝土组合梁体系转换新技术. 华中科技大学学报，2003，(2).

[6] 李朝永，李勇等. 南宁大桥主跨300m钢拱桥施工关键技术. 深圳特区科技，2005.

[7] 聂建国，陶慕轩，吴丽丽等. 钢-混组合结构桥梁研究新进展. 土木工程学报，2012.

[8] 秦顺全等. 高速铁路大跨度桥. 铁道工程学报，2008.

[9] 朱小林. 大跨径飞燕式异型拱桥稳定性分析. 山西省交通科学研究院，2012.

[10] 李俊. 大跨度钢管混凝土拱桥稳定性分析. 山西建筑，2011，(20).

[11] 李晓亮. 大跨度钢管混凝土拱桥施工稳定性分析. 山西交通科技，2007，(5).

[12] 陈宝春. 钢管混凝土拱桥设计与施工. 北京：人民交通出版社，2002.102~105.

[13] 徐君兰. 大跨度桥梁施工控制. 北京：人民交通出版社，2000.22~25.

[14] 陈宝春，孙潮，陈友杰. 桥梁转体施工方法在我国的应用与发展. 公路交通科技，2001，(2)：24~28.

第4章 大跨度刚构桥梁组合零弯矩理论

4.1 大跨度PC连续刚构桥的主要问题

大跨度PC连续刚构桥保持了上部构造连续梁的特性,而且在支点处上部结构及下部结构成为整体共同工作,跨越能力较大,施工难度小,行车舒畅,养护简便,造价较低。多跨连续-刚构桥可在主跨跨中设铰,两侧跨径为连续体系,利用边跨连续梁的重量使T构设计成不等长悬臂,以加大主跨的跨径。

国际结构混凝土协会(CEB)调查了27座跨径53~195m的PC连续梁的跨中下挠情况,发现在通车8~10年后挠度仍有明显增长趋势。例如,英国Kingston桥(62.5+143.3+62.5=)268.3m,1970年建成后跨中挠度一直在缓慢地增大,至今已超过30cm(L/478),并发现大量跨中裂缝。美国Pavvotts渡桥(99+195+99=)393m在使用12年后,主跨下挠63.5cm(L/307),跨中大量开裂。帕劳共和国1977年建成的Korov Babeidaob桥(72+241+72=)385m,1996年发现下挠1.20m(L/205),加固后3个月倒塌。

我国跨径200m以上的连续刚构桥20余座,跨径在100~200m之间的连续梁桥和连续刚构桥近百座。目前世界跨径大于240m的特大跨径梁桥中,我国约占一半以上。不少大跨径桥梁通车运营近8~10年后,都相继出现持续下挠的现象[1]。其中最大下挠值已超过30cm,底板、腹板也出现大量裂缝。典型的连续刚构体系对称布置,采用平衡悬臂施工方法修建。表4.1中所列21座大跨连续刚构桥中,中国有14座,虎门大桥辅航道桥于1997年建成时跨径270m,与1979年巴拉圭Asuncion桥同居世界第一[2]。

由于结构自重所占比例大,从施工阶段的悬臂梁,通过合拢进行结构体系转换,形成运营阶段的连续梁体系,有效预应力损失、混凝土收缩徐变、温度变形等原因,引起应力重分布,出现混凝土截面拉应力或剪应力过大造成裂纹。目前国内外已有许多学者对这一问题进行了分析研究,但还没有找到真正解决这一问题的有效办法。

大跨度刚构桥的持续下挠问题突出,严重影响到这一桥型的继续发展。这种超过预期的下挠影响了桥面的平整度和行车的舒适性,跨中下挠所伴随的裂缝不断发展也使结构的安全性、耐久性受到损害。大跨度PC连续刚构桥在建成后的运营过程中,容易出现梁体下挠、腹板开裂的通病。控制这些通病的产生,是当前亟待解决的技术难题。

1995年建成的湖北黄石长江公路大桥,是主桥为(162.5+3×245+162.5)m的5跨连续刚构,主墩采用钢筋混凝土双薄壁墩,主桥长1060m,如图4.1所示。是长江上首座超200m的连续刚构桥,设计、施工均缺乏经验,工程质量不佳[3]。运营后跨中下挠0.34m,相对挠度(L/731)。已加固两次,费用(0.40万元/m²),目前已限速、限载[4]。

苏通长江大桥辅航道桥,为(140+268+140)m的连续刚构桥,2006年建成通车后梁体下挠、腹板开裂等问题同样存在。

图 4.1 黄石长江公路大桥

1997 年建成的广东虎门大桥辅航道桥(图 4.2)(150+270+150)m，通车后 5 年下挠 0.16m(L/1687)未开裂，但 7 年后下挠突变至 0.26m(L/1038)开裂，至今下挠 0.30m(L/900)，已采用体外索进行加固。

图 4.2 虎门大桥辅航道桥

2002 年建成的云南元磨红河大桥(图 4.3)。跨度布置为：(58+182+265+194+70)m。

图 4.3 云南元磨红河大桥

1998 年建成的挪威 Stolma 跨海大桥(图 4.4)，跨度布置(94+301+72)m，主跨中部 182m 采用轻质混凝土，边跨梁内填砾石，很好地解决了跨中下挠的问题。

图 4.4 挪威 Stolma 跨海大桥

中外 PC 连续梁桥跨中相对下挠值如表 4.2 所示。

表 4.1 世界预应力混凝土连续刚构桥

序号	桥名	国家	建成年份	跨径/m	边跨/中跨	桥宽/m 顶	桥宽/m 底	截面	梁高/m 根部	梁高/m 跨中	高跨比 根部	高跨比 跨中	梁板厚/cm 顶板	梁板厚/cm 底板	梁板厚/cm 腹板	备注
1	重庆长江大桥复线工程	中国	2006	86.5+4×138+330+132.5	0.42	19	19	单室箱								主跨中部182m用轻质混凝土，边跨梁内填砾石
2	斯托乌桥	挪威	1998	94+301+72	0.31	7.0	9	单室箱	15	3.5	1/20.1	1/86	27	103	25~45	桥位: R3000 平曲线上，中部224m 轻质混凝土，边跨压重
3	拉夫森德特大桥	挪威	1998	86+202+298+125	0.42	10.3	7	单室箱	14.5	3.5	1/20.6	1/85.1	26	120	30~55	
4	Asuncion 桥	巴拉圭	1979	270												
5	虎门大桥辅航道桥	中国	1997	150+270+150	0.56	15.0	7	双单室箱	14.8	5	1/18.2	1/54	25	32~130	40~60	桥位: R7000 平曲线上，C55 混凝土
6	苏通大桥辅汊桥	中国	2006	140+268+140	0.552	16.5	7.5	双单室箱	15	4.5	1/17.9	1/59.5	32	32~170	45~100	跨中设体外索
7	云南元江大桥	中国	2003	58+182+265+197+70	0.69	22.5	11.5	单室箱	14.5	5	1/18.3	1/53	28	32~150	40~60	桥高163m
8	门道桥	澳大利亚	1985	145+260+145	0.56	22.0	12	单室箱	15.7	5.2	1/16.6	1/50	25	30~180	65~75	边跨悬出引桥相连
9	配罗德2号桥	挪威	1994	260												
10	宁德下白石大桥	中国	2003	145+2×260+145	0.558	12.0	6	双单室箱	14	4.2	1/18.6	1/61.9	25	30~140	40~70	梁底川1.6次抛物线
11	泸州长江大桥	中国	2002	150+252+55	0.595	25.0	13	单室箱	14	4	1/18.1	1/63				边跨重力式锚定桥台，C60砼
12	Schottwien 桥	奥地利	1989	250												四跨连续刚构
13	Doutor 河桥	葡萄牙	1991	250				单室箱	12	7	1/20.8	1/135.7				双线桥
14	重庆黄花园大桥	中国	1999	137+3×250+137	0.548	15.0	7	双单室箱	13.8	4.3	1/18.1	1/59.5	25	28~150	40~70	连续长度1024m
15	马鞍石嘉陵江大桥	中国	2001	146+3×250+146	0.584	11.5	5.5	双单室箱	13.7	4.2	1/18.2	1/59.5	25	32~150	40~60	双幅，连续长度1042m
16	宜水路金沙江大桥	中国	2005	140+249+140	0.56	24.5		单室箱	15	4.2	1/16.6	1/59.3				C65
17	黄石长江大桥	中国	1995	162.5+3×245+162.5	0.663	19.6	10	单室箱	13	4.1	1/18.8	1/59.8	25	32~135	50~80	连续长度1060m, C55
18	江津长江大桥	中国	1997	140+240+140	0.583	22.0	11.5	单室箱	13.5	4	1/17.8	1/60	25	32~120	50~80	C50
19	重庆高家花园大桥	中国	1997	140+240+140	0.583	13.0	8	双单室箱	13.6	3.6	1/17.6	1/66.7	25	32~120	40~60	
20	重庆龙溪河大桥	中国	1999	140+240+140	0.583	11.5	5.5	双单室箱	13.6	3.6	1/17.6	1/66.7	25	32~120	40~60	
21	贵州六广河大桥	中国	2002	145+240+145	0.604	13.0	7	双单室箱	13.4	4.1	1/17.9	1/58.5	28	30~160	40~100	桥墩高73m 和90m

表 4.2　中外 PC 连续梁桥跨中相对下挠值（δ/L）

状况	修建年代	跨径组合/m	跨中砼徐变挠度 δ/m	相对挠度	说　明
开裂	1997	150+270+150	0.3	L/900	δ>0.16m 后出现开裂，已用体外索加固（广东虎门大桥）
	1995	162+3×245+162	0.335	L/731	裂缝 6638 条，最宽 0.4mm，已经加固两次（湖北黄石长江大桥）
	1977	72+241+72	1.2	L/205	建成后挠度不断加大，1996 年倒塌（帕劳共和国 Konov Babeldaob 桥）
	1997	140+240+140	0.32	L/757	出现大量裂缝，已加固（江津长江大桥）
	1978	99+195+99	0.635	L/307	使用 12 年后，跨中大量开裂（美国 Pavvotts 渡桥）
	2000	96+160+86	0.23	L/700	大量开裂，已加固（丫髻沙副桥）
	1993	105+4×160+105	0.22	L/727	开裂，已加固（三门峡黄河大桥）
	1993	100+150+100	0.27	L/556	大量开裂，已加固（大河铺大桥）
	1970	62.5+143.3+62.5	0.3	L/478	挠度持续增大（美国 Kingston 桥）
	1992	105+4×140+105	0.22	L/636	裂缝 733 条，最宽 0.3mm，已加固
	1990	85+140+85+42	0.11	L/1273	腹板开裂，已加固
	1993	75+7×120+75	0.2	L/600	裂缝 320 条，宽 0.58mm，已加固（东明黄河大桥）
	1992	66+120+66	0.22	L/545	大量开裂，已加固（南海金沙大桥）
		87+7×114+87	0.189	L/603	大量开裂，已加固（风陵渡黄河大桥）
	1990	46+80+46	0.067	L/1200	大量开裂，已加固（台儿庄桥）
	1982	多孔 150	0.095	L/1580	情况良好（丹麦）
	1991	75+135+75	0.03	L/4500	情况良好（石南大桥）
	1986	84+3×120+84	0.075	L/1600	情况良好（常德大桥）
	2005	70+2×110+70	0.015	L/7300	情况良好（南昌江西支大桥）
	1999	65+4×100+65	0.022	L/4545	情况良好（江西龙王庙大桥）

4.2　恒载+活载组合零弯矩理论

4.2.1　零弯矩理论基本理念

古代石拱桥经久耐用、刚度大、变形小，没有钢筋但很少开裂。它的结构特性如图 4.5 所示。其原理就是"拱轴线的零弯矩"。恒载自重悬臂负弯矩 $M_0=\Sigma x \cdot g$ 与拱顶水平推力 H 所产生的正弯矩 $M_H=H \cdot y$ 相平衡。按拱轴线上每点弯矩 M_i 为零的原则推导出竖坐标 y

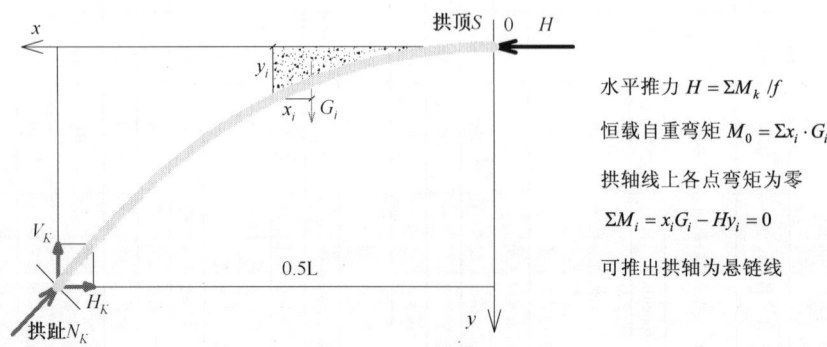

图 4.5　石拱桥拱轴线上的零弯矩图

的方程称为"悬索线"拱轴，即拱轴线与压力线相重合[5]。由于恒载自重弯矩 $M_g = 0$，所以截面储备了巨大的正压应力，因此可以抵抗成桥运营状态的活载、温度等各种外荷的弯矩而不出现纵向拉应力。对于剪力，也由巨大的轴向力所产生的摩阻力以及石拱的本身的抗剪能力共同承当。

纵向应力：

$$\sigma = \frac{N}{A} \pm \frac{M_g + M_p}{W} = \frac{N}{A} \pm \frac{M_p}{W} \quad (M_g = 0) \tag{4-1}$$

竖直截面剪应力：

$$[\tau] = \tau_0 + 0.2\sigma_x > \tau_g \tag{4-2}$$

式中，N 为各截面的轴向力（$N = \sqrt{H^2 + V^2}$）；A 为截面面积；W 为截面模量；M_p 为外荷弯矩；M_g 为恒载弯矩；τ_0 为小石子混凝土砌块片的容许剪应力；σ_x 为由轴力 N 引起的纵向压应力（$\sigma_x = N/A$）。

悬链线拱轴竖坐标公式：

$$y = \frac{f}{m-1}(\text{ch}k\xi - 1) \tag{4-3}$$

主拱圈恒载截面的应力：

$$\sigma = \frac{N}{A} \pm \frac{(M_0 \approx 0)}{W} = \frac{N}{A} \tag{4-4}$$

4.2.2 PC 桥梁"零弯矩"理论

(1) 借鉴"石拱桥拱轴线"概念。变截面梁高度变化不大，（即竖坐标 y_i 的调整能力有限）此时可改用变化的预应力 T 来代替始终不变的推力 H，同样能达到恒载弯矩为零的效果，如图 4.6 所示。由于 PC 连续梁自重有负、正两种弯矩，故分别在支座上缘和跨中下缘都要分别设置预应力（$T_上$ 和 $T_下$），使其产生和恒活载相反的平衡弯矩 M_T 来抵消箱梁恒活载弯矩 M_g，使梁内存弯矩差值 $M_e = M_T - M_g \approx 0$，这就是"零弯矩"的概念。

(2) 有效预应力损失的问题。在悬臂分段施工中，后段混凝土张拉将使前段混凝土受压缩，使前一节段的预应力有一定松弛，再考虑到龄期影响混凝土会产生徐变，这样就出现了徐变挠度 f_t，它可以用徐变系数 φ 乘以结构挠度 f_0 来表示，φ 值计算比较复杂。

(3) "零挠度"是指控制梁轴线的变形很小的概念。"零挠度"并非绝对为 0，但应该特别注意到初始挠度 f_0 的重要性，它与徐变挠度的关系如下：

$$\sum f_g = (1+\varphi)f_0 = f_0 + f_t \tag{4-5}$$

式中，结构挠度 $f_0 = \int M_e \cdot \overline{M} \text{d}s / EI$；$M_e = M_T - M_g$；$M_T$ 为预应力弯矩，M_g 箱梁自重弯矩；混凝土徐变挠度 $f_t = \varphi f_0$。

注意到结构挠度 f_0 是可控的，只要预应力设计做到 M_T 和 M_g 相平衡，实施 $M_e \approx 0$，则 $f_0 \approx 0$。但是徐变系数 φ 是混凝土固有的，不可消灭的，只有将 f_0 减小使 φf_0 绝对值减小。

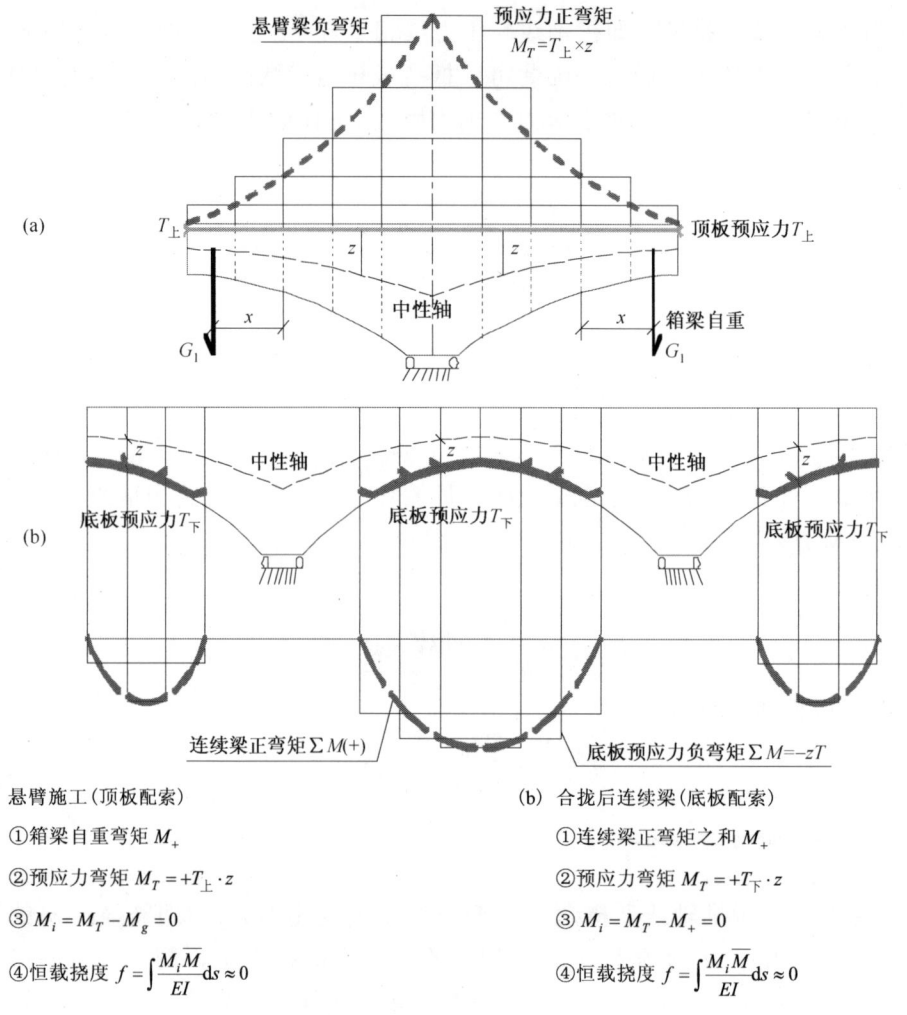

图 4.6 PC 梁桥恒载预应力"零弯矩及零挠度"

"零弯矩"对结构初始挠度而言，不包含混凝土徐变挠度，但 f_0 小会使徐变挠度 $f_t=\varphi f_0$ 也减少，即总挠度 $f_g=(1+\varphi)f_0$ 下降。

大跨度 PC 连续刚构桥，恒载挠度主要是在施工阶段的悬臂状态下产生的，活载挠度主要是在成桥运营阶段的连续状态下产生的，必须分阶段计算并进行有效组合，这就是所谓"组合零弯矩"实现"零挠度"的基本原理。

4.3 组合梁桥悬臂施工的力学特点

4.3.1 PC 跨中挠度计算

大跨梁桥最不利状态弯矩 M_0 发生在最大悬臂施工状态，其值相当混凝土跨径的简支梁。$M_0=1/8GL^2$，而设计所选择的计算图示是建成后的运营状态（连续梁）。通常按连续梁的最不利荷载组合的弯矩包络图，在保留一定压应力储备并满足强度要求的原则来确定上

缘预应力 T 值。然而悬浇实际施工图式为双悬臂图式，最大悬臂弯矩 M_0 与上缘预应力弯矩 M_T 之差 $M_e=M_g-M_T$ 将永远留在梁内不会消除[6]。M_e 存在产生合拢前的初始挠度 f_0，《桥规》采用了预拱度的方法来消除 f_0，这样跨中桥高可保持不变，但在合拢后连续梁中 M_e 并没有消除，因此还会继续在连续梁中发生持续下挠 f_1，如图 4.7 所示。以 $L=268m$ 跨径的连续刚构桥为例，如按常规方法计算箱梁自重合拢前双悬臂状态下挠 $\delta_0=-20(cm)$，合拢张拉底板索引起跨中挠度 $\delta_1=8.7(cm)$，$\delta_0+\delta_1=-11.5(cm)$。桥面二期恒载 $\delta_2=-7.6(cm)$。$\Sigma\delta=38.7(cm)$，相当于 $(L/693)$。其分项计算如下：

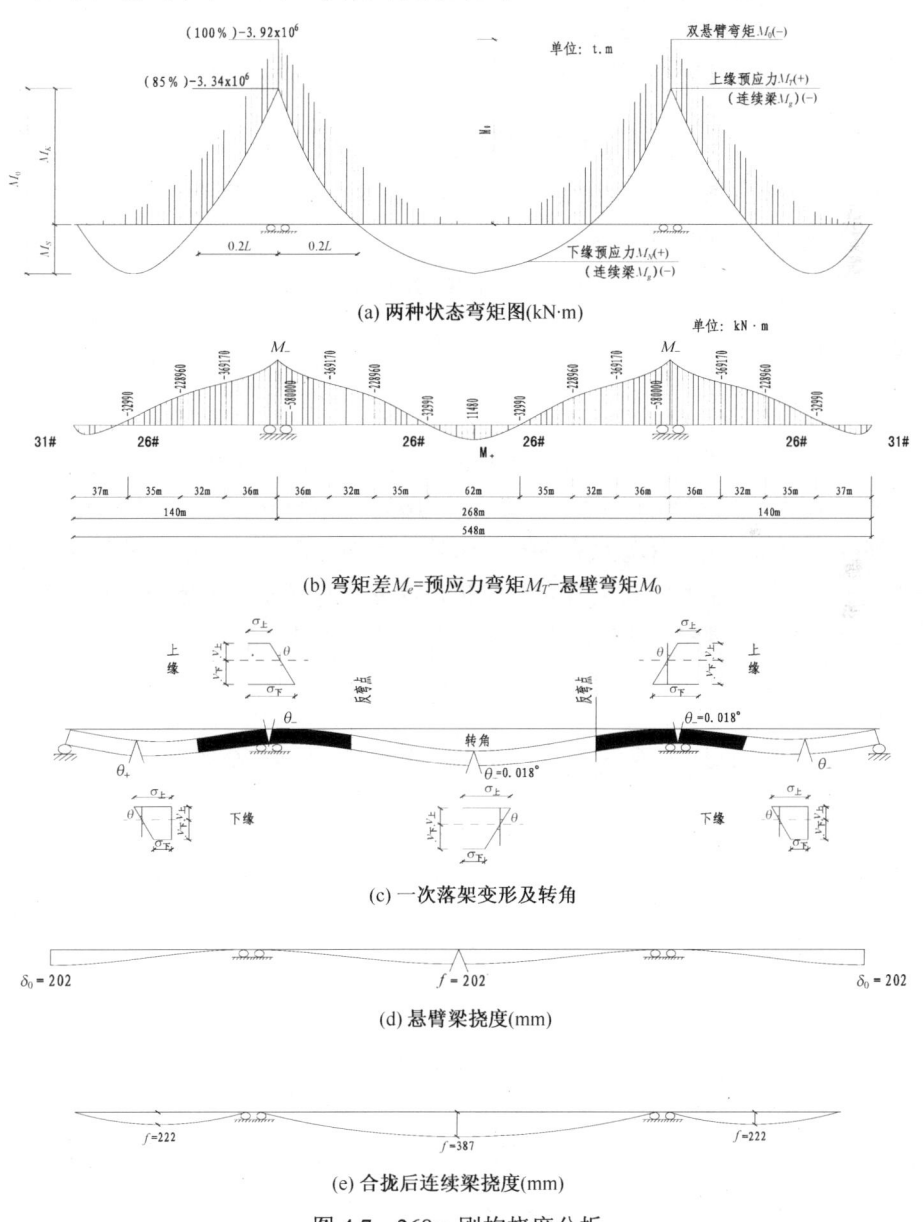

图 4.7 268m 刚构挠度分析

(1) 半跨箱梁自重 $G=7.534\times10^4(kN)$，悬臂施工产生的自重负弯矩 $M_g=-3.92\times10^6$ (kN·m)。箱梁上缘顶板和腹板下弯索按成桥运营状态包络图配索所产生的正弯矩

M_T=3.34×10^6(kN·m),梁内存弯矩差 M_e=0.58×10^6(kN·m)悬臂施工弯矩比 $\eta = M_T/M_g$ = 3.34/3.92 = 0.852<1。

预拱度计算:
$$\Sigma \delta = \delta_0 + \delta_1 + \delta_2 + \delta_3 \tag{4-6}$$

(2) 初始挠度
$$\delta_0 = \int M_{e1}\overline{M_0}\mathrm{d}s/EI = -0.202\,(\mathrm{m})$$

式中,$\overline{M}_0$ 为单位荷载作用在悬臂梁前端时各截面上的弯矩,$M_{e1} = M_0-M_T$ 为某阶段的弯距差值,EI 为梁各截面的抗弯刚度。

(3) 跨中合拢后张拉底板预应力产生弯矩 M'_e=1.5×10^5(kN),在连续梁上引起的挠度为
$$\delta_1 = \int M_e\overline{M}\mathrm{d}s/EI = +0.087\,(\mathrm{m})$$

(4) 二期恒载(桥面系)在连续梁上产生的跨中挠度:δ_2=0.076(m)。

(5) 30年徐变挠度:δ_3=-0.196(m)。

(6) 跨中总挠度 Σf=-0.202+0.087-0.076-0.196=-0.387(m)(相当于L/692)。

4.3.2 跨中挠度 f_t

(1) 与允许挠度[δ_l]=L/600=268m/600=0.447m 相较,尚有 0.447-0.387= 0.06m 的富余。

(2) 恒载允许挠度值[δ]=L/1600=268m/1600=0.167m,相差-0.22m,即超过132%。

(3) 广东虎门大桥(L=270m),跨中下挠在(L/1600=0.168m)之前,没有开裂呈弹性状态。发展到 0.26m(L/1038)时,出现大量裂缝,这是"下挠与开裂"界限重要的参考指标。理论上跨中下挠总量与开裂的相互关系未有定论,因此采用预拱度 f_t 等于 $\Sigma\delta$ = -38.7(cm)。但近 40cm 的抬高预拱量和预计混凝土徐变下沉量的绝对值是较大的,具有不安全感。这就是目前关于桥梁变形所用的"预拱度法"所存在的弊病。

4.4 桥梁预拱度与混凝土收缩徐变

4.4.1 桥梁徐变挠度

设计上非常重视施工各阶段的强度和应力验算,这是正确的。但对于施工各阶段的挠度控制的重要性常常估计不足。一般认为梁的变形(挠度)可通过施工来控制,只要调整模板标高和设置"预拱度"都可以得到解决[7,8]。还有不少人以为,跨中持续下挠是"预拱度"不够所产生的。因此常误以为预拱度越大越好。现从《桥规》的混凝土徐变挠度公式(4-7)可以知道,PC梁桥的混凝土徐变挠度 f_t 与混凝土的徐变系数 φ_t 和梁的初始转角 θ_0 成正比,而与预拱度大小无关。即

$$f_t = (1+\varphi_t)f_0 = (1+\varphi_t)0.5L\,\theta_0 \tag{4-7}$$

式中,φ_t 定义混凝土徐变系数,反映由于预应力存在而引起混凝土随时间增长游离水逸出而产生持续变形的现象。影响徐变的因素包括空气相对湿度、混凝土的水灰比、水泥的品种、骨料的岩性、预应力加载的龄期、混凝土的结构尺寸厚度和强度大小等。《桥规》列

出 φ_t 范围在 2~4。无论理论上还是实践中都说明,徐变系数 φ_t 是一个十分难以控制的值,设计理论与施工实践之间的误差很大,由于计算的精度有问题,因此多年来企图从 φ_t 值研究入手来准确预测 f_0 值常常达不到目的。

悬臂施工初始挠度:

$$f_0 = \int M_e \overline{M} \mathrm{d}s / EI + \int Q_e \overline{Q} \mathrm{d}s / GA \approx \int M_e \overline{M} \mathrm{d}s / EI \qquad (4-8)$$

梁内弯矩差:

$$M_e = M_T - M_g \qquad (4-9)$$

式中,M_T 为预应力弯矩;M_g 为箱梁自重悬臂施工弯矩。

初始转角:

$$\tan\theta_0 \approx \theta_0 \approx f_0 / 0.5L, \text{ 所以 } f_0 = 0.5L\theta_0 \qquad (4-10)$$

由于徐变挠度 f_t 与初始转角 θ_0 成正比。因此可以避开相对不确定的 φ_t 的因素。通过有意识地用预应力手段来设计体内的恒载弯矩差 M_e 和剪力差 Q_e 尽量小(即 $M_e \approx 0$,$Q_e \approx 0$),从而致使初始挠度 f_0 和初始转角 θ_0 也很小,从而达到有效控制 f_t 的目的。

4.4.2 预拱度法

(1)预拱度是目前最常用的消除下挠的方法。即将梁的计算下挠值 f 反方向加在箱梁上,使梁面有一个抬高量 f,这个预抬高 f 称"预拱度"。除挂篮、模板等施工设备所产生的变形另外计算外,连续梁结构的总预拱度 Σf 分别由初始挠度 δ_0(箱梁在悬臂施工中合拢前的悬臂挠度)、δ_1(M_e 在连续梁上体系转换的挠度);δ_2(桥面系二期恒载在连续梁中挠度)、δ_p(考虑到使梁在运营状态时也能保持部分设计线形状态所设置的均布活载挠度)和混凝土徐变 δ_t(恒载不变混凝土内水分挥发产生持续变形)组成连续梁总预拱度。

$$\Sigma f = \delta_0 + \delta_1 + \delta_2 + \delta_p + \delta_t \qquad (4-11)$$

应当指出,合拢前初始挠度 f_0 是总挠度 Σf 的主要部分,因此 f_0 是我们研究的重点。

(2)相对转角 θ_0,合拢前的跨中初始挠度 δ_0 按上抬 f_0 形成的转角 θ 上和自然下挠 $-\delta_0$ 形成的转角 θ 下两者的方向都是相同,数量也是相等的。从力的平衡观点分析,"预拱度"仅是改变模板的标高,来控制梁面高程,预拱度并没有改变梁内不平衡弯矩($M_e = M_g - M_T$)的存在,所以也就没有消除初始转角 θ_0。当连续梁发生混凝土徐变时将继续沿初始转角 θ_0 方向下挠。

因此,使用"预拱度法"不能阻止跨中持续下挠[9]。理论计算预拱度越大意味着将来可能持续下挠也就越多,开裂的可能性也就越大。

(3)预拱度法的弊病。长期以来,人们都误以为将混凝土徐变挠度 δ_t 反拱过来形成了抬高 f_t,则能消除混凝土徐变产生的变形。徐变挠度 δ_t 仅与初始转角 θ_0 成正比,而 θ_0 又仅与梁内存弯矩($M_e = M_g - M_T$)成正比。

预拱度法的不足是治标没有治本。因此只有通过预应力手段产生的正弯矩来抵消悬臂施工中所发生的弯矩 M_g 及后期的活载变形,从而减少初始挠度 f_0(和初始转角 θ_0),使梁的轴线变化稳定在(L/1600)范围内,才能有效地使混凝土最终徐变挠度 δ_t 值最小。

4.5 连续刚构桥后期下挠主要控制措施

4.5.1 腹板出现问题的主要原因

连续梁体裂缝有垂直裂缝、斜裂缝、纵向裂缝、横隔板裂缝、齿板裂缝等。裂缝的产生原因是复杂的，是各种因素综合作用的结果，既有结构性裂缝，又有非结构性裂缝，目前大跨径梁桥最普遍和最严重的是腹板主拉应力斜裂缝问题。根据研究分析，腹板主拉应力裂缝的产生有计算不准确、施工质量不良和施工措施不当等原因[10~14]。

(1)《桥规》PC梁桥腹板主拉应力 σ_1 计算公式如下：

$$\sigma_1 = \frac{\sigma_x + \sigma_y}{2} - \sqrt{\left(\frac{\sigma_x - \sigma_y}{2}\right)^2 + \tau^2} \tag{4-12}$$

式中，σ_1 为平面计算的主拉应力；σ_x 为由纵向预应力和使用荷载产生的混凝土正压力 (N/A_x)，A_x 为轴向力截面积，N 为预应力产生的轴向力；σ_y 为由竖向预应力产生的混凝土竖向压应力 (R/A_z)，R 为竖向预应力，A_z 为腹板截面积；τ 为恒载的剪应力。

(2) 很多文献指出，《桥规》上述计算公式是作为平面问题分析而求得的，其结果偏小，它没有考虑腹板横向受力不均匀的影响。例如：

① 箱梁底板的自重及上翼缘的悬臂，使腹板内侧受到横向拉应力，也就是箱内腹板裂缝比箱外腹板严重的原因。

② 活载和温度变化都会使箱梁承受横向拉应力，从而产生主拉应力。

③ 底板预应力张拉所产生的径向力会产生腹板竖向拉应力。

④ 箱形截面的扭转、翘曲、畸变将使腹板中剪应力加大后会增加主拉应力。

为此PC连续梁腹板主拉应力计算结果应该用空间计算系数 ξ 来修正。

$$\xi\sigma_1 = \frac{\sigma_x + \sigma_y}{2} - \sqrt{\left(\frac{\sigma_x - \sigma_y}{2}\right)^2 + \tau^2} \tag{4-13}$$

式中，ξ 为空间计算提高系数(1.2~1.4)。

采用三维力学性能全面的程序计算已说明修正系数 ξ=1.2~1.4范围内，采用平面计算方法使设计低估了计算主拉应力值，也是造成腹板斜裂缝的原因之一。

4.5.2 高强粗钢筋

公式内 σ_y 由竖向预应力所产生，它能有效地降低主拉应力 σ_1。为了充分发挥腹板竖向预应力的作用，在20世纪90年代后期，有不少设计取消下弯索和弯起索，除保留顶、底板平弯索外全部采用高强粗钢筋做竖向预应力的设计。然而实践表明，很多这样做的桥梁，其后腹板都出现了大量裂缝。抽查一些桥梁发现绝大多数腹板竖向预应力索力实际上都达不到设计要求(只有设计40%~60%)。分析其原因如下：

(1) 高强粗钢筋长度太短，预应力损失过大。

跨径在100m左右的连续梁梁高 D=L/18=6m，拟取用5m长度进行竖向预应力伸长值计算。一般的竖向预应力筋均采用(JL930 级 32)精轧螺纹粗钢筋,面积为 $A=8.04(\text{cm}^2)$ 弹性模量 $E_p=2.0\times10^5(\text{MPa})$,设计张拉力 657(kN)。则其理论伸长值为 ΔL 如下:

伸长量
$$\Delta L = \frac{P_p L}{A_p E_p} = \frac{657\times 500}{804\times 0.2\times 10^5} = \frac{3.28\times 10^5}{1.61\times 10^5} = 2.04(\text{cm}) \tag{4-14}$$

式中,P_p 为预应力筋的平均张拉力=657(kN),L 为预应力筋的长度=500(cm),A_p 为预应力筋的截面面积=8.04(cm^2),E_p 为预应力筋的弹性模量=0.2×10^5(kN/cm^2)。

按公路桥涵施工技术规范规定,预应力张拉应采取应力与伸长值双控,实际伸长值与理论伸长值的误差应控制在 6%以内。即粗钢筋伸长值的误差应控制在 2.04×0.06=0.12cm 左右。以现行的中国高强粗钢筋材料质量和张拉设备技术水准,要控制伸长值误差在 1.2mm 内较困难;如果伸缩量偏差 5mm,其预应力偏差达到了 5/20.4=24%。

对于那些在实际中取消了下弯束,竖向预应力钢束又达不到预期的效果以及主拉应力又算低的桥梁,可能会出现腹板主拉应力过大,引起腹板开裂现象。

(2)国产高强精轧螺纹粗钢筋 32 及其锚具质量不稳定。螺母与螺杆有±5%合不上,所以需要另配大(小)螺帽。另外,由于没有专用的千斤顶,张拉读数误差较大,需要多次张拉才能保证安装设计拉力。还有粗钢筋的垫板不平影响张拉力;锚垫板封闭又不严密容易进水导致腐蚀;管道压浆不饱满,影响耐久性等。

对此,在设计中应引进工艺质量修正系数 ε 来考虑。

$$\sigma_y = \varepsilon \frac{R}{A_\text{腹}} \tag{4-15}$$

其中,R 为竖向预应力张拉力(kN),$A_\text{腹}$ 为腹板横截面积(m^2);ε 为工艺质量系数,按不少加固桥梁反测推算,在 0.4~0.6 左右。目前新规范已列 $\varepsilon=0.6$。

在主拉应力计算中引入 ξ 和 ε 两个系数后,以竖向预应力为主体的腹板的抗剪强度很难通过。2005 年以后,我国 PC 连续梁又恢复腹板下弯索,和转移到以纵向预应力为核心的抗剪设计来控制腹板的主拉应力。

4.5.3 腹板纵向预应力设计

为了根本上解决竖向预应力质量得不到保证的困境,直接在腹板上施加纵向预应力的可行性研究。

(1)其原理就是古老的"石拱桥"轴向力 N 乘以摩阻系数 μ 产生摩擦抗剪力(μN)从而能抵消垂直截面的剪力 V,即

$$Q = \mu N \geqslant V = \sum G_i / 2 \tag{4-16}$$

式中,G_i 为连续梁恒载;V 为支座反例,最大剪力;μ 为混凝土截面的摩阻系数(0.2~0.4),偏安全取 0.2;N 为截面腹板平均压应力所产生的轴向力($\overline{\sigma_x}\cdot A$);$A$ 为箱梁截面面积(m^2)。

(2)安全性。恒载采用"零弯矩"理念,其设计的纵向预应力都很大,因此采用 0.2N 所求得的抗剪摩阻力与原剪力相比较都有较大的安全系数(尚未计入混凝土本身的抗剪力),这样梁内剪应力 $\tau \approx 0$,主拉应力也得到了有效控制。

(3)腹板纵向加索。腹板中的纵向预应力索也可以在节段范围内的腹板中下弯锚固,形成有上抬的垂直分力 V,其作用相当竖向预应力 $\sigma_y=V/A$,能减少一部分主拉应力。应当注

意，各段的垂直分力 V 不会传递到支座，对最大剪力(支座)减少有限，全梁的剪应力主要靠轴向预应力的摩阻抗剪力来平衡。相比较，增设下弯索使截面多一道竖向预应力储备，在保持同样挠度条件下，纵向预应力总用钢量减少。但是腹板全高都采用直线型纵向预应力使腹板受力均匀，在不同高度上都存在强大的轴向压力，如同石拱桥的压弯杆件，而不是纯弯结构。那么就有同时取消竖向预应力和下弯索的可能，这样能将箱梁的预应力工艺全部统一为钢绞线群锚体系，只使用一种张拉设备和一套成熟的张拉工艺，其质量更容易得到保证。

(4) 纵向预应力的有效应力对腹板主拉应力的影响。主拉应力精确计算需要详尽的空间分析，在一座 110+200+110=420m 的高墩连续刚构中做过不同程度的预应损失致使主箱梁腹板的主拉应力增幅很大。例如：

当钢绞线不损失时，腹板最大主拉应力 $\sigma = -1.60$(MPa)；

当钢绞线损失 30%，腹板最大主拉应力 $\sigma = -5.85$(MPa)，增加 3.65 倍；

当钢绞线损失 50%，腹板最大主拉应力 $\sigma = -11.2$(MPa)，增加 7.00 倍。

反之亦然。如果增大截面的纵向压应力，即在腹板上直接布索，则同样引起腹板主拉应力的减小。

4.5.4 无竖向预应力桥梁

移动模架逐孔建筑法(Movable Scaffolding System/M.S.S)是一种在移动支架上现浇 PC 连续梁桥的成熟工艺。我国于 1990 年在厦门高集海峡大桥首次引进德国 PZ 公司设计、瑞士 LOSINGER 公司生产的 LVB 移模，完成总长 2070m 的 45m 等高 PC 连续梁以来，先后有近百余座桥梁成功推广采用。其中最大跨径为广州珠江黄埔大桥(28×62.5=1750m)，如图 4.8 所示。此类梁桥均无竖向预应力，全长纵向预应力索按恒载压力线方向布置，在反弯点(0.2L)处接长。在腹板中通过时所产生巨大轴向压力，可抵抗竖直截面的剪力和斜截面的主拉应力，极少发现斜裂缝。受此启发，在悬臂施工的大跨径 PC 梁桥中，也有认为可以不设竖向预应力筋。

(a) 移动模架纵向移动中

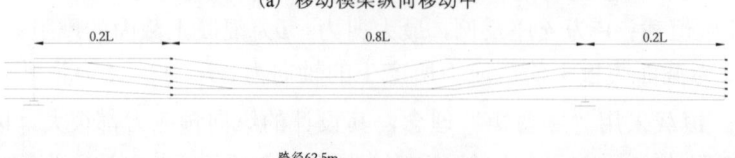

(b) 预应力纵向布置

纵向预应力：N=76140(kN)　　Q=0.2N=15230(kN)　　V=G/2=10620(kN)

图 4.8　广州珠江黄埔大桥 62.5m 移模连续梁

4.5.5 增加预应力度，减少收缩徐变等后期预应力损失

国内已采用零弯矩进行施工控制的桥梁，如表4.3所示。

表4.3 采用"零弯矩"理念桥梁挠度一览表

序号	桥名(跨径组成)	图号	弯矩比 $\eta = M_T/M_g$	悬臂挠度 δ_0/mm	混凝土徐变挠度 δ_t/mm	说明
1	佛山石南桥(75+135+75)	图4.9(1)	1.05	3	-30	L/4500
2	湘潭湘江二桥(50+5×90+50)	图4.9(2)	1.06	5	-25	L/3600
3	安乡大鲸港桥(8×50)		1.01	5	—	—
4	常德石龟山桥(55+3×80+55)		1.03	10	—	—
5	龙王庙赣江桥(65+4×100+65)	图4.9(3)	≈1.0	—	-21	L/4762
6	赣江西支桥(70+2×110+70)	图4.9(4)	1.23	12	-30	L/3667
7	乐安河桥(45+3×70+45)		1.15	-7	-16	L/4375
8	西溪大桥(42+3×72+42)		1.33	10	46	L/1565
9	王宅大桥(55+100+55)		1.04	-3	18	L/5555
10	磨刀门桥(70+2×120+70)		0.98	-5	27	L/4444

注：表中 η 系指 $0^\#$ 截面，用以说明性质，实际上要求每个截面 $\eta = M_T/M_g \geqslant 1$。

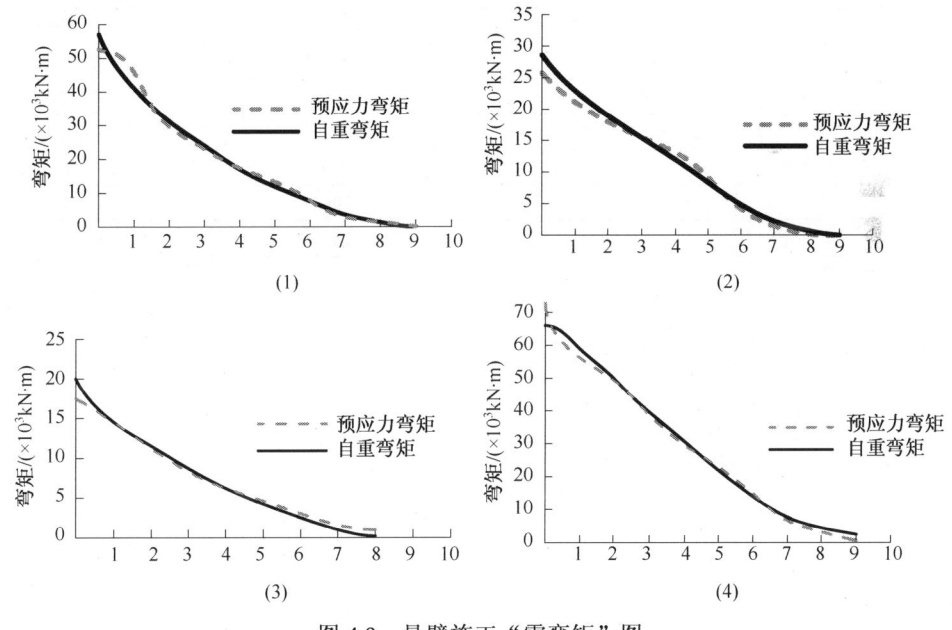

图4.9 悬臂施工"零弯矩"图

(1)判别连续梁变形状况的方法，按上缘预应力正弯矩(M_T)和悬臂施工自重弯矩(M_g)两者比例 $\eta = M_T/M_g$ 来区分，有如下3种情况：

$\eta > 1$　　预应力弯矩大于悬臂自重弯矩，梁轴线上翘

$\eta = 1$　　预应力弯矩等于悬臂自重弯矩，梁标高不变

$\eta \leqslant 1$　　预应力弯矩小于悬臂自重弯矩，梁轴线下挠

(2)表4.3所列出国内一些实施"零弯矩"理念的桥梁，由于弯矩比 $\eta > 1$，所以其悬臂施工中挠度都较小，基本符合PC连梁恒载挠度$[f_0 \leqslant L/1600]$的标准。在图4.9中列举4

座大桥纵向分成 10 等分，各截面的自重负弯矩 M_g 和预应力正弯矩 M_T 迭合在一起的比较图，两者接近，压力线基本与梁中性轴线相重合。

按连续梁弯矩包络图进行配索，以验算强度为中心，增加顶板的预应力配索使 $M_T=M_g$，实现恒载零弯矩来减少混凝土后期徐变挠度 δ_t。选择了 3 座桥进行了应力优化，即在箱梁上缘增加了应力[27]。在表 4.4 中可以看到优化后弯矩比 η 由 0.84～0.92 上升到 1.03；这样悬臂初始挠度 δ_0 由 –(16～60mm) 下挠变为上抬(3～8)mm；3 年的徐变挠度均由下挠变成上翘；应力也得到大大改善。总之质量和安全都得到保证和提高，优化后的预应力钢材增加量与弯矩比 η 大小有关。η 值越小，混凝土徐变挠度越大，需要增加比可大 53%，而 η 接近 1 者则仅增加 5%，应当指出，优化上缘预应力设计，控制初始挠度 f 是确保安全所必须。

表 4.4 箱梁上缘预应力优化设计比较表

桥名(跨径组合)		东海 K12 桥 (80+2×140+80)	临淮关淮河桥 (78+140+78)	荆涂淮河桥 (95+160+95)
弯矩比 η	M_T/M_g	$\dfrac{61.6\times10^4}{59.8\times10^4}=1.03$	$\dfrac{66.6\times10^4}{64.7\times10^4}=1.03$	$\dfrac{79.9\times10^4}{79.6\times10^4}=1.003$
	(原设计)	(0.856)	(0.916)	(0.84)
悬臂挠度 /mm	优化	上抬(+7.9)	下挠(–4)	上抬(+3)
	(原设计)	下挠(–59)	下挠(–16)	下挠(–77)
徐变挠度 /mm	三年优化	上抬(+12)	上抬(+11)	上抬(+9.5)
	(原设计)	下挠(–90)	下挠(–32)	下挠(–112)
应力/MPa	顶板	13–16	14–16	16–20
	底板	9–17	8–12	16–17
	允许值	21	21	21
纵向预应力钢材/t	优化	203	206	217
	(原设计)	132	187	164
	增加量	71	9	53

4.5.6 适当增加跨中及支点梁高

1. 跨中梁高对徐变挠度 δ_t 的影响

(1)公路连续梁高有明确的规律性。即跨中梁高 D_s 为支座 $D_k/3$ 左右，支座梁高 D_k 与跨径 L 的比值 η 均在 1/18 左右；有些文献还认为 D_k 高度有进一步降低的趋势(向 1/20)，这些观点都是以强度为中心计算而得到的，而对变形(即挠度)考虑得不够。由前述跨中恒载挠度公式可见徐变挠度在恒载梁内存弯矩 ($M_e = M_g - M_T$) 变化不大的前提下，显然截面高度 D 越大，惯性距 I 随之成倍增大，这样混凝土徐变挠度 δ_t 就越小。

其次梁高度 D 加高，中性轴至预应力索的距离(力臂)也加大，在预应力索相同情况下，预应力弯矩($M_T = N \cdot Z$)绝对值加大，则梁内存弯矩($M_e = M_g - M_T$)减小，相应徐变挠度 δ_t 降低。可以说跨中下挠的绝对值要减小，用加大梁高显然是一个有效的措施。

(2)铁路连续梁桥跨中梁高为支座梁高 1/2。

公路桥普遍出现持续下挠的现象，在铁路桥中却很少发生。在表 4.5 中列举了铁路连续梁的跨中梁高 D_s 与支座 D_k 相比值 $\eta=1/1.6$～$1/2.37$ 之间平均约 1/2，与公路连续梁的 1/3 相比较增大了 50%，设计相对保守，这就是两者徐变下挠不同的原因。

表 4.5 预应力梁桥截面高度 D 比较表

编号	桥名(国籍)	中跨径 L(类型)/m	桥宽 B/m	主梁高度/m			
				支座(D_k)	D_k/L	跨中(D_s)	D_s/D_k
1	Doutor(葡萄牙)	250(双线铁路)	12	12	L/20.8	70	1/1.7
2	多瑙河(南斯拉夫)	210(双线铁路)	14.4	11	L/19.1	6.0	1/1.8
3	容桂水道桥	2×185(快速轻轨)	11.6	11.0	L/17	5.5	1/2
4	New Reichs(奥地利)	170(公铁两用)	26.1	8.78	L/19.3	5.5	1/1.6
5	大榭跨海大桥	170(公铁两用)	28.2	10.75	L/15.8	4.75	1/2.26
6	攀钢金沙江桥	168(铁路单线)	12.6	10.5	L/16	4.5	1/2.33
7	李子沟大桥	3×128(铁路单线)	8.1	8.1	L/14.5	4.4	1/2
8	清水河大桥	128(铁路单线)	8.1	8.1	L/14.5	4.4	1/2
9	泰和赣江大桥	155(公路)	2×14.4	8.5	L/18.2	4.0	1/2.12
10	湖南东阳渡湘江大桥	2×150(公路)	28	90	L/16.6	3.8	1/2.37
11	吉林九站松花江大桥	120(公路)	14	5.71	L/21	3.0	1/1.9
12	广东容奇桥	3×90(公路)	2×13	5.35	L/16.8	3.0	1/1.78
13	兰州黄河桥	3×70(公路)	2×9.8	4.0	L/17.5	2.0	1/2

铁路连续梁桥在 2 年后的竣工验收时，普遍出现跨中上翘的现象，需要将钢轨道渣扒掉一些，通过降低高度将跨中上翘量消除。这种情况与公路连续梁桥持续下挠相反，使我们认识到跨中梁高选择及适当提高预应力度是控制 PC 连续梁的关键技术，对公路桥梁有关梁高确定的原则需要重新认识。

广州-澳门轻轨容桂水道 185m 刚构桥，跨径组合(108.85+2×185+115.55+94.35)m，桥宽 11.6m，桥面为无渣轻轨。梁在支座处高度为 D_k=11m，相当(L/17)，而跨中高 D_s=5.5m，相当于支座梁高 D_k 的 1/2，这种加大梁高的做法在公路桥梁中很少见[15~18]。与常规梁高 D_s=3.5m 约为 D_k/3 相比较：合拢前的跨中挠度为原挠度的 39.6%，十年后混凝土的徐变挠度为原挠度的 27.5%，可见加大梁高、加大惯性矩 I、增大预应力索的力臂、加大预应力弯矩 M_T 等综合作用能大幅度减少 PC 铁路连续梁的恒载混凝土徐变挠度[19, 20]。

(3)跨中梁高 D_s 的选择。转变设计观念，从以单一的"强度"控制转变为"强度"、"挠度"双控后，跨中梁 $D_s=D_k/3$ 已不能满足连续梁跨中零挠度的需要，设计梁高不能仅按经验数据确定，而应该通过不同情况下的计算来保证减少恒载挠度。通过容桂水道桥及多座桥梁的分析及比较，论证了跨中梁高 D_s 必须提高到 $D_k/2$ 为宜[21~23]。跨中梁高不够，预应力钢索用量大、徐变挠度难以控制。

泰和赣江大桥，跨径 L=155m，支座梁高 D_k=8.5m，跨中梁高果断选择 $D=D_k/2$=4m，在表 4.5 中也列出少数公路桥梁的 $D_s=D_k/2$ 实例。

随着桥梁的跨径越来越大，设计师为了满足桥梁的跨越能力，不断地将跨中附近段的梁高降低，以达到减轻跨中附近截面的自重。然而在降低跨中梁高来减轻跨中截面自重的同时把这些截面的抗弯刚度 EI 也削弱了，把预应力索力臂也减小了，所以跨中会出现恒载混凝土徐变的持续下挠[24~28]；同时出现梁体的开裂，导致梁体的有效高度减少，抗弯刚度相应降低，跨中挠度进一步增加的这种恶性循环。如 270m 刚构在运营七年后跨中混凝土徐变挠度由 δ=16cm 突变展到 δ=30cm。

基于上述原因分析发现，大跨梁桥之所以会持续下挠，主要原因是在桥的设计时没有针对性地抓住挠度产生的主要因素进行设计，而是将强度等因素考虑得比较周到，使得对挠度因素的考虑欠缺。适当加大跨中部位的梁高，通过增加底板的预应力索产生更大的负弯矩 M_T 来平衡跨中正弯矩使恒载作用下的挠度[29, 30]。

铁路桥梁下挠甚少甚至上翘的主要原因就是待合拢段浇筑达到强度后，张拉强大的跨中底板预应力，目的按连续梁跨的正弯矩包络图来实现了"零弯矩设计"[31~34]。应当指出这种按施工顺序"先设计顶板索后设计底板索"，以实现零弯矩和零挠度的做法也可简称为"组合零弯矩法"。

2. 支座梁高 D_k 对初始挠度 δ_0 的影响

D_k 随跨径 L 增大而变化。在进行十多座桥梁零弯矩设计整理时，发现随着跨径 L 的增大，很难做到悬臂施工的零弯矩。因为顶板的宽度一定，能布置的索孔数量有限，上缘预应力束数亦有限(不能多于37Φ15.24)，这样上缘预应力索力 T 最大值也有限。要满足自重悬臂弯矩 $M_g = \frac{1}{2}gX^2 = T \cdot Z$ 越来越困难。如 268m 连续刚构，梁内存弯矩 $M_e = M_g - M_T = -58 \times 10^4 (\text{kN} \cdot \text{m})$，从而产生初始挠度很大达 δ_0=20.2(cm)。

如果将根部梁高 D_k 增大到 18m(相当于 L/15)。这时悬臂挠度可降低 70%(δ_0=-6.0cm)对于 L=268(m) 桥跨而言，沿用(D_k=L/18)的老经验显然偏低。这又是观念(以控制挠度为中心)转变后对梁根部高度 D_k 的新要求。经计算在 L=200m 以上的跨径，将 D_k 由 L/18 提高到 L/15 都有较好的效果，而当跨径 L=300m 时，D_k 要加到 L/12。

3. 梁高不足的措施

基于大跨度 PC 连续刚构桥梁高规范没有要求按"挠度控制"进行设计，因此需要研究在梁高不够时，要控制好梁的挠度所能采用的各种措施。

在有些文献中提出在 O# 块上设置临时斜拉塔，用临时斜拉索来辅助合拢[35]。

对于跨度 268m 刚构桥，可将悬臂施工中弯矩比 $\eta = \frac{M_T}{M_g} = \frac{3.34 \times 10^6 (\text{kN} \cdot \text{m})}{3.92 \times 10^6 (\text{kN} \cdot \text{m})} = 0.86$ 提高到 $\eta' = \frac{M_T}{M_g} = \frac{3.98 \times 10^6 (\text{kN} \cdot \text{m})}{3.92 \times 10^6 (\text{kN} \cdot \text{m})} = 1.02$。

此时悬臂施工的初始挠度将为 δ_0=-20.2(cm)，因斜拉而产生的 18.7cm 的上抬效果，最终初始挠度 δ_0'=-20.2+18.7=-1.53cm，减少 92%，可见在特大跨径中临时斜拉索的效果，如图 4.10 所示。

安装临时斜拉索是控制悬臂挠度、减少挠度绝对值的有效手段，可以部分消除后期混凝土徐变下挠的现象。表 4.6 中列出了 3 座大桥在施工中拟用临时斜拉索辅助合拢的技术数据。

对金塘大桥 216m 刚构，应对大桥成桥后可能出现的长期下挠，提出预留斜拉索塔的处置措施方案，即在原有桥墩基础上增加 H 形斜拉索塔，在距跨中 30m 处每根索张拉 3000(kN)(竖向分力 1400kN，水平分力 2654kN)，塔高 40m。斜拉索塔 3 年后能提升刚构跨中挠度 δ = 2(cm)，6 年后达 3cm，阻止下挠的持续发展。

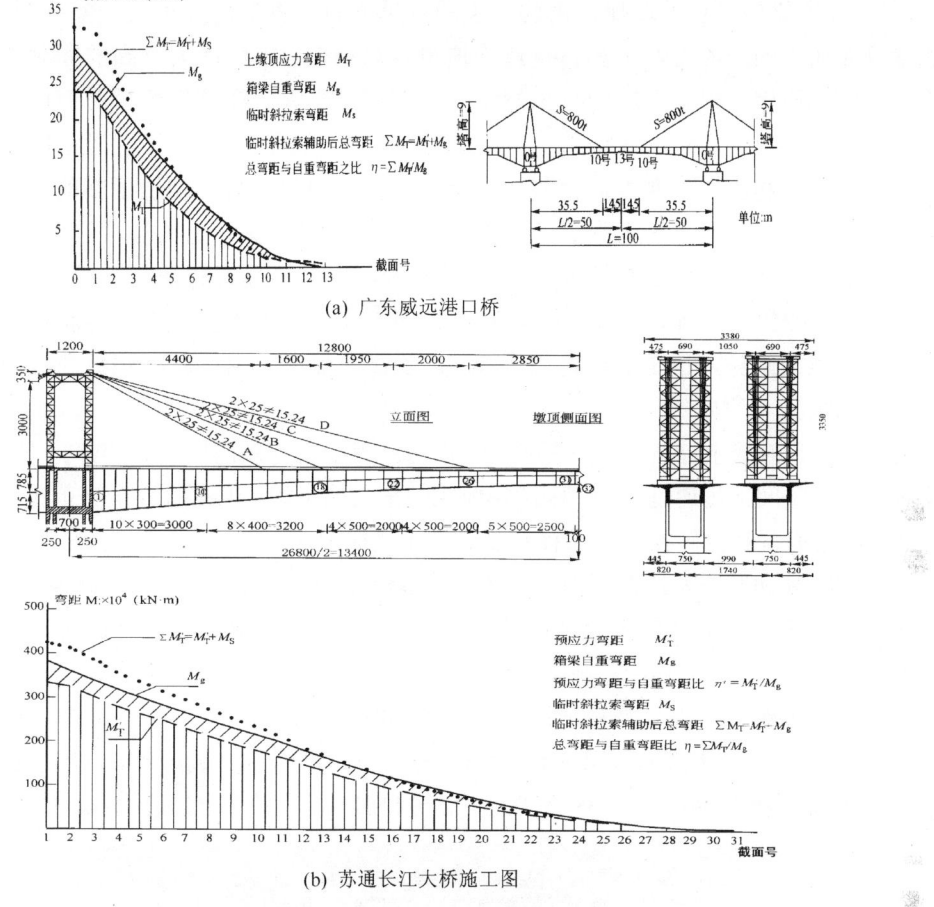

(a) 广东威远港口桥

(b) 苏通长江大桥施工图

图 4.10　两座用临时索辅助合拢方案

表 4.6　临时斜拉索辅助连刚构桥合拢

桥名(跨径 m)		广东威远港口大桥 (65+100+65)		安徽荆涂大桥 (95+160+95)		江苏苏通长江大桥 (140+268+140)	
悬臂弯矩 (KN·m)	M_g	-26.7×10^4		-42.5×10^4		-392×10^4	
	M_T	23.6×10^4	30.7×10^4	37.8×10^4	42.4×10^4	334×10^4	430×10^4
	M_s	7.1×10^4		4.6×10^4		96×10^4	
弯矩比	$\dfrac{M_T+M_s}{M_g}$	$\dfrac{30.7}{26.7}=1.15>1$		$\dfrac{42.4}{42.5}=1$		$\dfrac{430}{392}=1.1>1$	
	M_T/M_g	0.88<1		0.89<1		0.86<1	
施工	斜拉力	2×400=800kN		2×2000=4000kN		2×4000=8000kN	
	塔高	高 9×4ϕ0.6 钢管		高 15×4ϕ0.8 钢管		高 20×4ϕ1 钢管	
挠度 (mm)	悬臂	−65(+8)		−92(+13)		−202(−15.3)	
	合拢	—		(+16)		−194(−105)	

注：挠度值中括号内的数字为安装临时斜拉索的挠度值，非括号内数字为原挠度值。

4.5.7　结构设计的优化

1) 腹板变薄，减轻自重，增加腹板预应力度

我国预应力混凝土梁桥由于考虑变形影响不够梁高普遍偏矮，但是单方面加大跨中梁

高 D_s 将会导致梁体自重的增加，由此产生的自重弯矩必将抵消掉很大一部分预应力弯矩。增加梁高而加大的预应力弯矩和自重弯矩增量两者相抵，因此增大梁高的同时必须适当减薄腹板厚度，使增加梁高之后的自重弯矩与之前相差不大。在常规梁桥腹板中，同时有竖向预应力筋和腹板下弯索，在构造上就要求腹板要有一定的厚度，不能进行腹板减薄；取消竖向预应力筋和腹板下弯索后使腹板的空间变大，为腹板减窄创造了新的条件。竖向高强粗钢筋的孔径ϕ5.0cm，支座腹板一般设双肢 32 竖向预应力，所占宽度达 2×5=10cm，即每肢腹拱从构造上来讲可以减薄 0.1m，国外挪威两座世界最大跨径刚构桥(L=298 和 301)腹板宽度 b_s=0.25~0.30m，b_k=0.45~0.55m 比国内小，其经验值得借鉴。腹板的减窄是结构轻型化发展的趋势，也是实现跨中梁高 D_s 加高的保证，因此研究腹板主拉应力精确计算有重要的意义[36~38]。

通常箱梁顶底板上储备了纵向预应力，而在腹板上仅有竖向预应力和部分下弯索，腹板承受轴向压力是间接传递过来的，因此影响主拉应力的承担，现在腹板全高范围直接施加纵向预应力，没有间接的转换，从而提高了允许主拉应力。

腹板的加高和减窄是同时进行，而且都在零弯矩的理念指导下，截面内存弯矩 $M_e = M_g - M_T$ 很小，全截面上下缘和腹板都比较均匀，呈压弯构件的特点，这样就可以充分利用巨大的摩阻抗剪力。

2) 跨中采用组合结构，减轻结构自重，增加跨越能力

2006 年新建成的重庆石板坡长江大桥为与旧桥外形保持协调一致，采用了连续刚构结构形式，跨径组合为(86.5+4×138+330+132.5=)1101m，主跨为 330m(图 4.11)。

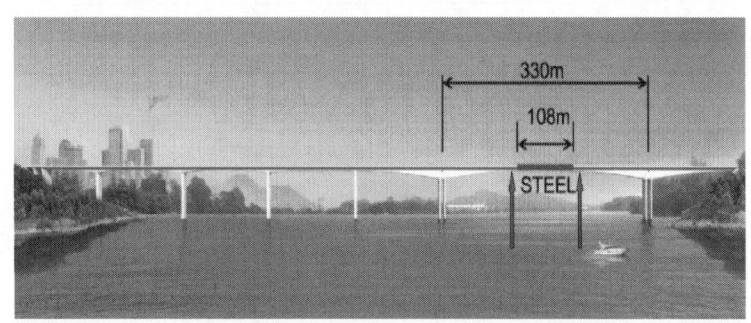

图 4.11　重庆石板坡长江大桥

由于跨度大，设计的关键问题就是减轻结构的自重。为此，330m 主跨采用了钢-混凝凝土混合梁结构方案，中间部分采用钢梁(长 108m)，端部采用混凝土梁(长均 111m)。

利用钢架自重轻、刚度大的特点，降低了墩梁结合部位的负弯矩，大大提高了连续刚构桥的跨越能力。全桥只在两端设置伸缩缝。

为满足纵向温度变形和徐变变形的要求，主跨桥墩采用了双薄壁墩，其余桥墩采用空心墩。除北岸第 1 和第 2 个桥墩上设置滑动支座外，其余桥墩均与主梁固结。采用刚构体系有利于降低维护要求。

3) 采用大跨度波-桁 PC 组合桥梁

由于大跨度连续刚构桥存在一些问题，提出了把腹板从传统的混凝土改为钢桁或波形钢腹板，为了满足大跨度桥梁"轻质、高强、大跨、经济、美观"的要求，结合国内外组

合桥梁的新技术，根据工程实际需求，提出了一种新的组合桥梁——大跨度波-桁 PC 组合桥梁。

参 考 文 献

[1] 林同炎. 预应力混凝土结构设计. 北京：中国铁道出版社，1983.

[2] 范立础. 预应力混凝土连续梁. 北京：人民交通出版社，1989.

[3] 林继乔. 石南大桥上部结构设计及工艺. 中南公路工程，1991，(5P)

[4] 吴同鳌. 90m 湘江二桥悬拼施工. 上海全国桥梁会议，1995.

[5] 牛和恩. 虎门大桥工程——主跨 270m 连续刚构桥. 北京：人民出版社，1997.

[6] 戴竞. 我国预应力混凝土公路桥的发展与现状. 土木工程学报，1997，6.

[7] 杨高中. 连续刚构桥在我国的应用和发展. 公路，1998，3～7.

[8] 刘刚亮. 虎门大桥辅航道 270m 连续刚构悬臂施工控制. 桥梁建设，2001，(5).

[9] 周军生. 大跨径预应力混凝土连续刚构桥的现状和发展趋势. 中国公路学报，2003.

[10] 楼庄鸿. 楼庄鸿桥梁论文集. 北京：人民交通出版社，2004.

[11] 石雪飞. 大跨梁桥施工控制现状及展望. 公路交通科技，2004，(11).

[12] 张继尧. 悬臂浇筑预应力混凝土连续梁桥. 北京：人民出版社，2004.

[13] 上官兴. 控制梁桥长期下挠的新技术. 昆明公路桥梁会议，2004.

[14] 郭圣栋. 大跨梁桥持续下挠成因. 西宁中外桥梁病害整治大会论文，2005.

[15] 上官兴. 临时拉索控制梁桥下挠的新构思. 常熟公路桥梁会议论文，2006.

[16] 王法武. 大跨连续梁桥长期下挠的控制研究. 同济大学硕士论文，2006.

[17] 田志斌. 大吨位预应力无梁板桥. 华东交通大学硕士论文，2007.

[18] 胡越庆. 大跨等高连续梁设计的新技术. 华东交通大学硕士论文，2007.

[19] 戴玉明. 大跨梁桥跨中挠度控制措施. 华东交通大学硕士论文，2007.

[20] 孔海霞. 连续刚构桥徐变影响及对策研究. 常熟公路桥梁会议论文，2006

[21] 陈宇峰. 大跨梁桥持续下挠成因及防治. 常熟公路桥梁会议论文，2006

[22] 楼庄鸿. 大跨梁式桥的主要病害及其防治. 广州公路桥梁会议论文，2007.

[23] 王景全. 我国大型桥梁的病害及其机理. 广州公路桥梁会议论文，2007.

[24] 王斐. 混凝土收缩徐变对长期下挠的影响. 广州公路桥梁会议论文，2007.

[25] 梁立农. 广州海心沙大桥设计. 广州公路桥梁会议论文，2007.

[26] 吕敬之. 大跨刚构桥主梁设计的主要问题. 广州公路桥梁会议论文，2007.

[27] 张喜刚. 268m 连续刚构抗裂性的对策研究. 舟山公路桥梁会议论文，2008.

[28] 石飞雪. 大跨径 PC 连续刚构桥长期挠度预留对策研究. 全国桥梁学会论文集，2008.

[29] 钱冬生. 大跨度桥梁结构理论与应用. 北京：清华大学版社，2006.

[30] 刘桂生. 连续梁桥分阶段预应力设计. 广东公路测设简报，1996.

[31] 张璟. 连续梁桥零弯矩设计. 华东交通大学硕士论文，2005.

[32] 郭圣栋. 大跨梁桥持续下挠成因. 西宁中外桥梁病害整治大会论文，2005.

[33] 王法武. 大跨连续梁桥长期下挠的控制研究. 同济大学硕士论文，2006.

[34] 官华. 混凝土连续梁桥大跨径顶推新技术. 广州公路桥梁会议论文，2007.

第5章　钢-混凝土组合桥梁体系转换新技术

5.1　钢-混凝土组合桥梁三阶段受力理论

钢-混凝土组合梁截面应力的计算理论有两种：一种考虑截面塑性变形发展的塑性理论进行分析计算，另一种按弹性理论进行分析计算[1]。

《钢结构设计规范》(GB50017—2003)规定承受动力荷载的钢结构构件及其连接，当应力变化的循环次数 n 大于10万次时，应进行疲劳计算。疲劳计算应采用荷载的标准值和容许应力幅进行，应力按弹性状态计算。钢梁板件宽厚比较大和组合截面中和轴在钢梁内通过时的组合梁，其截面也应按弹性状态计算。不直接承受动力荷载的组合梁、组合截面中和轴在混凝土板内，组合梁截面可按塑性理论分析，组合梁的挠度均采用弹性理论分析。

组合梁进行分析，一般需考虑混凝土硬化前、混凝土硬化后、应力重分布3个受力阶段[2]，以及施工时有、无临时支撑等情况。

按下列3个受力阶段进行计算。

(1)第一受力阶段：混凝土未达到强度设计以前的阶段。此时荷载考虑钢梁自重、模板重和现浇混凝土板重量，称为第一受力阶段的恒载，连同本阶段的施工活荷载，全部由钢梁承受，计算其应力、挠度及稳定性。

(2)第二受力阶段：混凝土达到强度设计以后的阶段。荷载考虑铺装层、防水层等称为第二受力阶段的恒载，使用阶段可变荷载称为第二受力阶段可变荷载。

(3)第三受力阶段：通过弯矩调幅降低控制截面内力，以及混凝土在正常使用情况的收缩徐变引起的应力重分布阶段[3, 4]。

1. 弹性理论分析

组合梁设计采用弹性理论为基础的容许应力法，理论计算假定如下：

(1)符合平截面假定；
(2)钢材与混凝土两种材料均假定是理想的弹性体，其应力应变关系成正比；
(3)钢与混凝土相互之间虽有微小的滑移，可忽略不计，假定连接是可靠的；
(4)当钢筋混凝土有板托时，截面计算可不考虑混凝土板托的影响；
(5)不考虑混凝土开裂后的影响。

混凝土硬结后，混凝土板具有很大的侧向刚度，钢梁与板形成整体，能阻止钢梁受压翼缘的侧向位移，因此，组合梁在第二受力阶段，可不需计算钢梁整体的稳定。但在施工阶段，钢梁的受压翼缘的自由长度 l_1 与其宽度 b_1 之比，不超过表5.1中的数值时，也可不计算组合梁的钢梁整体稳定。

钢梁在混凝土未凝固前，其 l_1/b_1 值超过表中规定的限值时，按下式计算钢梁整体的稳定性，在支座处采取构造措施，防止梁端截面的扭转。

$$\frac{M_x}{\varphi_b W_x} \leq f$$

式中，M_x 为绕强轴作用的最大弯矩；

W_x 为按受压翼缘确定的梁毛截面的抵抗矩；

φ_b 为整体稳定系数，按《钢结构设计规范》（GB50017—2003）附录一确定。

表 5.1　工字形截面简支梁不需计算整体稳定性的最大 l_1/b_1 值

钢号	跨中无侧向支承点的梁		跨中有侧向支承点的梁，不论荷载作用在何处
	荷载作用在上翼缘	荷载作用在下翼缘	
3 号钢	13	20	16
16Mn 钢，16Mnq 钢	4	17	13
15MnV 钢，15MnVq 钢	10	16	12

注：① l_1 为钢梁受压翼缘的自由长度，对跨中无侧向支承点的梁为其跨度；对跨中有侧向支承点的梁，为受压翼侧向支承点间的距离（梁的支座处视为有侧向支承）。

② 其他钢号的梁不需计算整体稳定性的最大 l_1/b_1 值，应为 3 号钢的数值乘以 $\sqrt{235/f_y}$。

③ 梁的支座处，应采取构造措施防止梁端截面的扭转。

2. 塑性理论分析

组合梁按弹性理论分析，当钢梁拉应力小于钢材的屈服点及混凝土最大压应力 0.5 倍的轴心抗压设计强度时是正确的。按弹性理论分析，在使用阶段才比较符合实际情况。

如果构件的板件厚度过薄，就会发生局部压屈，故必须对钢板厚度加以限制。如果塑性化，构件刚度就比弹性阶段低得多，容易产生局部压屈、侧向压屈和弯扭压曲。若产生这样的情况，构件抗弯能力就会降低，以致达不到全塑性弯矩，即使达到也不能充分转动，从而丧失其承载能力。

组合梁必须形成塑性铰，这是塑性设计的前提条件。荷载增加很大时，钢梁一部分产生塑性化，在塑性铰处的作用的弯矩等于构件的全部塑性弯矩，使塑性铰能充分转动、变形，最终形成破坏机构。

在一般情况下，局部压屈、侧向压屈和弯扭压曲都是相互关联发生的，但由于构件截面不同而表现的压屈也不同。为使侧向变形、弯扭变形不致过大，还应适当地布置支承杆。因此，按塑性理论分析的组合梁，首先应控制钢梁不产生局部压曲的截面各部分尺寸。

在组合梁按塑性理论设计时，可将组合梁的截面分成二类：密实截面和纤细截面。当组合梁的钢梁受压翼缘板与腹板具有足够的刚度，达到全部塑性并产生足够的旋转时，不致由于局部屈曲而失去强度，此时截面可以认为是密实的，即在组合正弯矩区段，其塑性中和轴不在钢梁腹板内，或塑性中和轴虽在钢梁的腹板内，但钢梁截面板件宽厚比已满足规定要求，上述这两种情况均认为属于密实截面。除上述两种情况以外的组合梁截面，则属于细截面。

纤细截面的组合梁，应该按弹性理论分析计算；密实截面的组合梁，可按塑性理论计算其极限承载力。

组合梁截面按塑性理论进行分析时，应考虑塑性中和轴位于混凝土板内和钢梁内，分别计算并作如下基本假定：

(1) 塑性以下的全部型钢截面面积为拉应力且达到 f_p（f_p 为考虑截面塑性发展进行强度计算时，钢梁钢材的强度设计值）。

(2) 塑性中和轴以上的全部型钢截面面积为压应力达到 f_p。

(3) 塑性中和轴以下的混凝土面积是开裂的，不考虑其受力。

(4) 塑性中和轴以上的混凝土面积，应力达到混凝土弯曲抗压强度设计值 f_{cm}。

(5) 当钢筋混凝土板有混凝土板托时，计算截面不考虑混凝土板托的影响。

钢-混凝土组合梁是用型钢或钢板焊（或冷压）成的钢截面，在其上、下或内部浇筑混凝土，通过连接件使混凝土与型钢形成整体，充分利用钢与混凝土两种材料和结构特性联结成的整体而共同工作的一种结构形式[5]。对组合梁不论按弹性理论或塑性理论进行分析，均需考虑混凝土硬化前和混凝土硬化后及以后收缩、徐变影响 3 个受力阶段[6]。

第一阶段：混凝土未达到强度设计值的阶段。此时荷载考虑钢梁自重、模板和现浇混凝土重量，称为第一受力阶段的恒载。恒载连同本阶段的施工活荷载全部由钢梁承受，中性轴位于钢梁内，据此计算钢梁的应力、挠度及稳定性。

第二阶段：混凝土达到强度设计值的阶段。此时荷载为饰面层、找平层、防水层等重量，称为第二受力阶段的恒载。使用阶段的可变荷载称为第二受力阶段的可变荷载。此时中性轴上升，荷载由整个组合截面承受。

第三阶段：使用荷载阶段因混凝土收缩、徐变引起的组合结构内力重新分配。

5.2 简支组合桥梁体系转换新技术

深圳丽水桥、大学城一号桥均为钢-混凝土组合梁简支桥（跨径分别为 75m、50m）。桥梁立面如图 5.1 所示（括号外为丽水桥数值，括号内为大学城一号桥数值）。桥梁横断面结构形式如图 5.1、图 5.2 所示。

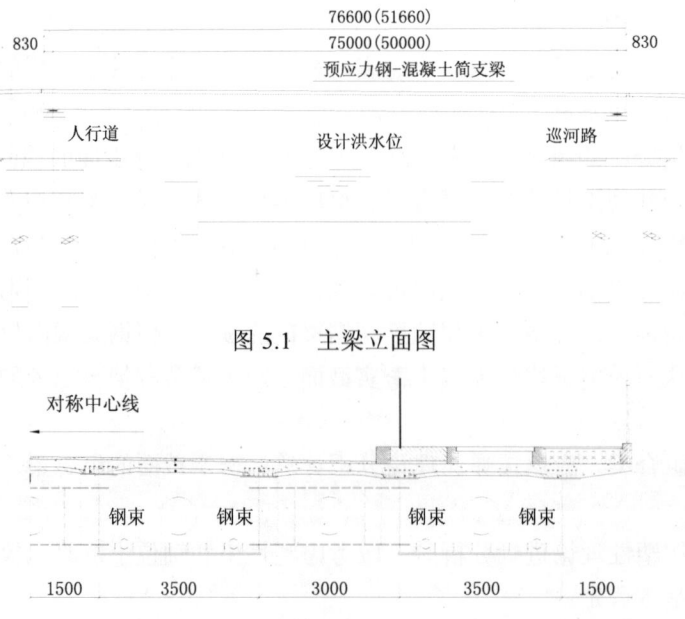

图 5.1　主梁立面图

图 5.2　主梁横断面图

跨中钢梁下缘拉应力为控制截面尺寸的关键。为调整组合梁内力状态，取得经济的梁高，采用了多项施工措施。施工加载程序如图5.3所示。

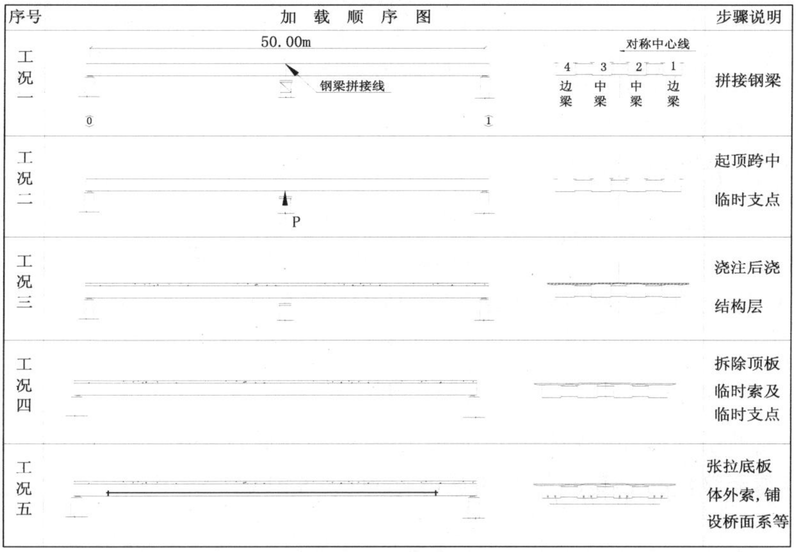

图 5.3 钢-混凝土简支梁桥的施工程序

受力过程分析如下：

(1)通过起顶中支点得到弯矩 M_u

$$M_u = \Delta P * \frac{1}{2}L$$

式中，ΔP 为克服支点反力后起顶增加的吨位；

$$\sigma_{J\pm} = -\frac{N_u}{A_J} + \frac{M_u}{W_J} \quad (\sigma_{J\pm}\text{为钢梁上缘})$$

$$\sigma_{J\mp} = -\frac{N_u}{A_J} - \frac{M_u}{W_J}$$

式中，A_J、W_J 为钢梁净截面面积与钢梁净截面惯性矩；N_u、M_u 为起顶中支点产生的轴力与弯矩。

工况一：分段吊装开口箱梁就位(中支点布设于临时支点上)，此时为两跨简支梁。用高强度螺栓连接钢梁纵、横向接头形成连续梁。为减小钢梁拼接引起的初始应力，可在拼接时降低临时中支点，待拼接好后回顶。此时外荷载由钢梁承受，中性轴位于钢梁内。

工况二：起顶临时中支点(利用中支点拼接支架)250T(为克服支点反力后增加的吨位)。为降低钢梁上缘拉应力可张拉。

工况三：浇筑后浇混凝土结构层。

工况四：待混凝土达到设计强度后拆除顶板临时索及中支点。此时中性轴上升，恒载已由组合截面承受。

工况五：张拉底板体外索后铺设沥青混凝土及桥面系、栏杆等恒载。

(2)当混凝土后浇层达到强度后拆除中支点，此时受力断面为全截面：

$$\sigma_{W\pm}=+\frac{N_{u'}}{A_W}+\frac{M_u}{W_W} \quad (\sigma_{W\pm}\text{为组合梁上缘})$$

$$\sigma_{W\mp}=+\frac{N_{u'}}{A_W}-\frac{M_u}{W_W}$$

式中，A_W、W_W 为组合梁截面面积与组合梁截面惯性矩；$N_{u'}$、$M_{u'}$ 为拆除中支点略去后浇层恒载影响产生的轴力与弯矩。

则通过起顶、落架得到的应力为

$$\Delta\sigma_{\mp}=\sigma_{W\mp}-\sigma_{J\mp}=\left(\frac{N_{u'}}{A_W}-\frac{N_u}{A_J}\right)+\left(\frac{M_{u'}}{W_W}-\frac{M_u}{W_J}\right)$$

因 N_u 与 $N_{u'}$ 对应力影响可忽略不计；M_u 与 $M_{u'}$ 相差微小，上式可简化为

$$\Delta\sigma_{\mp}=M\left(\frac{W_J-W_W}{W_W*W_J}\right)$$

利用钢截面与组合截面的惯性矩差通过在组合梁形成过程中起顶、落顶达到降低下缘钢梁应力，获得经济组合梁截面的方法是可行的(表5.2)。

表 5.2 钢-混凝土组合截面各施工加载阶段上、下缘应力与位移

工况	说明	荷载	跨中弯矩/(kN·m)	跨中竖向位移/mm	跨中应力/MPa $\sigma_\pm$	跨中应力/MPa $\sigma_\mp$	备注
一	拼接钢梁	q_1=66.5kN/m	0.0	0.0	0.0	0.0	开口截面特性
二	起顶跨中临时支点	ΔP=4163.0kN	-3125.0	+111.0	-12.6	+6.3	A=0.593(m²)
三	浇筑后浇结构层	q=180.4kN/m	+56375.0	0.0	+226.6	-113.5	y=0.596(m) I_x=0.281(m⁴)
四	拆除临时支点	ΔP=9799.0kN	+12248.8	-124.3	+8.1	-16.1	组合截面特性
五	张拉预应力束，安装桥面系	P=11880.0kN q=78.3kN/m	+9892.0	-13.5	+13.1	-6.5	A=1.837(m²) y=1.329(m) I_x=1.006(m⁴)

5.3 多跨连续组合桥梁体系转换技术

深圳大学城二号桥为钢-混凝土组合连续梁桥(跨径15+32+15m)。成桥施工加载期间亦采取多种措施降低支点处组合梁混凝土上缘拉应力。加载各种工况如下所示：

工况一：分段吊装开口箱梁，用高强度螺栓连接钢梁纵、横向接头形成连续梁。此时两中支点预提 16.6cm。

工况二：浇筑后浇混凝土结构层。

工况三：两中支点落到支座上（下降 16.6cm）。

工况四：铺设桥面系、栏杆等。

各种工况下施工阶段模型如图 5.4 所示。

通过表 5.3 数值可看出：起顶临时支点(钢梁截面)、拆除临时支点(组合截面)获得了 10MPa 左右的钢梁下缘应力削弱，相当于多张拉预应力钢束 464T 产生的效果(张拉预应力钢束过多对钢梁局部应力及工程造价均不利)；如起顶力增加过大会对钢梁跨中产生较大变形，引起钢梁的稳定问题。

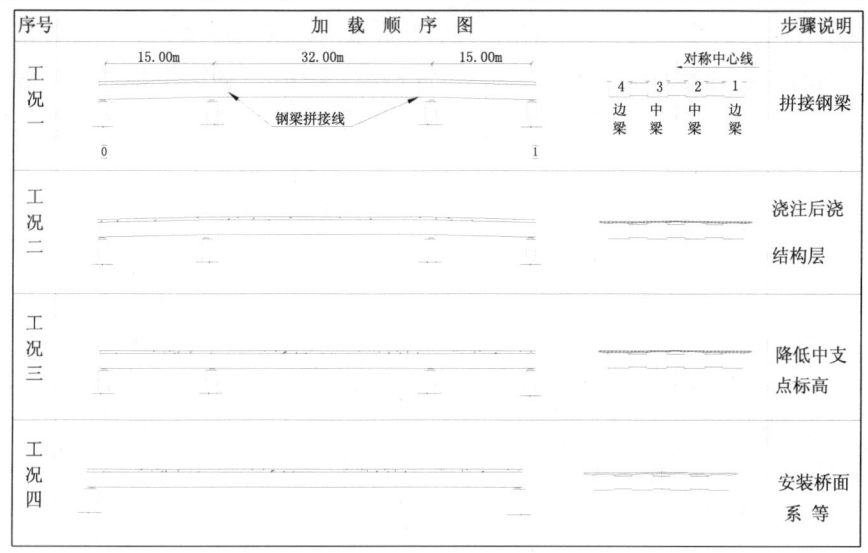

图 5.4 各种工况下施工阶段模型

该桥采用的多种施工措施如：临时支墩、两孔简支拼接、预应力张拉等，降低简支梁桥成桥后恒载跨中最大应力和挠度，跨中钢梁下缘应力降低 57.7MPa，应力值下降幅度达到 30.7%，其效果是相当显著的。

简支梁体系转换过程内力与位移变化在拼接好三跨钢梁成一连续梁后，利用千斤顶提高中跨两支点，待后浇层混凝土达到强度后落顶，利用钢梁的弯曲还原力给混凝土施加了预应力。采用此方法有效地减小了中支点处组合梁上缘的负弯矩，防止混凝土后浇层出现较大拉应力。组合截面各施工加载阶段支点处上、下缘应力与位移如表 5.3 所示[7]。

表 5.3 组合截面各施工加载阶段支点处上、下缘应力与位移

工况	说明	荷载	中支点弯矩 /(kN·m)	中支点应力/MPa $\sigma_上$	$\sigma_下$	备注
一	拼接钢梁	q_1=53.7kN/m	-3851.0	-27.5	+13.0	开口截面特性 $A=0.456(m^2)$
二	浇筑后浇结构层	q=152.1kN/m	-4425.0	-31.6	+14.9	$y=0.385(m)$ $I_x=0.1143(m^4)$
三	中支点落顶到支座上	P=3000kN	+45000.0	+49.1	-113.9	组合截面特性 $A=1.45(m^2)$
四	安装桥面系	q=66.3kN/m	-4754.6	-51.9	+120.4	$y=1.0483(m)$ $I_x=0.414(m^4)$

采用起顶中支点的施工措施，降低连续梁桥成桥后恒载、活载支点处组合截面上缘拉应力，此措施得到组合梁上缘混凝土 8.3MPa 的预压应力，几乎完全抵消桥面系恒载引起的混凝土拉应力，可见效果是非常明显的。

5.4 铁路预应力纵-横格构式桥面漂浮体系转换

目前铁路桥梁的桥面结构多采用连续刚构或简支梁，简支梁跨度小，适合地势平坦的

地形条件；连续刚构跨度较大，但在陡峭的地方桥墩高，安全威胁大，施工方法多采用施工工艺较成熟的挂篮悬灌的施工方法。目前的公路桥梁中纵-横梁格构体系一般采用支架现浇法施工，铁路桥梁桥面结构采用预应力混凝土纵-横梁格构式漂浮体系，在国内外尚属首次。通过对纵横梁格构式漂浮体系采用新的施工方法，成功完成了漂浮体系的成功转换，取得了较好的社会和经济效益。

图 5.5　宜万铁路野三河大桥

宜万铁路是中国迄今为止已建铁路中地址地形条件最为复杂的一条山区 I 级双线铁路，野三河大桥(图 5.5)是宜万铁路线上的重难点工程之一。主桥为跨度124m 的非对称平行双肋复合钢管混凝土桁架坡拱桥，两拱脚高差 15.85m，拱顶两侧采用不同拱轴系数的悬链线；行车道采用预应力混凝土纵-横梁格构式漂浮体系，呈半中承半下承形式，桥跨组合为(3×9.75+11.25+10×9.75)=138m，I、II 线中心间距 4.2m，桥面全宽 10.7m。该桥起点紧接隧道，桥址处峡谷深窄、山坡陡峭，地形极其复杂；其桥型结构设计新颖独特，在国内外桥梁建设史上属首次采用，被誉为"适合桥址处地形的最佳桥型"[8]。

纵-横梁格构式桥面漂浮体系与传统的钢梁或者混凝土梁比较，其主要优点：①与混凝土箱梁相比，主梁自重减轻 20%～30%；②与钢梁相比，节省钢材 30%～40%；③实现桥梁工厂化生产，现场施工吊装，施工速度快，结构安全性高[9]。

此种铁路桥面预应力混凝土纵横梁格构式漂浮体系施工方法，其施工步骤如下。

(1)横梁安装：横梁采取集中预制，安装采用缆索起重机双钩起吊，安装时受拱肋净宽限制，起吊状态下将横梁空中水平旋转 35°～45°，使横梁边缘距拱肋均大于 0.2m，再穿过两侧拱肋下放横梁，下降位置超过肋间横撑后，将横梁转回原位垂直于桥轴线，到达安装位置时，用捎绳稳定横梁，安装吊杆，测定横梁标高，松钩解除横梁上的吊具。

(2)横梁临时锁定：横梁安装就位高程调整完成后，进行桥面临时锁定结构的安装，桥面临时锁定结构采用万能杆件组拼成 2×2m 截面的桁架，根据横梁间不同跨距进行桁梁长度调整，此时桥梁两端桁梁与桥台或肋间横梁固结，其余部位与预埋在横梁上的钢板焊接，上下游各一列贯通，确保横梁不偏转、不摆动。

(3)纵梁安装：首先安装压重梁，再安装次中纵梁，进行定位观测，精度满足要求后用限位钢筋穿过横梁和纵梁，限制纵梁位移；然后在湿接缝位置安装精轧螺纹钢，梁跨间用专用连接器进行连接；预埋通长钢绞线波纹管、注浆三通管、通长钢绞线的牵引导向索，钢筋安装施工，安装湿接缝模板，浇筑湿接缝混凝土，待混凝土强度达到 90%后，松开施工跨横梁临时锁定结构，用 60t 的千斤顶进行单端张拉预应力精轧螺纹钢筋，注浆完成达到强度后再安装下一跨次中纵梁；按以上工序循环将次中纵梁安装至肋间横梁完成次中纵梁的安装施工；采用相同的施工方法再安装中纵梁、边纵梁、固定端跨的纵梁。

(4)通长钢绞线的施工：待全桥纵梁安装完成，湿接缝混凝土灌注完成强度达到 95%后，进行通长钢绞线安装和张拉：通过孔道摩阻试验，确定孔道摩阻系数 p，孔道偏差系数 $k=0.0015$ 进行取值；张拉伸长值满足±6%的要求，张拉顺利完成；通长钢绞线张拉采用 4 台 250t 千斤顶同时张拉，两台为一组，两岸对称张拉，上下游同时进行张拉，两岸保持同步；通长钢绞线管道注浆采用真空注浆法施工。

(5) 格构体系的转换：待横向预应力、横梁第三阶段预应力钢绞线张拉及孔道注浆完成后，拆除临时支座，使桥面体系作用在永久滑动支座上，完成桥面漂浮体系转换。

本技术提供一种漂浮体系的成功转换，顺利、安全、高质量完成了大桥的施工的铁路桥面预应力混凝土纵横梁格构式漂浮体系施工方法。

5.5 高速铁路斜拉-连续刚构组合桥梁体系转换

现有的斜拉连续刚构组合桥的合拢段施工技术为：中跨合拢口设置劲性骨架、临时顶推支座、临时换重压载；对斜拉索力进行调整，使合拢口两端高差及梁段内力符合设计和监控的要求；等待环境温度达到要求；对合拢口施加顶推力；焊接锁定劲性骨架，卸载顶推力，张拉临时预应力束，绑扎钢筋，调整模型；在规定的时间段内浇筑混凝土[10, 11]。

然而这种施工方法不能直接在高速铁路中应用。因为高速铁路中的使用环境比公路上更苛刻，除公路上有斜拉连续刚构组合桥的合拢段施工技术外，高速铁路无斜拉连续刚构组合桥的该类施工技术。具体体现在如下方面：

(1) 高速铁路活载比公路的大，列车开行速度比公路快。
(2) 高速铁路桥梁体刚度远大于公路桥，线型要求高于公路桥。
(3) 高铁墩台沉降要求高。
(4) 高铁设计使用年限为 100 年。

因此在高速铁路中需要进一步解决如下的技术问题：

(1) 梁体刚度满足高铁设计规范。
(2) 减小或控制体系转换后附加内力的产生。
(3) 梁体线型满足高铁高速运行及乘坐舒适性要求。
(4) 降低后期梁体的徐变变形。

达到以上要求后，才能保证高速铁路斜拉连续刚构组合桥合拢满足设计要求。但现在国内外关于在高速铁路应用斜拉连续刚构组合桥合拢技术的相关报道极少，其原因是存在相关技术瓶颈，具体如下：

(1) 斜拉连续刚构桥公路上建成的较少，铁路斜拉桥建造的例子也少，高铁的更是首次采用，相关技术不成熟。
(2) 斜拉连续刚构桥采用墩梁固结或塔梁墩固结体系对温度影响非常敏感，合拢温度条件不易满足。
(3) 合拢体系转换产生的附加内力不易控制，影响成桥后的索力及线型。
(4) 梁体混凝土的后期徐变不易控制。

因此，该技术在克服现有的公路斜拉连续刚构组合桥合拢段施工技术存在的上述 4 点不足、解决技术瓶颈方面，提供了一种在高速铁路中应用的斜拉连续刚构组合桥合拢段施工技术。

结合广珠城际西江特大桥，针对以上技术问题采用如下步骤。

(1) 设置临时辅助设施：在完成合拢口两侧梁段施工及边跨合拢后，在中跨合拢口两侧梁段间设置临时顶推支架及体外劲性骨架，两侧梁段上设置临时换重压载。

(2) 合拢口标高调整：清除梁段上的多余荷载，对斜拉索索力不作调整，在合拢口两端梁面上分别设置 1/2 合拢段重量的临时换重压载，通过增、减临时换重压载的理论值的使合拢口梁段的标高误差控制在 5mm 内，即：当实际标高大于设计理论值时，增加临时换重压载的重量，使合拢口梁段的标高与设计理论值的误差在 5mm 内；当实际标高小于设计理论值时，减少临时换重压载重量，使合拢口梁段的标高与设计理论值的误差在 5mm 内。

(3) 强制降温：将一天中温差最小的 5～8 个小时作为合拢时间，在梁段内箱放置冷却介质(可采用冰块)使梁段内外温度在合拢时间保持在 20° 及以下。

(4) 顶推：按设计及监控的理论值施加顶推力，顶推部位按保证顶推合力通过合拢口形心的原则设置，顶推力施加采用应力、应变双控，应力是千斤顶施加的力值，应变是边跨梁缝的压缩量及边墩顶的位移量。

(5) 劲性骨架临时锁定：测量合拢口两侧标高及梁段应力，符合设计理论值后，在所述合拢时间内将合拢口的劲性骨架焊接锁定，并将合拢口两端梁面上的临时换重压载恢复至 1/2 合拢段重量，焊接锁定后卸载顶推力，张拉设计的临时预应力束。

(6) 浇筑混凝土：观察 24 小时，期间绑扎钢筋，加固模板，若观察期间内的实际标高与设计监控理论值的误差在 5mm 以内，应力与设计监控理论值的误差在 2%内，则在所述合拢时间内浇筑混凝土，边浇筑混凝土边卸载临时换重，实现无应力合拢；若实际标高与设计监控理论值的误差不在 5mm 内，则增、减换重压载使标高与设计监控理论值的误差在 5mm 内；若实际应力与设计监控理论值的误差不在 2%以内，则增大或减小临时预应力束力值，使应力与设计监控理论值的误差在 2%以内。

通过以上措施，可使高速铁路斜拉连续刚构组合桥合拢段精确合拢，避免或减少对梁体线型、内力的影响，实现无应力合拢。这种通过利用临时换重压载、顶推、温控等技术措施、对大跨度桥梁合拢期的梁体应力及线型具有极大的改善。

5.5.1 工程概况

西江特大桥起于广东省中山市古镇，止于广东省江门市外海，是广珠城际江门支线上的重要桥梁。主桥采用(100+2×210+100)m 独塔斜拉连续刚构组合桥式结构，如图 5.6 所示。

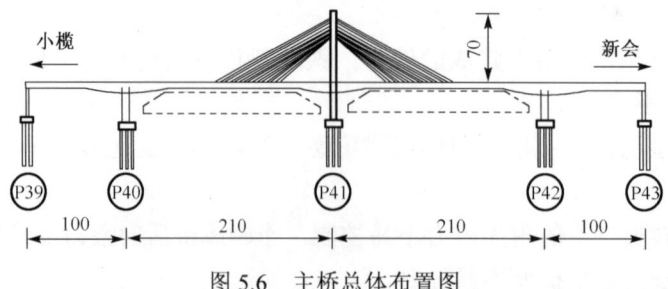

图 5.6 主桥总体布置图

5.5.2 主桥结构构造

主梁采用单箱双室直腹板截面，中支点处梁高 11m，端支点及中跨跨中处梁高 4.5m，跨度布置为：100m+210m+210m+100m，广珠城际铁路西江特大桥(图 5.7)为斜拉刚构组合协作体系桥梁，设计结构新颖，索塔墩结构为钻石形，拉索体系为非平行扇形密索体系，其中主桥长 621.6m，主桥桥墩高 109m，主跨 210m，是目前世界上跨度最大的铁路(客运专线)单塔组合斜拉刚构桥梁，开创了我国铁路桥梁史上的先河。

图 5.7　广珠城际铁路西江特大桥

参 考 文 献

[1] 刘玉擎. 组合结构桥梁. 北京：人民交通出版社, 2005. 94～98.

[2] 聂建国. 钢-混凝土组合结构原理与实例. 北京：科学出版社, 2009. 423～427.

[3] 李勇, 聂建国, 陈宜言. 一种新型的预应力钢-混凝土组合梁. 桥梁建设, 2001, (06).

[4] 李勇, 郭帅. 钢-混凝土组合梁体系转换新技术. 华中科技大学学报(城市科学版), 2003, (02).

[5] 周起敬等. 钢-混凝土组合结构设计施工手册. 北京：建筑工业出版社, 1991. 24～31.

[6] Li Y, etc. Study on prestressed transfer efficiency and moment amplitude modulation of steel-concrete composite bridge. 哈尔滨工业大学学报, 2011, 2.

[7] Li Y, etc. The application of active type inter transfer tube on long span bridge's folding construction. 第八届国际组合结构论文, 2006.

[8] 朱宏平, 唐家祥. 斜拉桥动力分析三维有限单元模型. 振动工程学报, 1998, 12(1)：85～89.

[9] 金成棣. 预应力混凝土梁拱组合桥梁设计研究与实践. 北京：人民交通出版社, 2001. 77～79.

[10] 李勇. 大跨度钢-混凝土组合桥梁空间理论与应用研究. 华中科技大学博士论文, 2011.

[11] 王钰. 波形钢腹板-预应力混凝土组合桥梁技术探讨. 水利与建筑工程学报, 2008, (01).

第6章 组合桥梁影响线加载弯矩调幅

6.1 钢-混凝土组合梁预应力效率模型试验

6.1.1 试验目的和内容

深圳市宝岗路立交跨线桥跨越交通繁忙的泥岗路,为(30.5+36.3+29.6+32.5=)128.90m 4跨连续梁组合桥梁,上部结构采用预应力钢-混凝土压型钢板组合梁。为考察预应力张拉以后混凝土和钢梁上的应力分布,按模型试验相似理论设计试验模型,并进行模型试验,以验证该设计的合理性。

该试验对宝岗路立交桥的钢-混凝土组合梁桥预应力加载效果进行空间静力和动力分析,并进行1∶3模型试验。

6.1.2 试件设计及制作

1. 设计依据及理论分析(模型相似理论)

根据设计图纸,综合考虑模型的力学边界效应、尺寸效应、加载条件等因素的影响,决定从整体结构中取出组合梁约48m作原型(即原设计的4号墩中心线到2、3号墩的跨中),按缩尺比例制作模型,保证模型的受力状态与实桥相应部位相同[1]。试验模型缩尺比例1/3,长16.1m(10m+6.1m)两跨连续。

模型采用和实桥一致的材料(钢材和混凝土),由模型相似原理可以确定各物理量的相似常数及模型试验应遵循的条件为

$$\lambda_L = \lambda, \quad \lambda_A = \lambda^2, \quad \lambda_I = \lambda^4, \quad \lambda_W = \lambda^3, \quad \lambda_E = 1$$

$$\lambda_P = \lambda^2, \quad \lambda_q = \lambda, \quad \lambda_\sigma = 1, \quad \lambda_\varepsilon = 1$$

式中,变量无下标时,为模型缩尺比,即模型与实桥结构尺寸比值;有下标时,为相应物理量的相似比。各下标含义如下:

L——截面、长度等控制尺寸

A、I、W——截面面积,惯性矩和抵抗矩

E——弹性模量

P、q——集中荷载,分布荷载

σ、μ_ε——应力、应变

按以上准则,可得模型各物理量理论相似比(表6.1),模型制作和加载严格按照此表理论相似比进行设计。

表 6.1　模型各物理量理论相似比

物理量	L	E	A	I	W	q	P	σ	μ_ε
相似比	1/3	1/1	1/9	1/81	1/27	1/9	1/3	1/1	1/1

2. 单元选择

由于箱壁的纵向和横向长度远大于其厚度，故分析中采用弹性壳单元 SHELL63 模拟箱梁。SHELL63 既具有弯曲能力和又具有膜力，可以承受平面内荷载和法向荷载。其单元每个节点具有 6 个自由度：沿节点坐标系 X、Y、Z 方向的平动和沿节点坐标系 X、Y、Z 轴的转动，如图 6.1 所示。

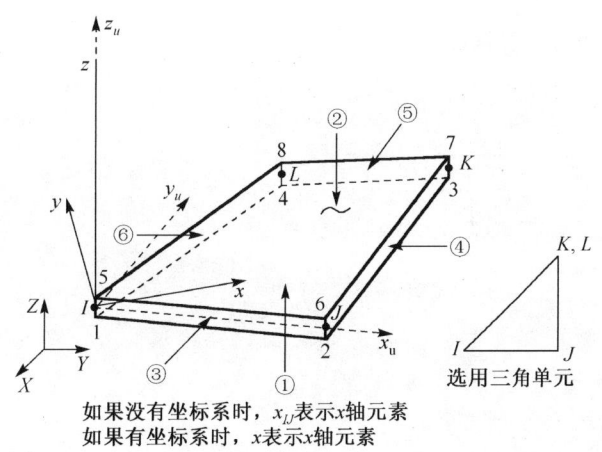

图 6.1　SHELL63 单元描述示意图

采用弹性实体单元 SOLID45 模拟桥面板。单元通过 8 个节点来定义，每个节点有 3 个沿着 xyz 方向平移的自由度，如图 6.2 所示。

采用弹性单向拉伸单元 LINK10 模拟预应力筋。LINK8 是有着广泛的工程应用的杆单元，可以用来模拟桁架、缆索、连杆、弹簧等。这种三维杆单元是杆轴方向的单拉或单压单元，每个节点具有 3 个自由度：沿节点坐标系 X、Y、Z 方向的平动，如图 6.3 所示。

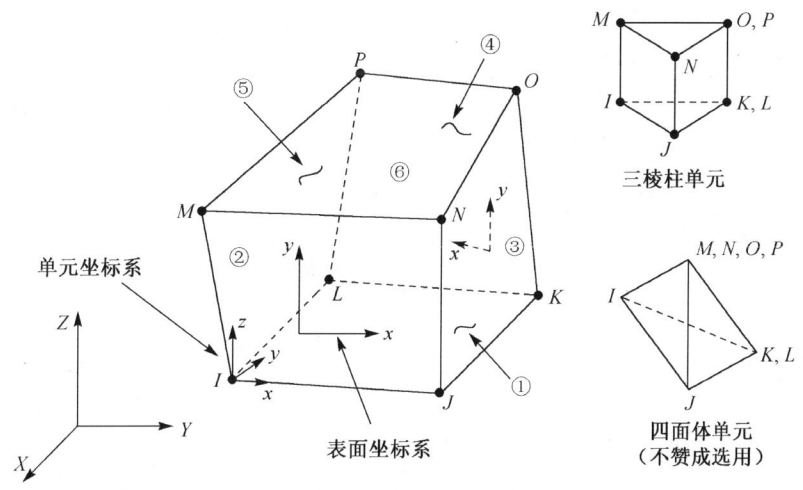

图 6.2　SOLID45 单元描述示意图

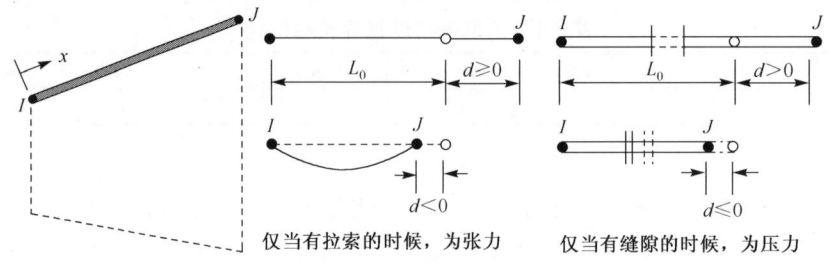

图 6.3 LINK10 单元描述示意图

3. 实际模型制作

模型检测过程如图 6.4 所示。

图 6.4 钢-混凝土组合桥梁模型

4. 约束及荷载条件

按照深圳市宝岗立交桥设计图，模型为 10m+6.1m 两跨连续梁。因此，在支座处约束若干节点的竖向自由度 UY 和桥预应力通过对 LINK10 单元设初应变施加，建立试验模型如图 6.5、图 6.6 所示。

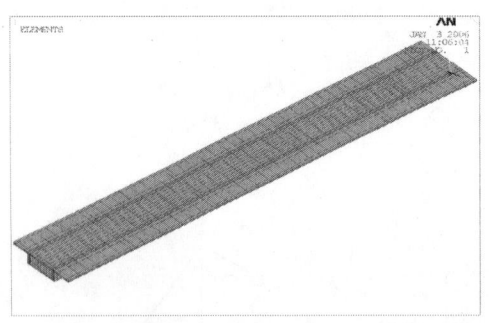

图 6.5 结构整体模型

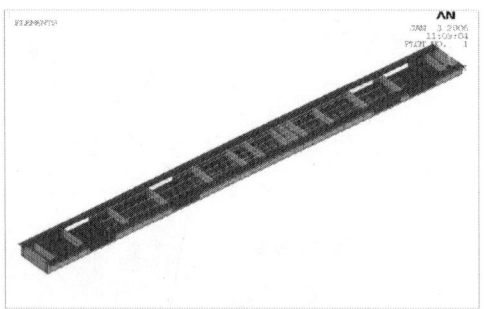

图 6.6 钢梁整体模型

6.1.3 测点布置及数据采集

测试内容：梁体位移、混凝土和钢梁应变等。测点布置如图 6.7 所示。

第 6 章 组合桥梁影响线加载弯矩调幅

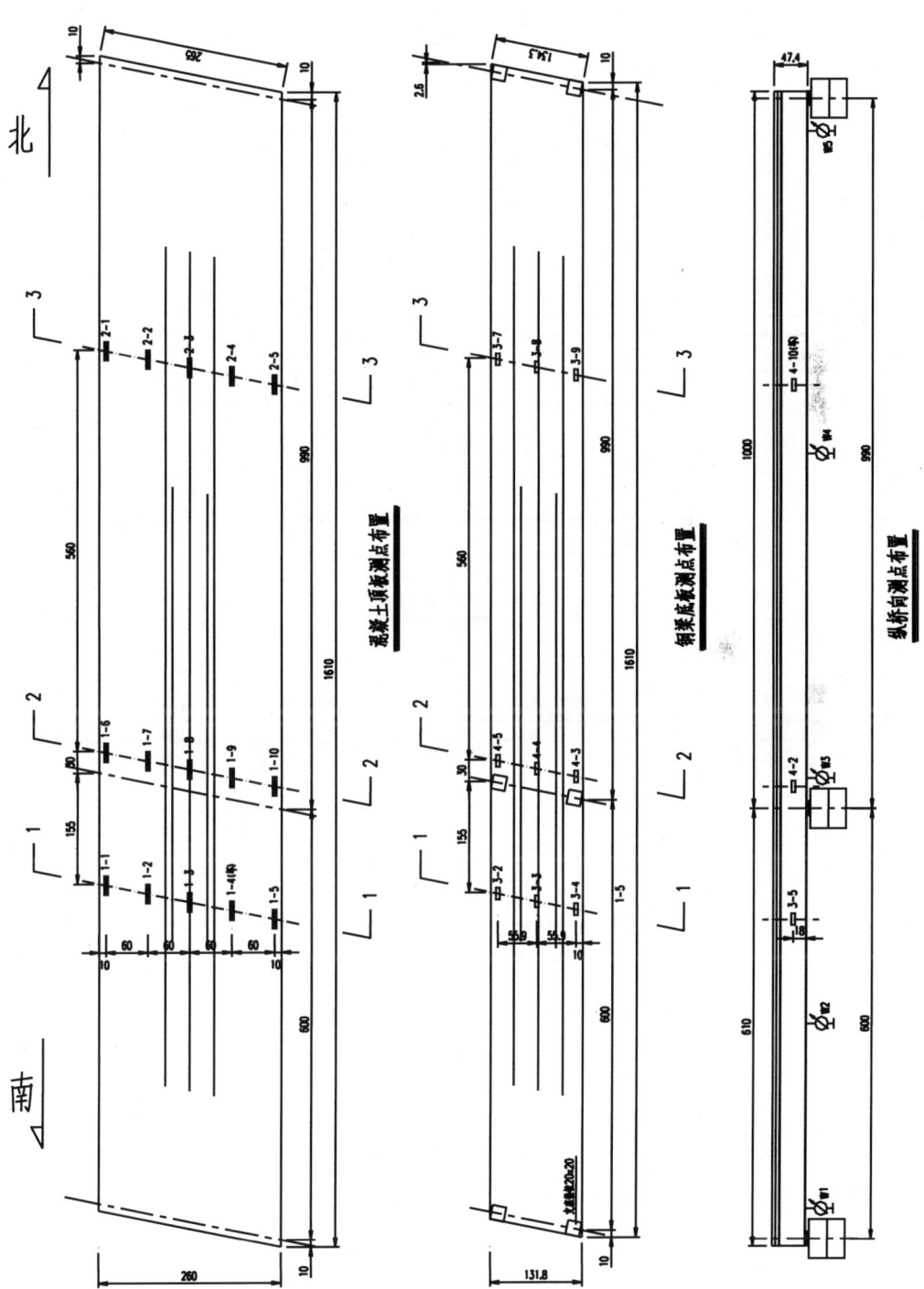

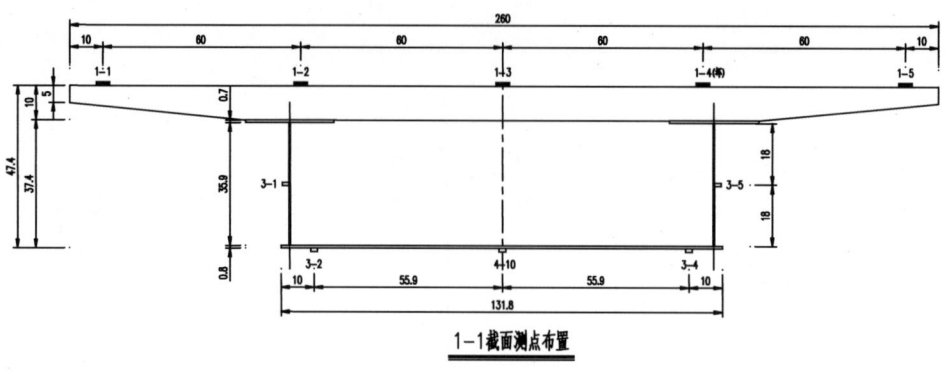
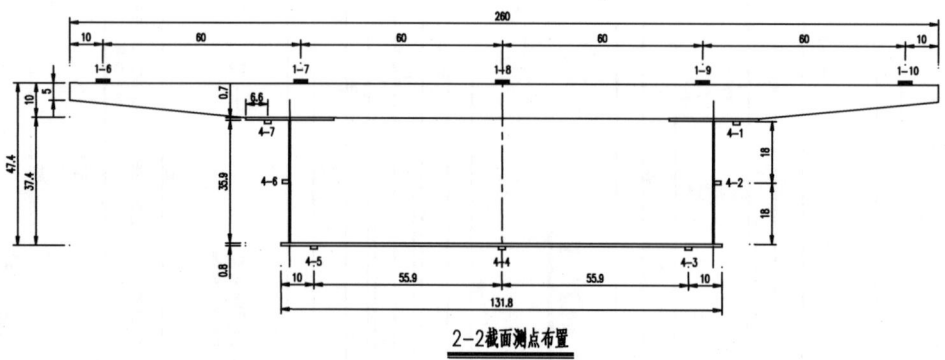
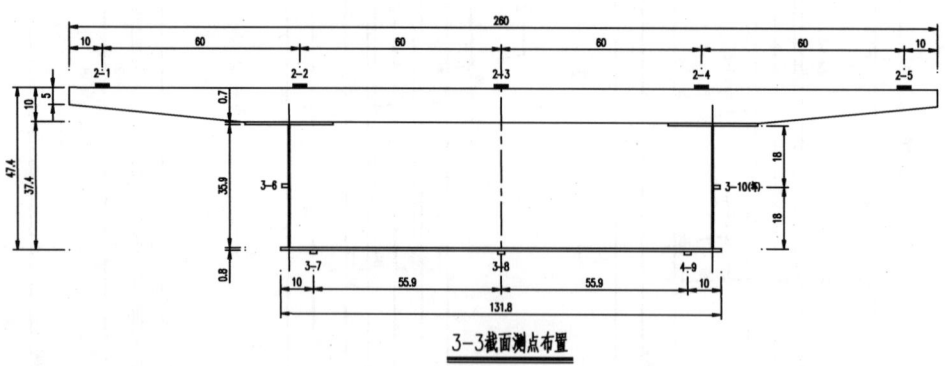

图 6.7 测点布置截面图

6.1.4 预应力传递效率试验结果

由于试验数据较多，为更加清晰地说明预应力施加效果，现只显示部分张拉步骤下的混凝土翼板应变分布情况，如图 6.8、图 6.9 所示。

注意在张拉过程中出现了锚下混凝土被压溃的情况，这主要是由于试件加工时，锚固处混凝土内未布置钢筋网片，混凝土缺少约束所致，在实际工程中应绝对避免。

如图 6.10～图 6.13 为各步骤中混凝土应变情况。

图 6.8　长束筋锚下混凝土被压溃前

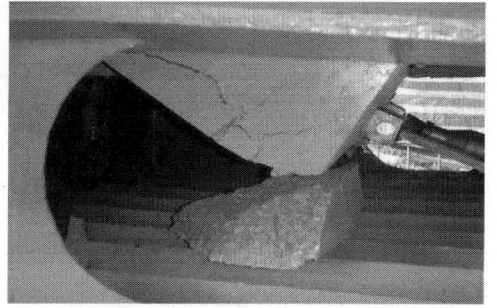
图 6.9　长束筋锚下混凝土被压溃

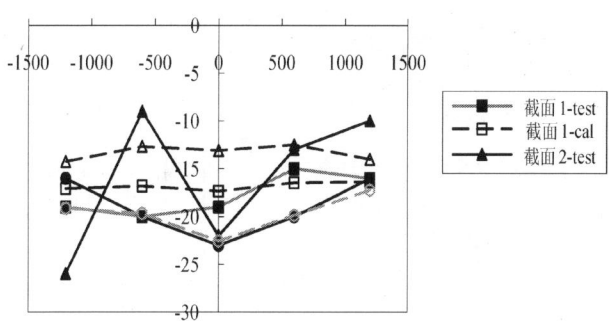
图 6.10　步骤 2 混凝土应变

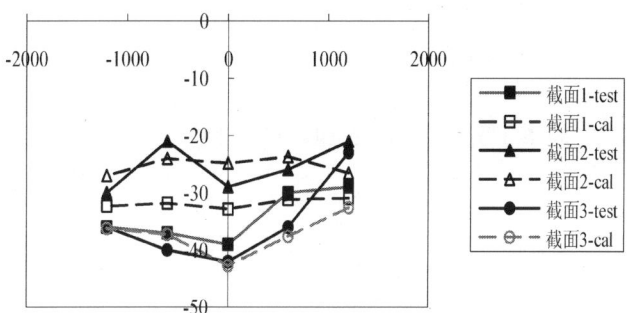
图 6.11　步骤 4 混凝土应变

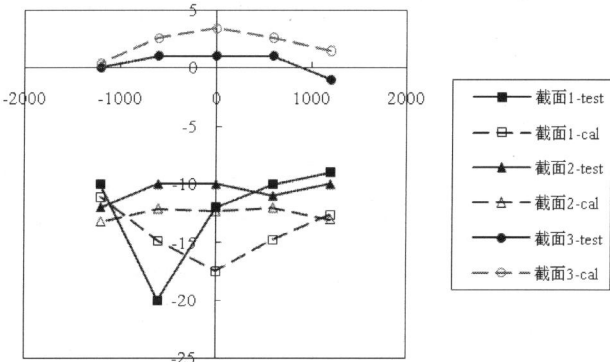
图 6.12　步骤 12 混凝土应变

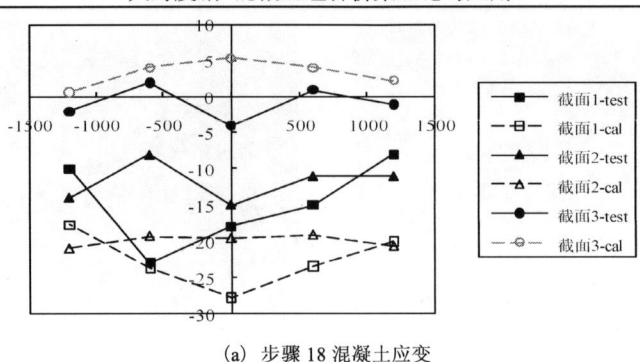

(a) 步骤 18 混凝土应变

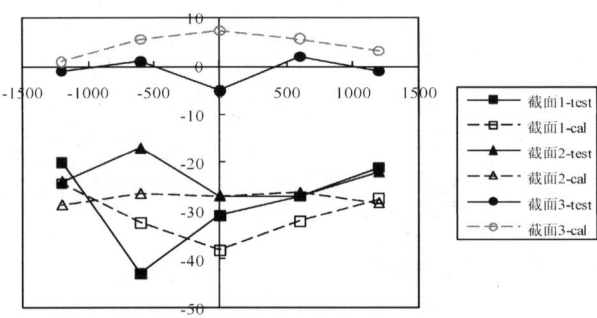

(b) 步骤 24 混凝土应变

图 6.13

6.1.5 计算结果

计算结果如表 6.2、表 6.3 所示。(图 6.14, 图 6.15)

表 6.2 截面纵向应力分布

测点位置	截面 1		截面 2		截面 3	
	测点	z/MPa	测点	z/MPa	测点	z/MPa
混凝土应力	1-1	−8.56	1-6	−7.92	2-1	−5.39
	1-2	−9.17	1-7	−7.23	2-2	−5.57
	1-3	−10.02	1-8	−7.43	2-3	−6.08
	1-4	−9.34	1-9	−7.30	2-4	−5.47
	1-5	−8.41	1-10	−8.04	2-5	−6.08
钢梁应力	3-1	−44.62	4-6	−34.61	3-6	−25.84
	3-2	−35.84	4-5	−37.35	3-7	−16.30
	4-10	−34.12	4-4	−33.02	3-8	−19.77
	3-4	−33.98	4-3	−37.01	4-9	−15.58
	3-5	−43.86	4-2	−34.46	3-9	−25.52

表 6.3 截面 2 纵向实测应变与计算应变对比

工况	测点位置	混凝土应变					钢梁应变	
		1-6	1-7	1-8	1-9	1-10	4-4	4-5
C2	实测值	−10	−13	−22	−9	−26	−7	−9
	计算值	−14	−12.5	−13.1	−12.7	−14.3	−10.7	−11.1
	实/计	120.3%					73.4%	

续表

工况	测点位置	混凝土应变					钢梁应变	
		1-6	1-7	1-8	1-9	1-10	4-4	4-5
C4	实测值	−21	−26	−29	−21	−30	−16	−19
	计算值	−26.6	−23.7	−24.9	−24.1	−27.1	−20.2	−21
	实/计	100.4%					86.6%	
C6	实测值	−10	−11	−10	−10	−12	−6	/
	计算值	−13	−12.1	−12.4	−12.1	−13.2	−6.0	−6.2
	实/计	84.1%					100%	
C12	实测值	−11	−11	−15	−8	−14	−8	−4
	计算值	−20.7	−19.2	−19.6	−19.3	−21	−9.6	−9.9
	实/计	63.4%					61.5%	
C18	实测值	−22	−27	−27	−17	−24	−8	−7
	计算值	−28.4	−26.3	−26.9	−26.5	−28.8	−13.2	−13.6
	实/计	85.4%					56.0%	

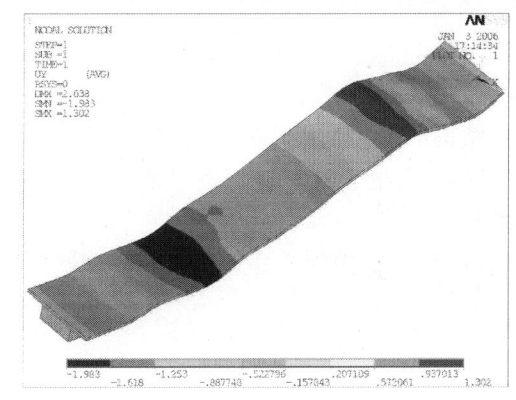

图 6.14　结构竖向变形(mm)

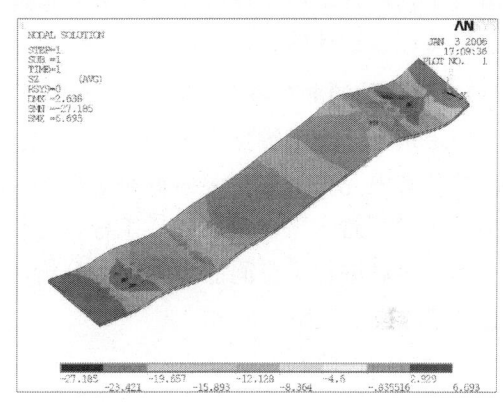

图 6.15　H 桥面板纵向应力(MPa)

6.1.6　结论和建议

针对深圳市宝岗路立交跨线桥预应力钢-混凝土组合箱梁，通过模型试验了解预应力张拉以后混凝土和钢梁的应力分布。主要结论如下：

(1) 施加预应力后，中支座截面混凝土处于受压状态，有效提高了正常使用条件下混凝土翼板的抗裂能力。

(2) 张拉长束预应力筋时，纵向截面离张拉或锚固端越远，混凝土压应力越小，即预应力效果随截面离张拉或锚固端距离的增加而减小。

(3) 张拉短束预应力筋时，在预应力筋范围内的混凝土处于受压状态，且截面离张拉或锚固端越远，混凝土压应力越小。

(4) 不断加大预应力时，锚下混凝土局部破坏，预应力失效，梁体变形及应变立即恢复，说明组合梁处于弹性工作状态，具有良好的变形能力。

(5) 预应力传递效率试验表明：组合梁顶板混凝土应力实测值为理论计算值的 90% 左右，说明了预应力传递过程中有损失。

(6)预应力传递效率试验表明：组合梁底板钢梁应力实测值为理论计算值的75%～80%，说明了预应力损失较大。

主要建议如下：

(1)根据预应力传递效率模型试验的结果，设计中可考虑适当提高预应力张拉的锚下控制应力，建议增加5%～10%。

(2)根据预应力传递效率模型试验的结果，组合梁钢结构部分得到的应力较混凝土部分的少，建议设计中严格按照焊钉的计算要求进行布置，可适当加密焊钉，焊钉间距不能过大。

(3)为防止锚下混凝土局部破坏的情况发生，在锚固区混凝土内应注意布置足够数量的钢筋网片。

6.2 钢-混凝土组合梁支座调整弯矩调幅

为试验中支点的移动对结构的受力产生的影响，对深圳市宝岗路立交跨线桥钢-混凝土组合梁体进行了弯矩调幅试验研究。按模型试验相似理论设计试验模型，并进行模型试验，以验证该设计的合理性。

1. 试验目的和内容

为了从整体上了解预应力钢-混凝土组合桥梁结构的受力性能，并验证设计计算结果，进行整体有限元分析与试验研究是必要的[2]，并为该工程的设计、施工提出参考意见。对提高其技术创新水平，争创优质工程具有积极作用。

本实验对进行了空间静力和动力分析，提供具体的计算假定、计算图示和计算结果，进行了1:3模型试验。

2. 有限元建模

影响结构性能的因素很多，在允许的条件下，作出如下假设。

(1)由于预应力水平较低，且在试验中未出现混凝土开裂现象[3]，故所有分析均在弹性范围内进行。

(2)在不影响计算准确性的情况下，为易于划分网格、提高计算效率和精度，建模中做如下简化处理：

① 忽略桥面板加腋影响，按横截面面积相等原则，统一取桥面板厚80mm。
② 忽略横隔板上翼缘部分及横隔板加劲肋。
③ 忽略支座处顶板小纵肋。
④ 腹板按1000mm×300mm开洞，代替实际的长圆形开洞。
⑤ 忽略预应力筋与金属波纹管间的摩擦，即预应力筋可在波纹管内自由滑动。

(3)忽略桥面板内钢筋的作用，认为钢筋与混凝土黏结良好，无相对滑移。

(4)忽略桥面板与钢梁间的滑移。

(5)采用笛卡尔直角坐标系，X为桥宽方向，Y为竖直方向，Z为桥跨方向。

根据约束及荷载条件，按设计图纸，模型为10m＋6.1m两跨连续梁。因此，在支座处约束若干节点的竖向自由度UY和桥预应力通过对LINK10单元设初应变施加。

3. 测点布置及数据采集

测试内容包括：梁体位移、混凝土和钢梁应变等，测点布置截面图如图 6.7 所示。测点引线通过 IMP 数据采集系统连于计算机，试验数据全部由计算机自动采集。

4. 弯矩调幅试验

1）中支座移动步骤

通过采用千斤顶强迫移动中支座，其步骤是按表 6.4 中的方式分 4 步强迫移动。

表 6.4　中支座移动步骤

步骤	1	2	3	4
中支座位置/mm	0.00	−5.91	−9.93	−0.42

注：中支座向上移动为正。

2）主要试验结果

中支座强迫移动后，混凝土翼板应变分布如图 6.16 和图 6.17 所示，得出其计算值。考虑到实际结构的复杂性及测试方法的误差，有限元方法可以较为准确地分析预应力钢-混凝土组合箱梁的受力情况。试验中未出现任何混凝土开裂现象，组合梁表现出良好的刚度。

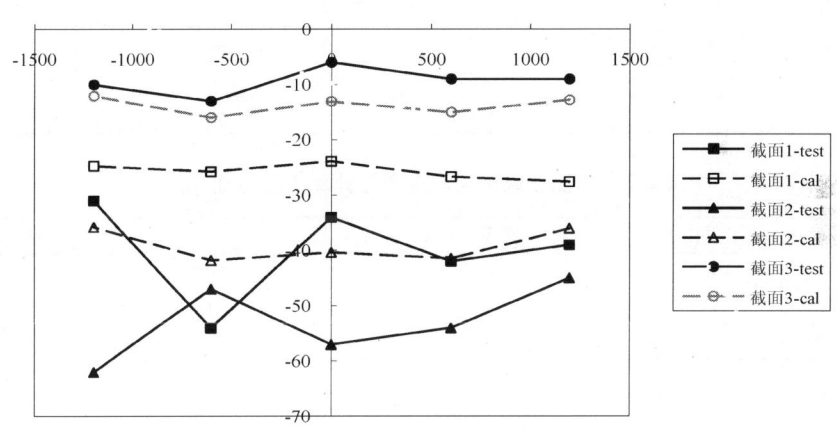

图 6.16　步骤 2 混凝土应变

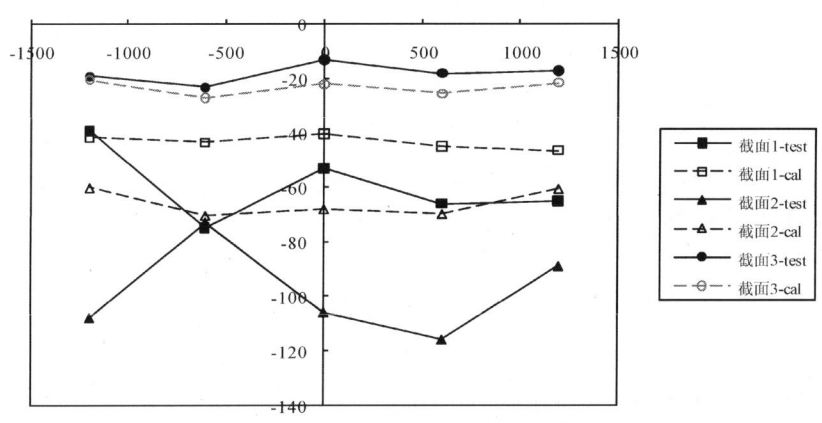

图 6.17　步骤 3 混凝土应变

5. 计算结果

计算结果如表 6.5～表 6.7 所示。

表 6.5 截面 1 纵向实测应变与计算应变对比 (μ_ε)

工况	测点位置	混凝土应变					钢梁应变	
		1-1	1-2	1-3	1-4	1-5	4-9	4-10
M6	实测值	−39	−42	−34	/	−31	40	43
	计算值	−27.6	−26.7	−23.9	−25.8	−24.7	52.3	49.5
	实/计			141.9%			81.5%	
M10	实测值	−65	−66	−53	/	−39	59	74
	计算值	−46.3	−44.9	−40.1	−43.3	−41.6	87.8	83.1
	实/计			129.0%			77.8%	

表 6.6 截面 2 纵向实测应变与计算应变对比 (μ_ε)

工况	测点位置	混凝土应变					钢梁应变	
		1-6	1-7	1-8	1-9	1-10	4-4	4-5
M6	实测值	−45	−54	−57	−47	−62	67	64
	计算值	−36	−41.5	−40.4	−41.8	−35.8	45	47.2
	实/计			135%			131.1%	
M10	实测值	−89	−116	−106	−73	−108	111	120
	计算值	−60.5	−69.7	−67.9	−70.3	−60.1	75.6	79.3
	实/计			149.8%			142.3%	

表 6.7 截面 3 纵向实测应变与计算应变对比 (μ_ε)

工况	测点位置	混凝土应变					钢梁应变	
		1-6	1-7	1-8	1-9	1-10	4-4	4-5
M6	实测值	−9	−9	−6	−13	−10	26	16
	计算值	−12.8	−15.1	−13.1	−16	−12.1	25.9	28.2
	实/计			68.0%			77.6%	
M10	实测值	−17	−18	−13	−23	−19	45	35
	计算值	−21.5	−25.3	−22.0	−26.9	−20.3	43.5	47.4
	实/计			77.6%			88.0%	

6. 结论和建议

(1) 弯矩调幅试验表明：组合梁顶板混凝土应力实测值为理论计算值的 135%～150%，底板钢梁应力实测值为理论计算值的 130%～140%。说明了组合梁刚度比设计计算值大，在以后的组合梁设计中可考虑适当减小后浇混凝土结构层的厚度。

(2) 弯矩调幅试验中，未出现任何混凝土开裂现象，组合梁完全处于弹性状态，表现出良好的刚度。

(3) 根据组合梁弯矩调幅模型试验的结果，实测的应力变化比计算值明显偏大，在弯矩调幅及施工架梁时应严格控制支座高程，偏差控制在 5mm 内。

7. 钢-混组合梁影响线弯矩调幅方法

钢-混组合梁桥跨中为正弯矩，混凝土受压，钢板受拉，充分发挥了材料力学优点；

但在支点处,截面负弯矩较大,混凝土桥面板处于受拉区容易开裂,受力很不合理,影响桥梁工程结构安全。

为了解决钢-混组合梁桥支点负弯矩问题,进行弯矩调幅是必要的。申请号为200410062215.2 的中国发明专利,提出了一种在桥梁施工时加预压荷载的方法来控制拉应力,但没有明确提出采用何种具体办法准确调整预压荷载,缺乏解决问题的具体方法,导致弯矩调幅的效率不高,特别是多跨连续梁,施工加载具有一定的盲目性及随机性,没有发挥影响线加载弯矩调幅的效果。

为了克服现有技术的不足,本书提出一种预应力钢-混凝土组合桥梁制造方法,利用钢梁的弯曲还原原理,根据支点负弯矩影响线,按照最不利活荷载位置,准确、定量地预加配重,通过影响线加载形成预应力,抵消活载负弯矩产生的拉应力,达到利用影响线加载进行弯矩调幅的目的。

预应力钢-混凝土组合桥梁制造方法,是根据钢梁的支点负弯矩影响线,计算出最不利活荷载位置及该位置的活荷载的大小。在钢梁的正弯矩区浇筑正弯矩区混凝土,在正弯矩区混凝土上布置预压配重,预压配重的位置及大小与最不利位置的活荷载相同;在负弯矩区浇筑钢纤维膨胀混凝土,待钢纤维膨胀混凝土达到硬化强度后,拆除预压配重。

钢梁顶部的连接件包括刚性组合连接件、柔性组合连接件或非组合连接件、弹性组合连接件。本方法根据支点负弯矩影响线,按照活荷载的最不利位置及大小,准确、定量的在正弯矩区混凝土上预压配重,支点获得了正弯矩,钢梁上的混凝土获得了压应力,达到使桥梁储备足能够抵消活载的预荷载的目的。

6.3 组合桥梁影响线加载弯矩调幅

6.3.1 工程概述

107 国道深圳段(图 6.18)东起南头检查站,西至松岗收费站,全长 31.2km。107 国道是连接深圳至广州通往北京的国家一级干线公路。

图 6.18 107 国道深圳机场、兴围、黄田匝道桥

在 107 国道现状人行道、绿化带处修建 A 匝道、A 辅道,跨越 107 国道后掉头,顺接现状 107 国道辅道。在 107 国道兴围路口往深圳方向后约 300m 处,设置掉头匝道 B。B 匝道设计起点位于深圳市宝馨颐养院路口处,利用 107 国道现状辅道修建桥梁,跨越

107国道后掉头,顺接现状107国道辅道。在107国道荔园路口(黄田路口)往广州方向后约150m处,设置掉头匝道C。C匝道设计起点位于霸王集团路口后150m,利用107国道现状明渠位置修建桥梁,跨越107国道后掉头,顺接现状107国道辅道。匝道纵坡均采用小于4.0%控制,设计时速为25km/h,桥下净空主道不小于5.0m,辅道不小于4.5m,A、C匝道半径R=30.5m,B匝道半径R=35m,单向双车道,匝道桥宽11m。

6.3.2 悬臂桁-钢混凝土组合梁结构设计

国道107桥曲线半径小且车流量大。横断面采用单幅断面设计,其标准宽度为11.0m,断面布置形式为:0.5m 防撞墙+0.5m 路缘带+4m 小车道(3.25m 小车道+0.75m 曲线加宽)+5.0m 大车道(3.5m 大车道+1.5m 曲线加宽)+0.5m 路缘带+0.5m 防撞墙,机动车道采用单向1.5%横坡,匝道依据半径和行车速度设计成超高为2%。

A、B、C 匝道上部结构主桥均采用悬臂桁-钢混凝土组合梁,跨径组合(30+40+40+30)m,桥梁长140m,图6.19为A匝道桥型布置图。桥面宽11m,梁高1.8m,由1.7m钢梁及30cm后浇层组成,后浇层纵向主筋和横向主筋均采用HRB335,直径16mm的螺纹钢筋。图6.20为主梁支点处断面图,图6.21为主梁跨中处断面图。

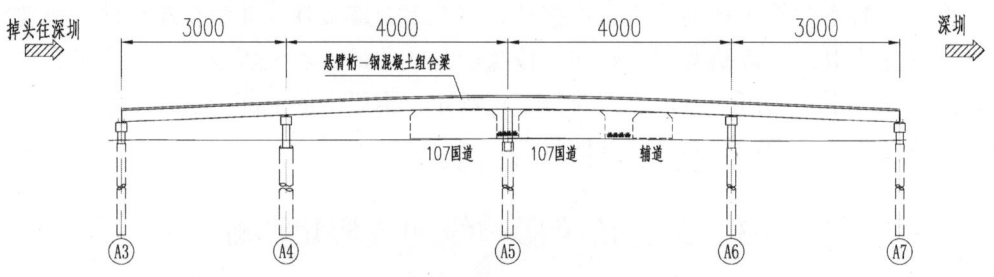

图6.19 A匝道桥型布置图

主梁侧向悬臂长3.0m,悬臂端厚度为30cm,每2m设置一道斜撑,斜撑规格为中Φ351×12的钢管,内灌C50微膨胀混凝土。腹板采用直腹板,腹板中心距为5m,板厚16mm。组合梁顶板由横向及纵向翼缘板组成,翼缘板厚16mm,并设有加劲肋及抗剪栓钉[4],肋高16cm,肋板上开有直径5cm的钢筋孔,底面钢板通长布置,间距40cm布置一道加劲肋,加劲肋厚16mm,每4m设置一道横隔板,钢板及斜撑材质均为厚度Q345q-c。浇筑后浇层时为施工方便、节省模板,施工前,在两腹板顶部横向铺设压型钢板,压型钢板采用BD40-600-200闭合型,板厚1.2mm[5]。图6.22为主梁标准段压型钢板平面布置图。

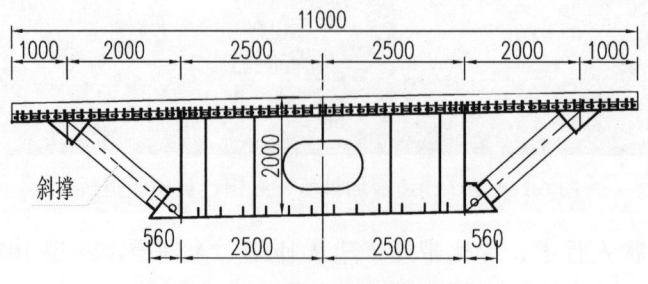

图6.20 主梁支点处横断面图

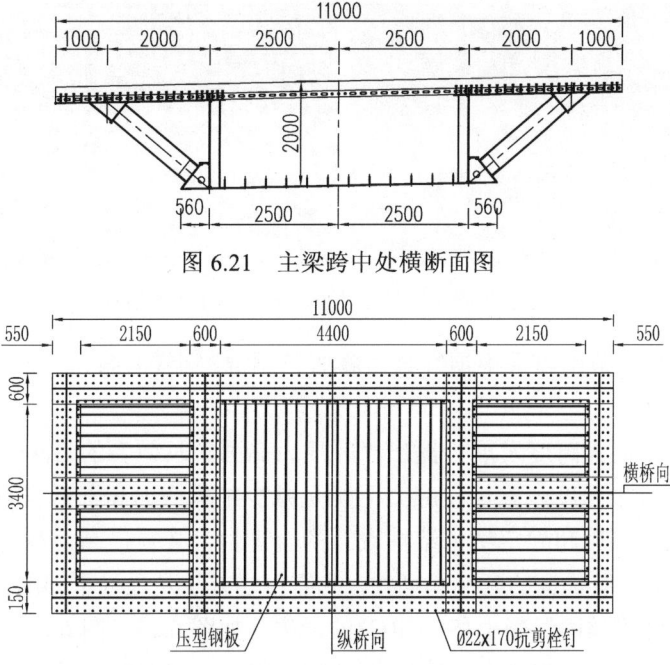

图 6.21 主梁跨中处横断面图

图 6.22 主梁标准段压型钢板平面布置图

全桥在顶板设置横向预应力钢束，采用 $3\phi^s15.2$，初始张拉应力 $0.65\sigma_{con}$，纵向间距 1m，一端张拉另一端锚固。如图 6.23 所示为主梁横向预应力平面布置图。

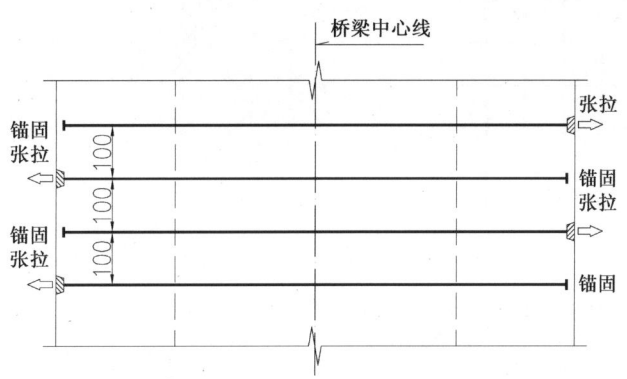

图 6.23 主梁横向预应力平面布置图

6.3.3 曲线组合梁影响线弯矩调幅新技术

1. 概述

传统钢-混凝土组合桥解决支点负弯矩混凝土拉应力时，一般在顶板拉短束，但曲线组合桥，特别是在小半径曲线由于它的特殊性，在顶板拉短束容易产生较大的径向力，对桥梁结构产生很多不利影响，为解决曲线组合梁负弯矩区混凝土拉应力，针对107调头匝道工程提出了曲线组合梁影响线弯矩调幅新技术，解决支点负弯矩混凝土拉应力。

为解决支点负弯矩混凝土拉应力问题提出了如下处理措施：

(1)增大负弯矩区配筋率，采用细而密的钢筋(现配筋率3.8%)，如图6.24所示。

图 6.24 支点负弯矩区抗拔不抗剪栓钉及普通钢筋布置图

(2)支点顶板 20m 范围内采用钢纤维微膨胀三钢混凝土(钢筋、钢纤维、不锈钢钢丝网,其中钢纤维体积率 1%)。

现代混凝土桥梁向大跨度发展,提出"轻质、高强、长效"的目标已成为当前热门的话题。提高构件混凝土强度,施加预应力无疑是减少结构截面和降低自重的途径。

为了桥梁能实现应用超静定结构塑性设计的合理性,必须提高混凝土的抗开裂及抗震性能,使混凝土桥梁具有优良的延性和韧性,光靠上述方法是远远不够的,导致新颖高强复合材料—钢纤维增强钢丝网混凝土(SF.F.RC)的诞生,如图 6.25~图 6.27 所示。由于它含有三种钢成分,故可用"三钢混凝土"总称[6]:SF(钢纤维),F(钢丝网),RC(钢筋混凝土)。

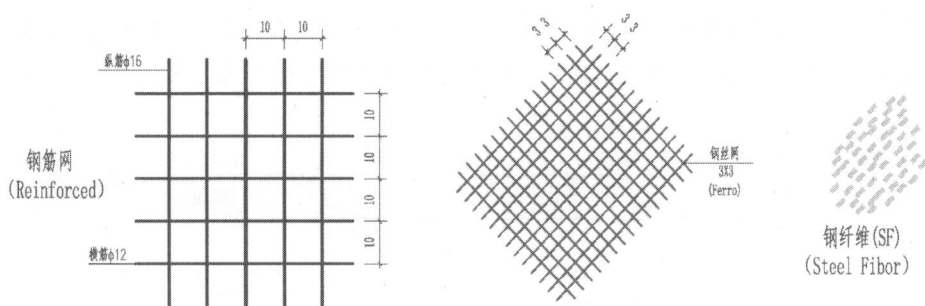

图 6.25 三钢混凝土的组成部分

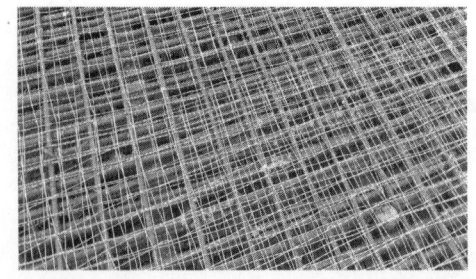

图 6.26 支点负弯矩区钢丝网布置图

图 6.27 支点负弯矩区钢纤维浇筑

(3)优化施工工况(根据弯矩影响线进行支点标高调整)。

步骤一:①现场施工桥梁下部结构,桩基、承台、系梁、墩柱、帽梁;②桥墩施工时注意钢管桥墩预埋件需提前安装,最好浇筑混凝土面高出预埋件顶2cm,待混凝土达到设计强度后凿出多余部分,以避免因混凝土收缩徐变引起预埋件与混凝土顶面离隙,之后安装钢管桥墩形成整体;③工厂制作钢箱梁各制作段[7,8]。如图 6.28 所示。

第6章 组合桥梁影响线加载弯矩调幅

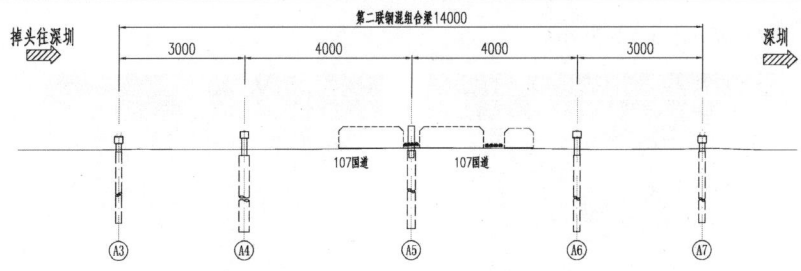

图 6.28 施工步骤一示意图

步骤二：施工钢梁拼接处临时支架基础，并进行预压，预压为自重的110%。如图6.29所示。

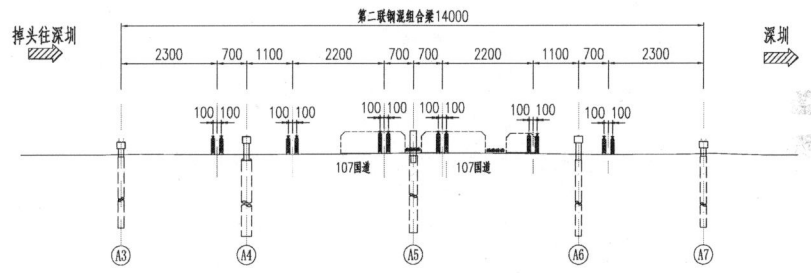

图 6.29 施工步骤二示意图

步骤三：吊装钢梁，从中墩向边跨吊装。如图6.30所示。

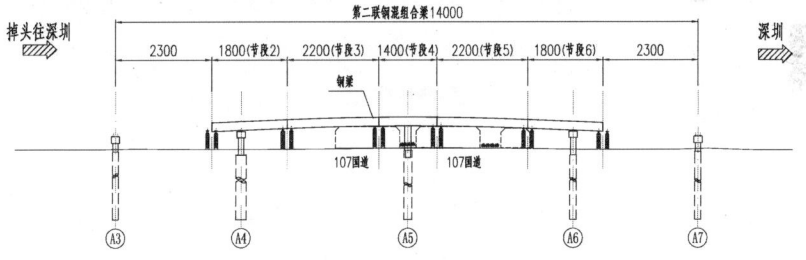

图 6.30 施工步骤三示意图

步骤四：①钢梁合拢；②浇筑支点底板混凝土；③A4、A6支点顶升5cm，分级顶升，每级1cm；④浇筑混凝土桥面板，浇筑顺序：浇筑跨中砼，从跨中至离支点5m截面处，浇筑A4、A6支点上缘混凝土桥面板，待混凝土强度达到90%，龄期不少于7天之后施工一个工序。如图6.31所示。

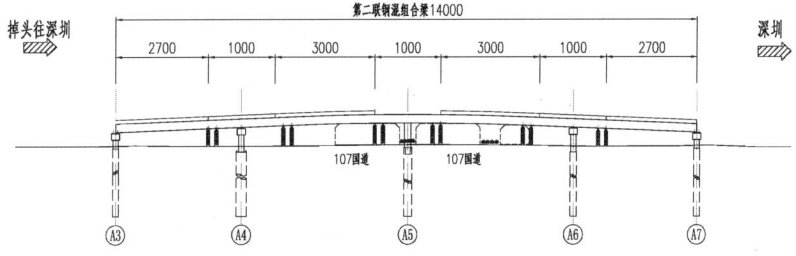

图 6.31 施工步骤四示意图

现场顶升操作如图 6.32 所示。

图 6.32 现场顶升操作

步骤五：拆除临时支架，从边跨向中间墩按顺序拆除临时支架。如图 6.33 所示。

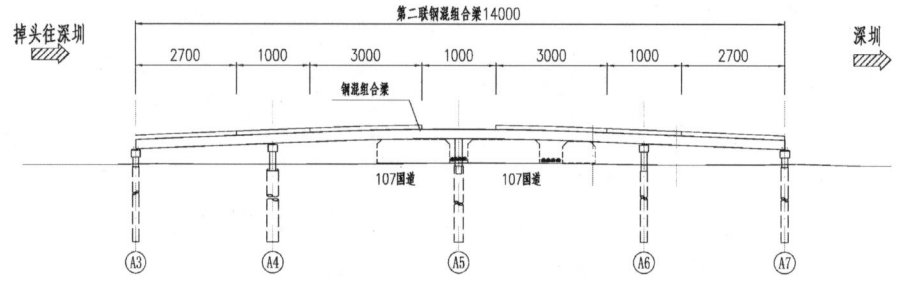

图 6.33 施工步骤五示意图

步骤六：A4、A6 内侧支点下降 4.5cm，A4、A6 外侧支点下降 5cm 落到正式支座上。如图 6.34 所示。

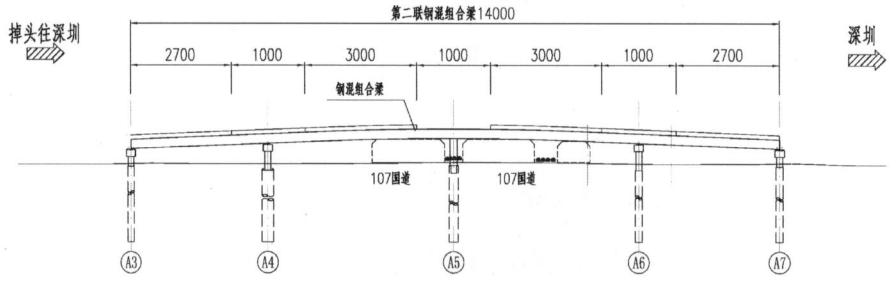

图 6.34 施工步骤六示意图

步骤七：第二、第三跨压载 100t。如图 6.35 和图 6.36 所示。

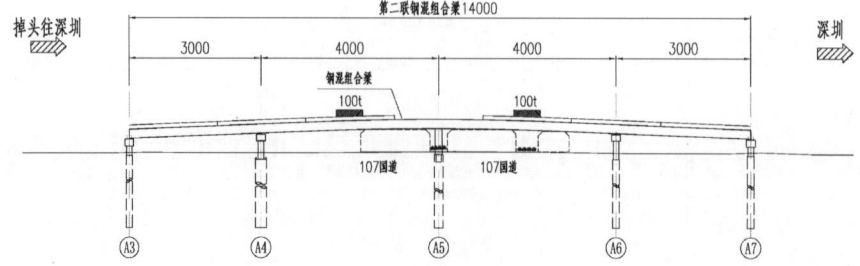

图 6.35 施工步骤七示意图

图6.36 跨中压重

步骤八：浇筑A5支点上缘混凝土桥面板,待混凝土强度达到90%，龄期不少于7天之后施工一个工序；撤除第二、第三跨压载100t；张拉横向预应力。如图6.37所示。

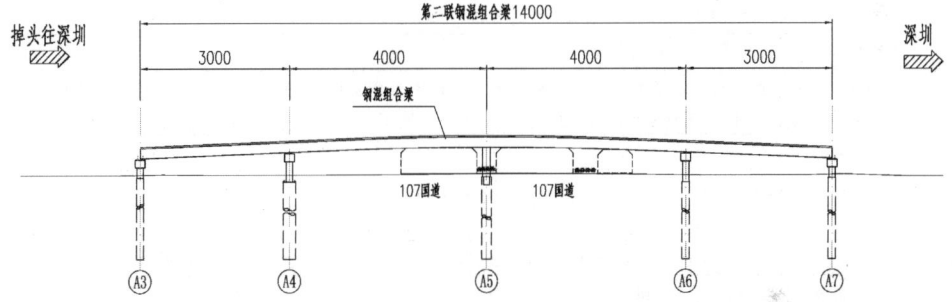

图6.37 施工步骤八示意图

步骤九：①两侧同步施工防撞护栏；②施工桥面防水层，测量桥面各控制高程；③施工桥面沥青混凝土面层二期横载及附属结构；④复测桥面各控制高程；⑤成桥动静载试验、竣工验收。如图6.38所示。

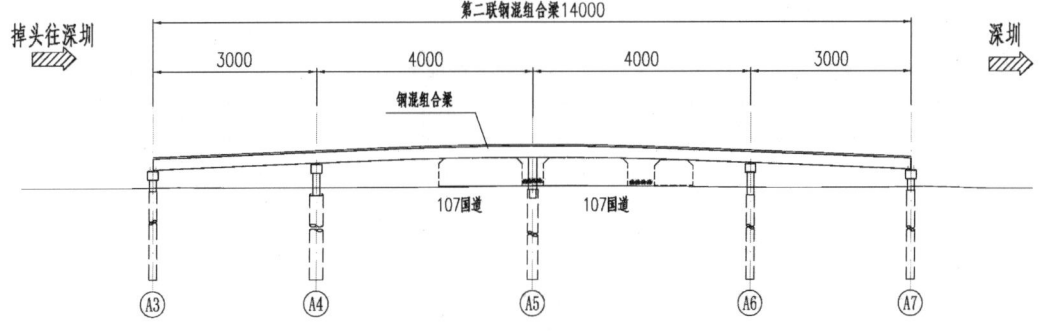

图6.38 施工步骤九示意图

2. 纵向计算

A匝道采用MIDAS空间杆系模型：建立空间杆系有限元模型进行分析，得到钢主梁顶、底板和混凝土桥面板的应力和支座反力，并按照规范进行组合，得到最不利应力和支座反力。计算几何模型如图6.39所示。

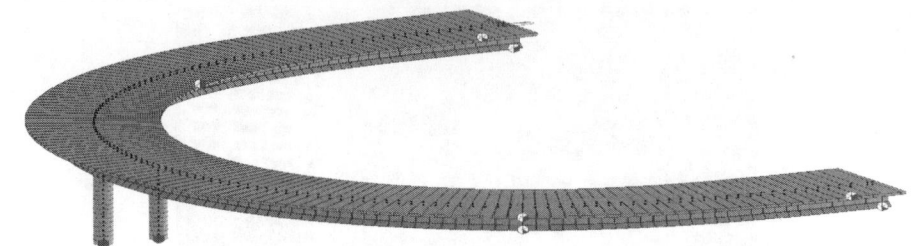

图 6.39 计算几何模型

1) 施工阶段划分

施工阶段划分如表 6.8 所示。

表 6.8 施工阶段划分

阶段编号	阶段描述
工况 1	在临时支点上安装钢梁，合拢钢梁
工况 2	浇筑支点底板混凝土
工况 3	A4、A6 支点顶升 5cm 分级顶升
工况 4	浇筑混凝土桥面板，浇筑顺序：浇筑跨中砼，从跨中至离支点 5m 截面处，浇筑 A4、A6 支点上缘混凝土桥面板，待混凝土强度达到 90%，龄期不少于 7 天之后施工一个工序
工况 5	拆除临时支架
工况 6	A4、A6 内侧支点下降 4.5cm，A4、A6 外侧支点下降 5cm 落到正式支座上
工况 7	第二、第三跨压载 100t
工况 8	浇筑 A5 支点上缘混凝土桥面板，待混凝土强度达到 90%，龄期不少于 7 天之后施工一个工序
工况 9	撤除第二、第三跨压载 100t
工况 10	张拉横向预应力
工况 11	浇筑二期恒载
工况 12	活载组合
工况 13	收缩徐变

2) 计算结构钢材性能

结构钢材性能如表 6.9 所示。

表 6.9 结构钢材性能表

	应用结构	钢箱加劲梁
	材质	Q345qC
力学性能	弹性模量 E/Mpa	210000
	剪切模量 G/MPa	81000
	泊松比 γ	0.3
	轴向容许应力 $[\sigma]$/MPa	200
	弯曲容许应力 $[\sigma_w]$/MPa	210
	容许剪应力 $[\tau]$/MPa	120
	屈服应力 $[\sigma_s]$/MPa	345
	热膨胀系数/℃	0.000012

3) 纵向计算分析

采用容许应力法进行荷载组合，得到主梁顶底板最不利正应力和剪应力。按照标准组合得到桥面板应力和支座反力。

正应力(标准组合效应，外侧上缘)如图 6.40 所示。

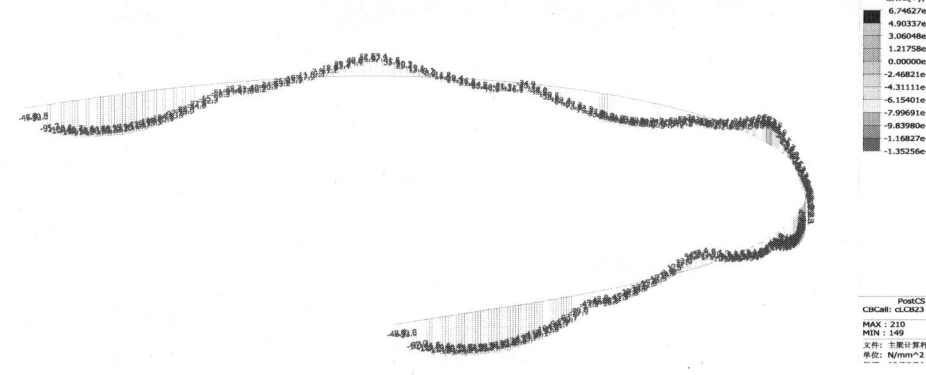

图 6.40　外侧上缘应力(拉应力为正，单位：MPa)

正应力(标准组合效应，内侧上缘)如图 6.41 所示。

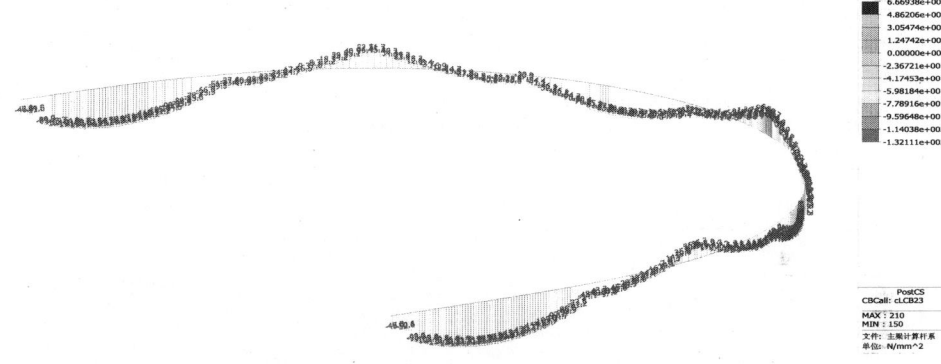

图 6.41　内侧上缘应力(拉应力为正，单位：MPa)

正应力(标准组合效应，外侧下缘)如图 6.42 所示。

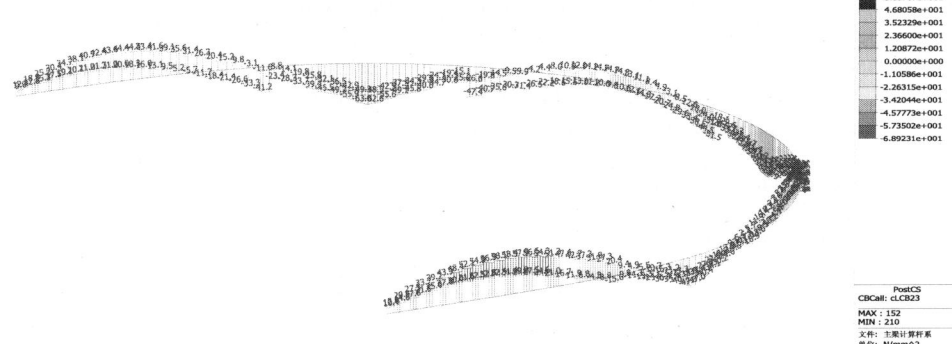

图 6.42　外侧下缘应力(拉应力为正，单位：MPa)

正应力(标准组合效应，内侧下缘)如图 6.43 所示。
剪力(标准组合效应)如图 6.44 所示。
桥面板应力(标准组合效应)如图 6.45 所示。
将标准组合下个应力及剪力情况汇总如表 6.10 所示。

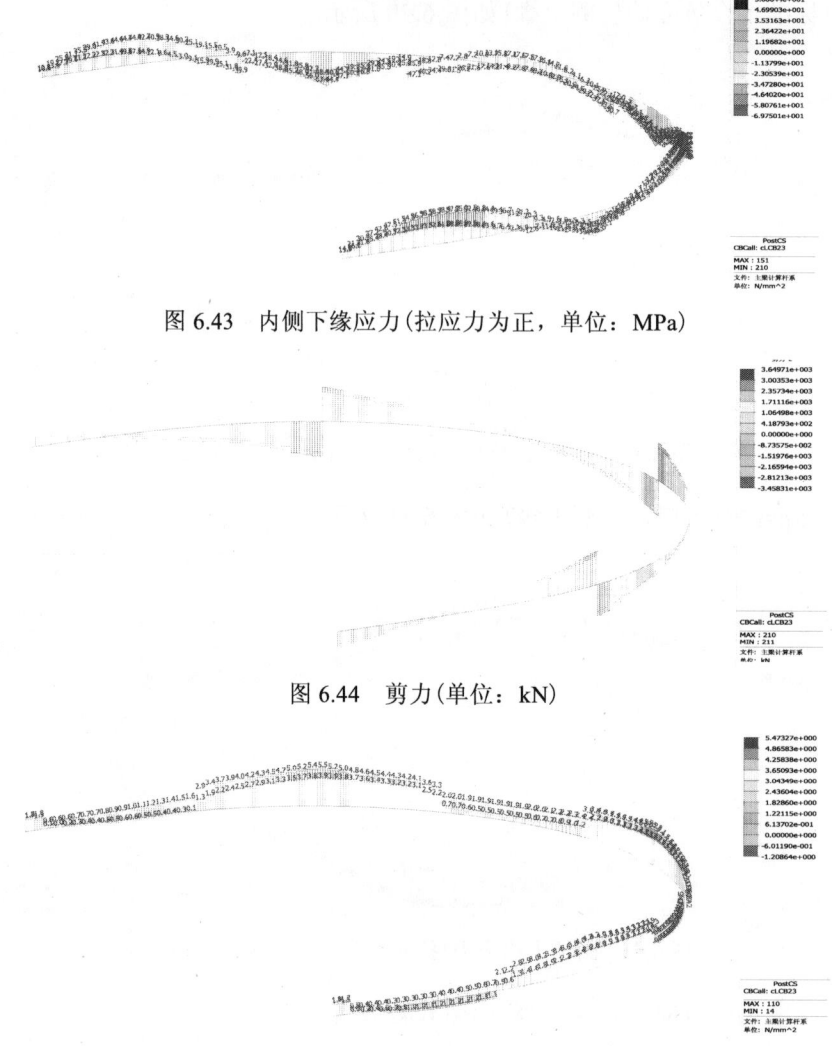

图 6.43 内侧下缘应力(拉应力为正,单位:MPa)

图 6.44 剪力(单位:kN)

图 6.45 应力(拉应力为正,单位:MPa)

表 6.10 应力及剪力情况汇总表

位 置	A3~A4 跨中	A4 支点	A4~A5 跨中	A5 支点	A5~A6 跨中	A6 支点	A6~A7 跨中
钢梁外侧上缘应力/MPa	-135.3	34.4	-103.8	67.5	-89.3	53.4	-122.2
钢梁内侧上缘应力/MPa	-132.1	36.3	-98.2	66.7	-86.5	52.2	-121.1
钢梁外侧下缘应力/MPa	58.4	-47.3	36.6	-68.9	14.7	-63.0	44.6
钢梁内侧下缘应力/MPa	58.7	-45.0	-39.3	-69.8	17.6	-64.4	44.7
钢箱梁剪力/kN		3232		3649.7		3318.7	
混凝土桥面板应力/MPa	0.7	3.2	1.6	3.9	2.0	3.3	1.3

4)结构变形验算变形

标准组合下计算结果表明,主桥最大竖向位移发生在 192 号节点(40m 跨跨中处)。竖向恒载挠度为 35mm,活载 10mm,总竖向挠度 45mm,为跨度的 1/1000~1/600,按规范设置预拱度 40mm。挠度满足要求。

6.3.4 动力分析

特征值分析结果统计如表 6.11 所示。

表 6.11 特征值分析结果统计表

模态号	频率/(cycle/s)	周期/s
1	2.02	0.49
2	2.77	0.36
3	3.05	0.33
4	4.42	0.23
5	5.08	0.20
6	5.45	0.18
7	6.88	0.15
8	7.40	0.14
9	9.19	0.11
10	11.97	0.08

第一阶振型如图 6.46 所示。

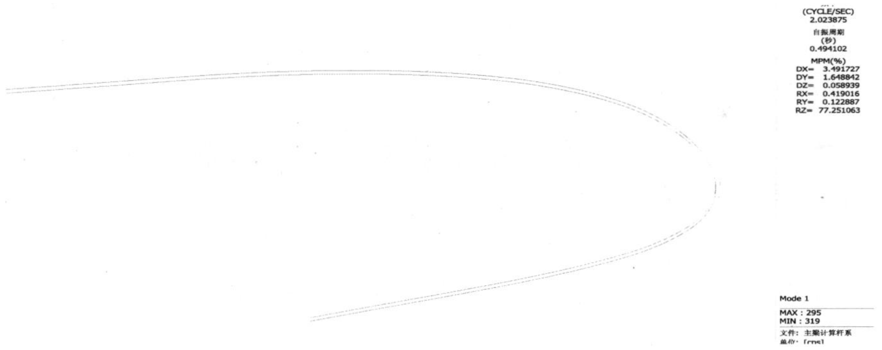

图 6.46 模态 1

第二阶振型如图 6.47 所示。

图 6.47 模态 2

第三阶振型如图 6.48 所示。

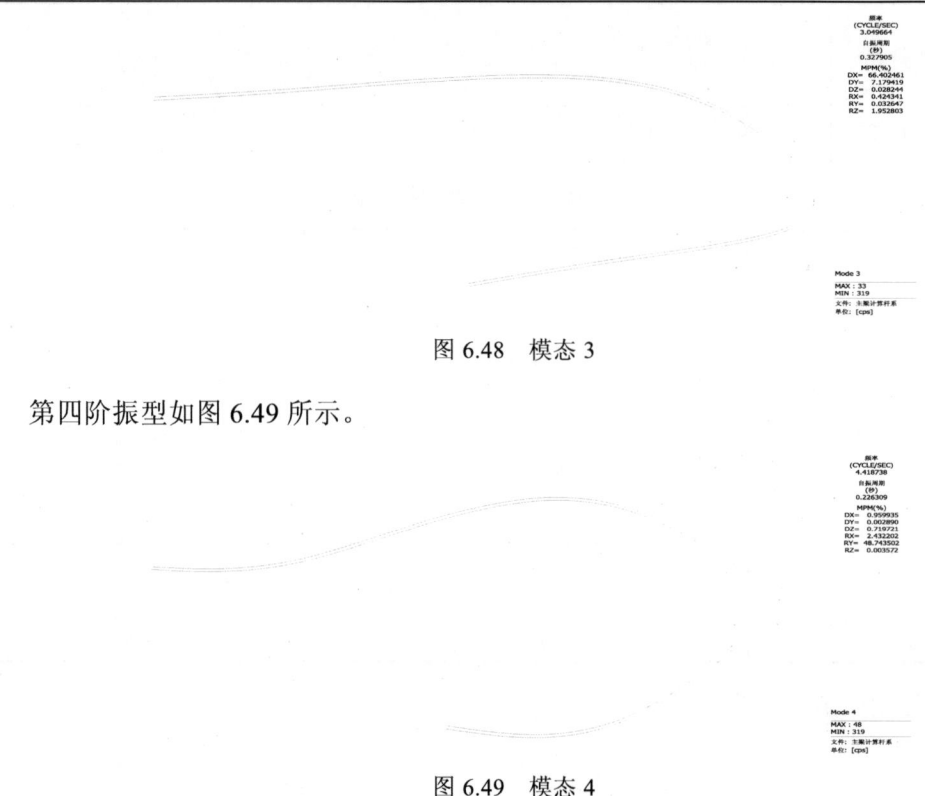

图 6.48　模态 3

第四阶振型如图 6.49 所示。

图 6.49　模态 4

6.4　支点负弯矩区拉应力问题

传统钢-混凝土组合桥解决支点负弯矩混凝土拉应力时，一般在顶板拉短束，但曲线组合桥，特别是小半径曲线，由于它的特殊性，在顶板拉短束容易产生较大的径向力，对桥梁结构产生很多不利影响。

清华大学完成的负弯矩区节段模型试验分为两个荷载工况：第一个工况为张拉桥面板预应力；第二个工况为施加支座竖向荷载，模拟车辆荷载等正常运营阶段荷载作用。第一个工况的试验主要考察预应力导入度，而第二个工况主要考察在车辆等正常运营荷载作用下的抗裂性能。试验结果表明，第二个工况下采用抗拔不抗剪连接件试件时裂缝的发展明显比采用栓钉连接件的试件要缓慢，破坏时抗拔不抗剪连接件试件的裂缝宽度也仅0.25mm，这表明在车辆等正常运营荷载作用下,抗拔不抗剪连接件同样能够发挥良好的抗裂性能。在此试验结果的基础上，综合分析单个连接件的滑移试验结果，可证明抗拔不抗剪连接件应用于非预应力组合桥，同样可以发挥良好的抗裂效果。

将抗拔不抗剪连接件埋入混凝土，同时连接件良好的抗拔性能可以将钢梁和混凝土板紧密相扣，使得钢梁和混凝土板在车辆荷载作用下始终不分离，有效地阻断了侵蚀途径。采用抗拔不抗剪连接件后混凝土桥面板的长期抗裂性能显著提高，从而更有利于结构的耐久性。采用抗拔不抗剪连接件与传统栓钉连接件相比（图 6.50、图 6.51），能够满足桥梁醚久性设计要求[9~11]。

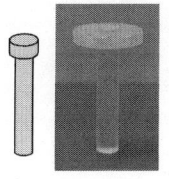
图 6.50　传统抗拔抗剪栓钉

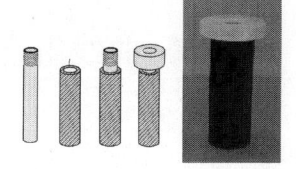
图 6.51　新型抗拔不抗剪栓钉

6.4.1　抗拔不抗剪栓钉受力机理

支点负弯矩区采用抗拔不抗剪栓钉受力机理是,防止竖向分离但不约束纵向滑移,如图 6.52 所示。

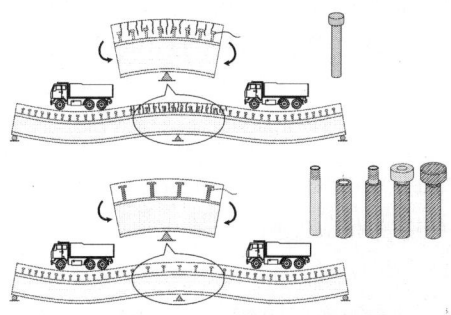

图 6.52　两种不同栓钉的受力机理示意图

6.4.2　节段试验模型研究结论

(1)开裂荷载提高 87%,极限荷载下最大裂缝宽度小于 0.25mm。

(2)抗拔不抗剪连接件纵向滑移很小,如图 6.53 所示。

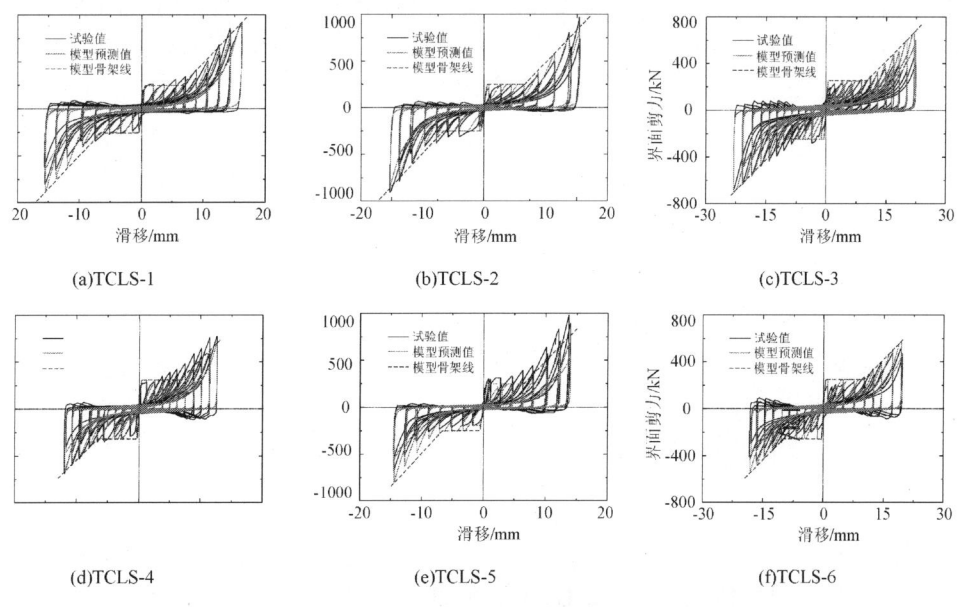

图 6.53　纵向滑移试验结果

6.5 曲线组合桥梁预应力施工方法

6.5.1 钢箱梁吊装

1. 现场准备

根据吊装位置对现进行清理平整(包括绿化迁移、路灯杆及交通设施拆除、临时道路的修建等),A、C 匝道西南位清除 10m 宽路面做吊车与运梁车通道,中间隔离带每头拆除 60m,北面桥正下方到道路上的绿化带及交通设施清除,B 匝道西南位绿化带清除一个 10m 宽的口做运梁车通过,靠桥边平整出吊车及运梁车的站位施工点,中间隔离带每头拆除 40m,北面桥边从深圳市宝馨颐养院门口平宽 10m 的运梁车通道,正下方到道路上的绿化带及交通设施清除。

2. 交通疏解

1)交通疏解原则

(1)充分做好占道前安装的准备工作。

(2)尽量利用夜间进行安装作业。

(3)合理利用施工场地,优化施工组织,精心安排,尽量缩短占道时间。

2)交通疏解方案

安装场地处于 107 国道宝安段,不能长时间封路,只能选择晚上车流量小的时候吊装。

3)临时支墩安装时交通疏解方案

(1)由于设计分段有在公路上,吊装时进行交通疏解,并做出标记,如图 6.54 所示。

(2)安装隔离带(警示栏)。

(3)在钢梁架设前方主道设限高架 4.5m,辅道设限高架 4.0m,同时要有掉头及岔道让超高车辆通行。

图 6.54 路上临时支墩立面示意图

(4)临时支墩安装。

4)钢箱梁安装时交通疏解方案

钢箱梁安装时交通疏解方案参考钢梁吊装图。

3. 吊车

1)吊车选用

(1)根据分段及现场情况,第 A、B、C、E、F、G 段钢梁采用双机台吊,第 D 段钢梁采用单机吊装,双机台吊钢梁最大重量为 102.5t,单机吊装钢梁为 58.1t。

(2) 双机吊装单台吊车的计算载荷为 102.5t÷2÷K1=64.1t(K1 为不均衡系数，取 80%，参考 JGJ 276—2012 中 3.0.17 条)。

(3) 单机吊装吊车的计算载荷为 58.1t×K2=63.91t(K2 为动载系数，取 1.1)。

(4) 查 240t 流动式汽车吊参数表得：10.0m 以内半径臂长 25.6m 起吊能力为 67.0t。

(5) 根据计算载荷所以选取 200t、160t 吊车完成本次吊装施工。

2) 吊装能力校核

根据计算荷载 P=G÷2÷K1(双机吊装 K1 按 JGJ276—2012 中 3.0.17 条取 80%)、P=G×K2(单机吊装 K2 取 1.1)对各段钢梁进行吊装选用的吊车进行校核，如表 6.12～表 6.17 所示。

表 6.12　吊车(双机)吊装钢箱梁能力校核表(A 匝道)

序号	构件编号	构件重量/t	双机吊装计算载荷/t	吊车选取				结论
				规格/t	幅度/m	臂长/m	起重能力/t	
1	A 段	102.5	64.1	200	10	18.1	66.5	满足要求
2	B 段	76.8	48.0	160	10	26.8	57.0	满足要求
3	C 段	79.0	49.4	160	10	26.8	57.0	满足要求
4	E 段	78.1	48.8	160	10	26.8	57.0	满足要求
5	F 段	87.1	54.4	160	10	26.8	57.0	满足要求
6	G 段	95.4	59.6	200	10	18.1	66.5	满足要求

表 6.13　吊车(单机)吊装钢箱梁能力校核表(A 匝道)

序号	构件编号	构件重量	计算载荷	吊车选取				结论
				规格	幅度	臂长	起重能力	
1	D 段	58.1t	63.9t	200t	10m	18.1m	66.5t	满足要求

表 6.14　吊车(单机)吊装钢箱梁能力校核表(B 匝道)

序号	构件编号	构件重量	计算载荷	吊车选取				结论
				规格	幅度	臂长	起重能力	
1	D 段	58.1t	63.9t	200t	10m	18.1m	66.5t	满足要求

表 6.15　吊车(双机)吊装钢箱梁能力校核表(B 匝道)

序号	构件编号	构件重量/t	双机吊装计算载荷/t	吊车选取				结论
				规格/t	幅度/m	臂长/m	起重能力/t	
1	A 段	95.1	59.4	200	10	18.1	66.5	满足要求
2	B 段	84.3	52.7	160	10	26.8	57.0	满足要求
3	C 段	79.7	49.8	160	10	26.8	57.0	满足要求
4	E 段	80.0	50.0	160	10	26.8	57.0	满足要求
5	F 段	83.7	52.3	160	10	26.8	57.0	满足要求
6	G 段	94.8	59.3	200	10	18.1	66.5	满足要求

表 6.16　吊车(双机)吊装钢箱梁能力校核表(C 匝道)

序号	构件编号	构件重量/t	双机吊装计算载荷/t	吊车选取				结论
				规格/t	幅度/m	臂长/m	起重能力/t	
1	A 段	95.4	59.6	200	10	18.1	66.5	满足要求
2	B 段	84.6	52.9	160	10	26.8	57.0	满足要求
3	C 段	79.0	49.4	160	10	26.8	57.0	满足要求
4	E 段	79.3	49.6	160	10	26.8	57.0	满足要求
5	F 段	76.2	47.6	160	10	26.8	57.0	满足要求
6	G 段	101.1	63.2	200	10	18.1	66.5	满足要求

表 6.17　吊车(单机)吊装钢箱梁能力校核表(C 匝道)

序号	构件编号	构件重量	计算载荷	吊车选取				结论
				规格	幅度	臂	起重能力	
1	D 段	58.1t	63.9t	200t	10m	18.1m	66.5t	满足要求

4. 吊装设施搭设

1)临时支墩设计

根据钢箱梁分段安装的要求，采用分段吊装架设方法(图 6.55)。分段形式为现场焊接连接，为确保安装顺利进行，按分段口在每个分段接头处设临时支墩(图 6.56)，起到支撑作用和调整作用。

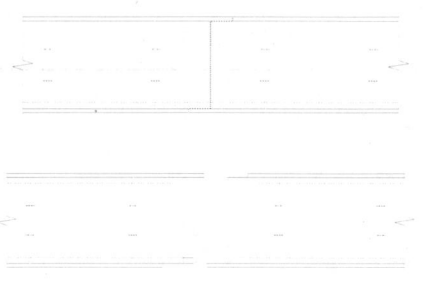

图 6.55　钢梁分段形式

图 6.56　临时支的架设

2)设计方案

基础采用条形基础，条形基础长 6.0m、宽 3.0m(公路上的支墩基础两头迎车向设 1.2m 高、3m 宽的防撞墩)。立柱采用钢管支墩，高 4.8m，为双排钢管柱，纵横梁均采用 H 型。临时支墩柱与横梁及纵横梁间焊接系为整体，横梁上放沙箱及千斤顶起调节作用。

3)临时支墩验算

最重相邻两段钢箱梁重量分别为 102.5t 和 76.8t。

桥面产生荷载：

$$2.6t/m^3 \times 11m \times 0.3m \times 24.7m = 211.9t$$

$$2.6t/m^3 \times 11m \times 0.3m \times 18.5m = 158.73t$$

每段梁设 6 支点，按最不利的情况计算，设 4 个点受力，所以支点荷载：

$$(102.5t+211.9t)/4=78.6t$$

$$(76.8t+158.73t)/4=58.9t$$

支点最大荷载：78.6t（视为恒载）。

施工荷载：7.9t（按恒荷载的0.1取施工荷载，视为活载）。

设计值：

$$P_d=P_g\times\gamma_G+P_q\times\gamma_Q=1053.8\text{kN}（沙箱压力值）$$

支座反力：

$$R_A=1053.8\text{t}（钢管柱轴心压力）$$

(1) 钢管支柱验算。

设计资料

依据规范：GB50017—2003《钢结构设计规范》。

计算方式：根据轴力验算构件。

构件参数如下：

螺旋焊钢管：Φ530.0×10.00
毛截面面积：$A=162.97\text{cm}^2$
净截面系数：0.90
净截面面积：$A_n=146.67\text{cm}^2$
钢材牌号：Q235
钢材强度折减系数：1.00
容许长细比：$[\lambda]=150.00$

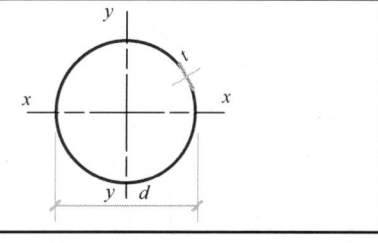

两主轴平面内约束信息如下：

	x 平面内	y 平面内
构件长度	$l=4.80\text{m}$	
计算长度系数	$u_x=1.00$	$u_y=1.00$
计算长度	$l_{0x}=4.80\text{m}$	$l_{0y}=4.80\text{m}$
回转半径	$i_x=18.35\text{cm}$	$i_y=18.35\text{cm}$

荷载参数：$N=1053.8\text{kN}$。

受力状态：轴心受压。

构件截面的最大厚度为10.00mm，根据GB50017—2003，$f=215.00\text{N/mm}^2$。

根据GB/T 700—1988及GB/T 1591—1994，$f_y=235.00\text{N/mm}^2$

$$\sigma=\frac{N}{An}=71.5\text{N/mm}^2<215\text{ N/mm}^2$$

强度满足，整体稳定。

绕 x 轴长细比：$\lambda_x=\dfrac{l_{0x}}{i_x}=\dfrac{4.80\times102}{18.35}=26.16$

绕 y 轴长细比：$\lambda_y=\dfrac{l_{0y}}{i_y}=\dfrac{4.80\times102}{18.35}=26.16$

双轴对称截面

根据 GB50017—2003，对于 x 轴，属于 b 类截面，查附录 C，得稳定系数 φ_x 为 0.950。对于 y 轴，属于 b 类截面，查附录 C，得稳定系数 φ_y 为 0.950

$$\varphi = \min(\varphi_x, \varphi_y) = 0.950$$

两个主轴方向的最大长细比为 26.16，不大于设定的长细比 150.00。

根据规范公式：

$$\frac{N}{A} = \frac{1053.8 \times 10^3}{0.950 \times 162.97 \times 10^2} = 68.1 \text{N/mm}^2 < \frac{1.00 \times f}{RE} = \frac{1.00 \times 215.00}{0.75} = 286.67 \text{N/mm}^2$$

整体稳定满足，局部稳定验算。

外径与壁厚之比为 53.0。

满足(GB50017—2003 第 67 页 5.4.5)。

(2) 立柱顶纵横梁验算。

采用 4 根 HM340×250×9×14 型钢，每条 L=12.0m，支点距 4.80m，视为简支梁。

(3) 临时支墩基础计算。

临时支墩基础为不规则的平面基础。既要满足现有道路交通又要满足钢梁架设要求(图 6.57)。

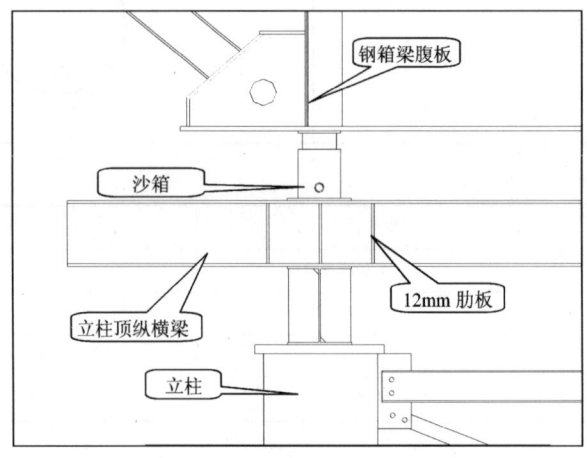

图 6.57　沙箱与横梁关系位置图

基础最大荷载计算如下：

钢梁产生荷载：(102.5t+76.8t)/2=89.65t

桥面产生荷载：2.6t/m³×11m×0.3m×43.2m(相邻两段钢梁长)/2 =185.3t

合计：274.95t

基础：尺寸 6.0m×3.0m×0.5m

$$G = 6.0\text{m} \times 3.0\text{m} \times 0.5\text{m} \times 2.3\text{t/m}^3 = 20.7\text{t}$$

$$\delta = \frac{274.95 + 20.7}{6.0 \times 3.0} = 16.425 \text{ t/m}^2$$

基础的容许承载力 164kPa 以上。

安全防护

(1) 设计方案。

钢梁吊上去之后,为了保证107国道正常通车,桥下要求做防护之后才能在桥面及悬挑部分施工。用H型钢挂于桥底上做一个连通平台(间距2m),边上装栏杆与防护网(图6.58,图6.59)。

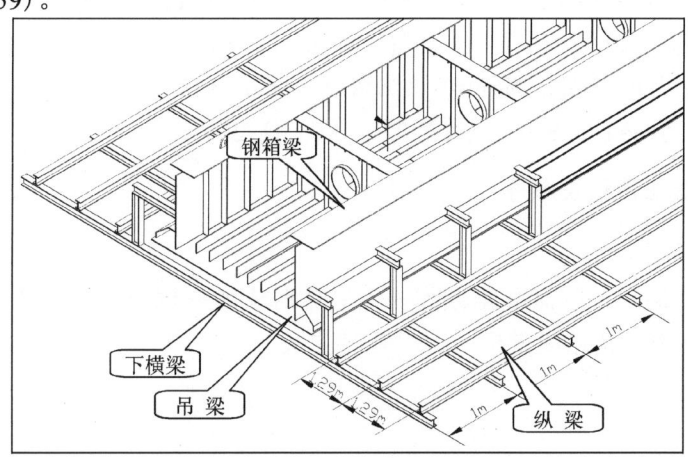

图6.58 钢箱梁施工防护棚示意图

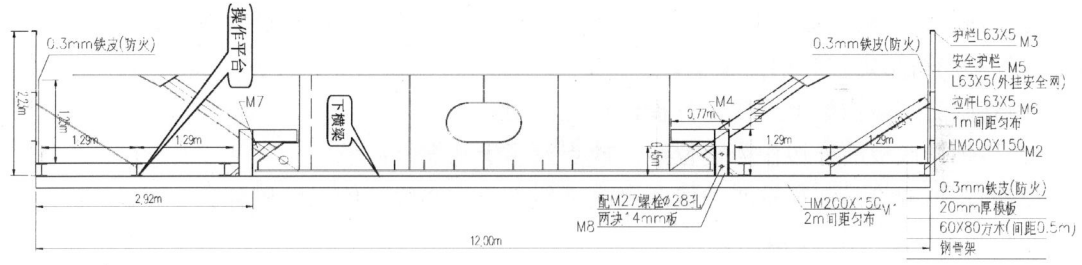

图6.59 钢箱梁安装现场施工防护及安装平台截面图

(2) 支架内力计算。

① 荷载。

施工时下两人在一跨内,一跨内活荷载按0.2t计算(下两人施工,按两人同时站在一处施工计算),恒活载按0.1t计算。

② 下横梁验算。

集中力:标准值 $P_k=P_g+P_q=1+2=3$ kN

设计值 $P_d=P_g×\gamma_G+P_q×\gamma_Q=1×1.2+2×1.4=4$ kN

截面类型:矩形管 HM194×150×6×9

I_x=2740.00cm^4 W_x=283.00cm^3 S_x=148.11cm^3

翼缘厚度 t_f=9mm,腹板厚度 t_w=6mm

支座反力 $R_A = P_d×(2×1.41+6.36)/6.36=5.77$ kN

支座反力 $R_B = P_d×(2×1.41+6.36)/6.36=5.77$ kN

最大弯矩 $M_{max} = R_A×a=8.14$ kN·m

强度及刚度验算结果：

弯曲正应力 $\sigma_{max} = M_{max}/(\gamma_x \times W_x) = 29.08 \text{ N/mm}^2$

A 处剪应力 $\tau_A = R_A \times S_x/(I_x \times t_w) = 5.51 \text{ N/mm}^2$

B 处剪应力 $\tau_B = R_B \times S_x/(I_x \times t_w) = 5.51 \text{ N/mm}^2$

最大挠度 $f_{max} = R_A \times a \times L \times L \times (3-4 \times (a/L)^2)/24 \times 1/(E \times I) = 15.59 \text{ mm}$

弯曲正应力 $\sigma_{max} = 29.08 \text{ N/mm}^2 <$ 抗弯设计值 $f(215 \text{ N/mm}^2)$

支座最大剪应力 $\tau_{max} = 5.51 \text{ N/mm}^2 <$ 抗剪设计值 $f_v(125 \text{ N/mm}^2)$

跨中挠度相对值 $v = L/588.8 <$ 挠度控制值 $[v]$ (L/250)

6.5.2 安装总体施工流程及顺序

施工流程如下：

吊装现场场地清理→临时支墩制作→安装临时支墩→钢箱梁定位线放样→钢箱梁运到桥位→吊装钢箱梁→钢箱梁定位→拆出临时支墩。

安装步骤如下：

1）测量定点

协同监理、总包、前道工序的施工单位，复核桥支墩轴线坐标及高程。

2）定位装置安装

由于钢箱梁底板为曲线形，吊装时在空间定位，所以吊装时每个段口必须装定位装置，以保证钢梁的桥形定位和钢梁偏移：

(1)在临时支墩横梁上焊接定位板，作定位用；

(2)以钢梁底板的外边作为定位线，放点投影于地面上；

(3)沙箱位置设于钢梁重心中线两侧，不能设于重心线一侧以防侧翻。

定位装置图如图 6.60 所示。

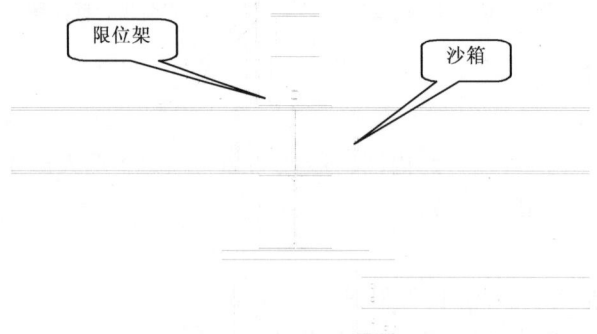

图 6.60 定位装置图

3）桥墩支座安装

(1)将桥墩上支座清理干净，放定位线。

(2)安装支座，调整支座相关技术值(标高、位置，水平度等)。

4）钢箱梁吊装

(1)吊装顺序。根据钢梁位及地理位置，安排合理的吊装顺序如下：

先 B 匝道吊装，再 A、C 匝道吊装。

B 匝道：D 段-E 段-F 段-G 段-C 段-B 段-A 段。

A 匝道：D 段-E 段-F 段-G 段-C 段-B 段-A 段。

C 匝道：D 段-E 段-F 段-G 段-C 段-B 段-A 段。

(2) 吊装过程概述。根据结构及道路情况，B 匝道与 A、C 匝道分开吊装，吊装于 23:00 以后开始。

B 匝道吊装过程如下：

① 吊装 B 匝道 D 段梁，封闭 107 国道北行(宝安方向)方向内侧一车道、南行(市区方向)方向所有车道(时间 0:00 至次日 6:00)，所有车辆疏解至北行方向主道与辅道，全过程可保证有车道通行。

② 吊装 B 匝道 E 段梁，封闭 107 国道南行(市区方向)方向所有车道(时间 1:30 至次日 6:00)，所有车辆疏解至北行方向主道与辅道，全过程可保证有车道通行。

③ 吊装 B 匝道 F 段与 G 段梁，由在公路以外吊装，封闭 107 国道南行(市区方向)方向辅道(时间 3:30 至次日 6:00)，所有主道开通，全过程可保证有车道通行。

④ 吊装 B 匝道 C 段梁，封闭 107 国道北行(宝安方向)方向所有车道(时间 0:30 至次日 6:00)，所有车辆疏解至南行方向主道与辅道，全过程可保证有车道通行。

⑤ 吊装 B 匝道 A 段与 B 段梁，封闭 107 国道南行(宝安方向)方向辅道(时间 3:30 至次日 6:00)，所有主道开通，全过程可保证有车道通行。

C 匝道吊装过程如下：

① 吊装 C 匝道 D 段梁，封闭 107 国道北行(宝安方向)方向内侧一车道、南行(市区方向)方向所有车道(时间 0:00~6:00)，所有车辆疏解至北行方向主道与辅道，全过程可保证有车道通行。

② 吊装 C 匝道 E 段梁，封闭 107 国道南行(市区方向)方向所有车道(时间 1:30 至次日 6:00)，所有车辆疏解至北行方向主道与辅道，全过程可保证有车道通行。

③ 吊装 C 匝道 F 段与 G 段梁，封闭 107 国道南行(市区方向)方向辅道(时间 3:30 至次日 6:00)，所有主道开通，全过程可保证有车道通行。

④ 吊装 C 匝道 C 段梁，封闭 107 国道北行(宝安方向)方向所有车道(时间 0:30 至次日 6:00)，所有车辆疏解至南行方向主道与辅道，全过程可保证有车道通行。

⑤ 吊装 C 匝道 A 段与 B 段梁，封闭 107 国道南行(宝安方向)方向辅道(时间 3:30 至次日 6:00)，所有主道开通，全过程可保证有车道通行。

A 匝道吊装过程如下：

① 吊装 A 匝道 D 段梁，封闭 107 国道北行(宝安方向)方向内侧一车道、南行(市区方向)方向所有车道(时间 0:00~6:00)，所有车辆疏解至北行方向主道与辅道，全过程可保证有车道通行。

② 吊装 A 匝道 C 段梁，封闭 107 国道南行(市区方向)方向所有车道(时间 1:30 至次日 6:00)，所有车辆疏解至北行方向主道与辅道，全过程可保证有车道通行。

③ 吊装 A 匝道 A 段与 B 段梁，封闭 107 国道南行(市区方向)方向辅道(时间 3:30 至次日 6:00)，所有主道开通，全过程可保证有车道通行。

④ 吊装 A 匝道 E 段梁，封闭 107 国道北行(宝安方向)方向所有车道(时间 0:30 至次日 6:00)，所有车辆疏解至南行方向主道与辅道，全过程可保证有车道通行。

⑤ 吊装 A 匝道 F 段与 G 段梁，封闭 107 国道南行(宝安方向)方向辅道(时间 3:30 至次日 6:00)，所有主道开通，全过程可保证有车道通行。

钢梁吊装现场如图 6.61 所示。

图 6.61　钢梁吊装现场

(3)吊装过程中的交通疏解根据《公路养护安全作业规程》(JTJ H30—2004)布置控制区域，如图 6.62 所示。

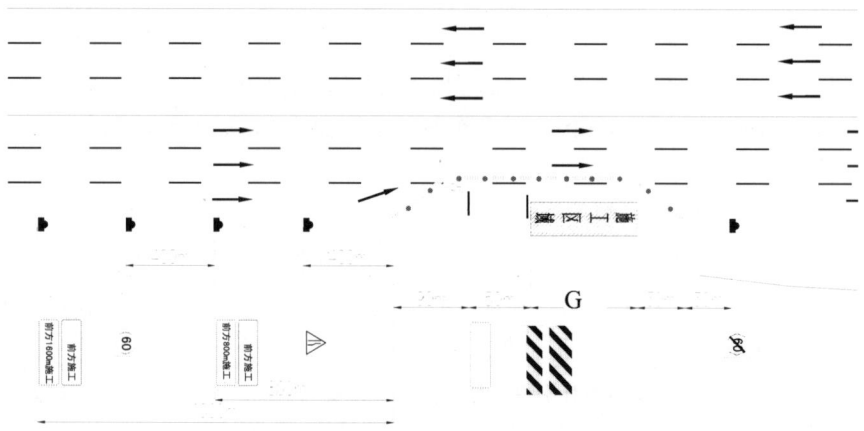

图 6.62　控制区域设置示意图

(4)吊装操作要点。

① 分段钢箱梁运输到桥位后，由吊车将钢箱梁放置到桥墩永久支点上。在吊装前，应充分考虑吊车的摆放位置。在吊装过程中，应由专人指挥，并用测量仪器同步进行校核。

② 箱梁起吊时，吊车臂转到钢梁顶上垂直起吊离地，当构件离地 200～300mm 时，应停止起吊(试吊操作)，检查受力点是否牢固，中心是否偏移，再继续起吊和下降。

③ 当箱梁垂直起吊至高出支墩位时才能转臂到就位正上方，严防磕碰临时支墩。

④ 构件起吊和下降时，严禁人员站在设备下方，构件上严禁站人及放置其他材料和设备。

⑤ 当箱梁吊至距其就位位置上方 200mm 时，使其稳定，对准螺栓孔，缓慢下落。下落过程中避免磕碰地脚螺栓丝扣，拆掉临时支墩上的垫块。

(5) 箱梁段准确就位时注意问题。

① 箱梁第一节吊装就位应以桥墩两头中线和支墩纵横中心线为基准。

② 箱梁分段准确就位应以桥墩两头中线和中轴线标记为基准，使之与钢箱梁体纵横中心线(在工厂预制过程中已经标记上)对正就位。

③ 箱梁对好之后用冲钉及螺栓与拼接板将纵肋连接好，调节箱梁。

(6) 线型控制要点。

钢箱梁的线型控制首先应在工厂内进行。吊装前，在桥墩永久支点和临时支墩上设置控制点和线，并在钢箱梁上相应地设置控制点和线。钢箱梁安装时，中线和纵向距离通过预先在支墩上设的控制点和线与钢箱梁上设置的控制点和线相对应来控制，同时用测量仪器同步进行监控。钢箱梁的标高则通过支墩上的钢砂筒、楔形块配合两台 100 吨千斤顶来调节控制。中线、纵距和梁的标高调整好后，才能进行箱梁焊接，以保证钢箱梁线型。

(7) 钢梁吊装注意事项。

① 梁吊装时，必须采用专用工具吊装，尽可能焊接吊点，避免钢梁发生扭曲变形。

② 桥节段钢梁吊装时，应根据构件重量、吊距以及施工现场实际情况等因素，用图解法确定吊车的站点、伸臂长度、起吊角度和运行压力等。

③ 梁吊装就位过程中，应信号明确。吊装时防止钢梁碰撞和在不平整场地上临时放置。

④ 在钢梁平台两侧搭设操作平台(图 6.63 和图 6.64)各 2.92m，由 HM200×150 挂于底板上。

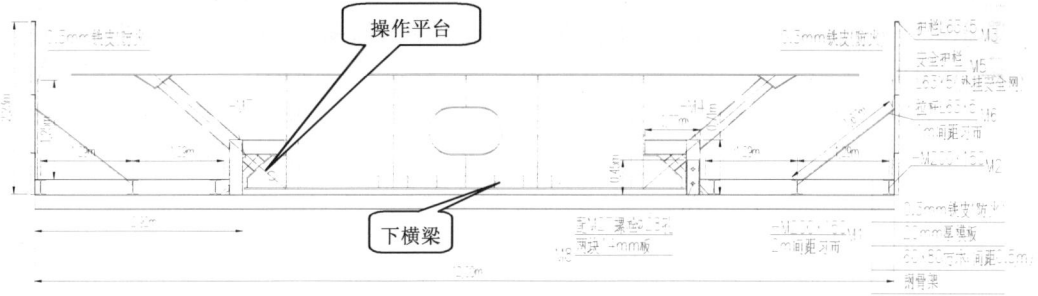

图 6.63　跨中位操作平台搭设图

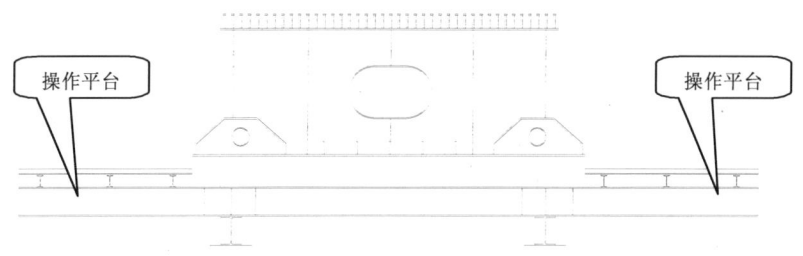

图 6.64　临时支墩位操作平台搭设图

(8) 斜撑安装。如图 6.65 所示，先用吊车将斜撑钢柱吊到上面，单根对孔就位焊接；再用吊车吊装上面板(图 6.66)，最后焊接加固。吊车采用 25t 汽车吊。

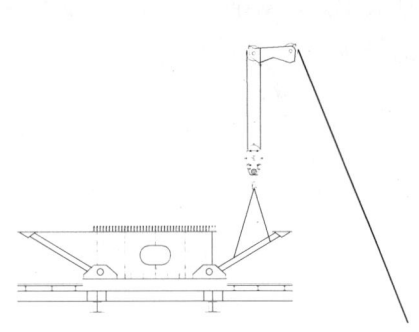
图 6.65 斜撑安装示意图

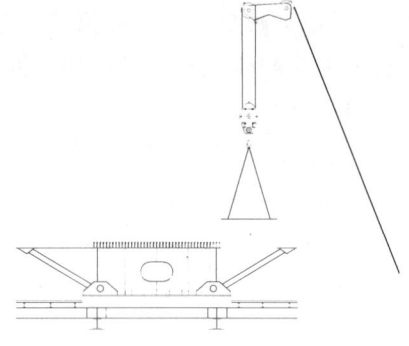
图 6.66 面板安装示意图

参 考 文 献

[1] 刘玉擎. 组合结构桥梁. 北京：人民交通出版社，2005. 94~98.

[2] 朱宏平，唐家祥. 斜拉桥动力分析三维有限单元模型. 振动工程学报，1998，12(1)：85~89.

[3] 金成棣. 预应力混凝土梁拱组合桥梁设计研究与实践. 北京：人民交通出版社，2001. 77~79.

[4] 李国强等. 连续组合梁挠度及强度计算的综合评述. 四川建筑科学研究，2004，(01).

[5] 贾远林，陈世鸣. 钢-混凝土连续组合梁强度极限状态调幅系数. 钢结构，2006，(04).

[6] 聂建国，余志武. 钢-混凝土组合梁在我国的研究及应用. 土木工程学报，1999，(02).

[7] 回国臣，吴献. 连续组合梁的弯矩调幅系数与内力重分布. 有色矿冶，2001，(05).

[8] 亓路宽等. 钢-混凝土连续组合梁负弯矩区裂缝宽度. 北京工业大学学报，2008，(07).

[9] 戴益民. 集中荷载作用下钢-混凝土预制板组合梁的受弯性能与组合效应. 四川建筑科学研究，2007，(04).

[10] 林鸳，刘金升. 钢-混凝土连续组合梁弯矩调幅系数比较研究. 江西科学，2008，(04).

[11] 李勇. 大跨度钢-混凝土组合桥梁空间理论与应用研究. 华中科技大学博士论文，2011.

第7章 压型钢板组合桥面

7.1 压型钢板与波形钢板力学特点

  桥面板亦称行车道板,是直接承受车辆轮压的承重结构。其第一个作用是桥面板作用;同时,桥面板亦是主梁的重要组成部分,即主梁上翼缘,所以,还有第二个作用是主梁作用。这两种作用同时存在,计算中均需要考虑其桥面板作用的局部应力与主梁作用的总体应力进行有效叠加。否则,设计中可能会出现应力超标。

  在构造上它通常与主梁的梁肋和横隔板整体相连,这样既能将车辆传给主梁,又能构成主梁截面的组成部分,并保证了主梁的整体作用[1]。桥面板一般用钢筋混凝土制造,对于较大宽度的桥面板,可施加横向预应力。所以桥面板具有参与主梁整体受力的主梁效应,以及局部车轮荷载作用下的桥面板效应[2]。

  现代混凝土桥梁向大跨度发展,提出了"轻质、高强、耐久"的目标。提高构件混凝土强度(标号),并施加预应力无疑是减少结构截面和降低自重的重要途径。但为了桥梁能实现应用超静定结构塑性设计的合理性,必须提高混凝土的抗开裂及抗震性能,使混凝土桥梁具有优良的延性和韧性,仅依靠上述方法是不够的,这就导致新颖高强复合材料——波形钢腹板钢纤维增强钢丝网混凝土及压型钢板混凝土的诞生[3, 4]。

  压型钢板在其自身平面内具有很大的抗剪能力,其对主体结构有加强作用,可提高结构的空间整体性,此种作用被称为压型钢板的蒙皮效应。由于压型钢板两个方向的弹性模量和泊松比有很大差别,给结构分析带来诸多不便,为了使应力蒙皮效应在工程中尽快得到应用,对压型钢板进行正交各向异性等效,并对压型钢板和等效后的正交异性板进行相同工况下的有限元分析比较。结果表明:等效后的正交异性板与真实压型板的侧移基本相同,其抗侧移能力与真实压型钢板相近,因此在结构分析时用正交各向异性板代替压型钢板是可行的[5]。

  波形钢腹板钢纤维增强钢丝网混凝土,它含有 4 种钢成分,故可用"四钢砼"总称(C.SF.F.RC)。其中 C 为波形钢腹板、SF 为钢纤维、F 为钢丝网、R 为钢筋、C 为混凝土。钢纤维乱向增强混凝土是一种以水泥为基体的高强的复合材料,钢纤维在混凝土中的掺量在 1.5%~2%时,SFRC 与普通混凝土相比较其韧性达 10~20 倍,延性在 2 倍以上,抗裂指标为 7 倍[6]。钢丝网混凝土(ferro concrete)是一种网状纤维增强的细粒砼。它的特点是在 X、Y 两个方向工作,有效率达到 100%,这样克服了钢纤维的增强作用与其分布的方向有关,其工作效率仅为 40%~70%的缺点[7~10]。

  利用波形钢腹板作为底模,参与结构受力,可实现无支架桥面板施工,同时可解决支座附近普遍出现斜裂缝的问题[11~13]。波形钢腹板钢纤维增强钢丝网混凝土构件在弯曲破坏时,具有充分变形的能力,呈类似于钢结构的塑性变形性能,是一种建造桥梁的好材料。

波形钢腹板钢纤维增强钢丝网混凝土及压型钢板混凝土的桥面既满足了主梁整体受力的主梁效应，又满足局部车轮荷载作用下的桥面板效应，解决了钢结构桥面一直存在的钢结构疲劳问题，避免了大范围的钢结构焊接，节省了工期[14]。

7.2 压型钢板组合桥面抗裂问题

与传统的有限元方法比较，不同之处在于 F2LFEM 方法将裂纹结构的区域用人工边界 Γ 划分为两部分 D 和 Ω。区域 D 是围绕产生应力奇异性的裂纹尖端邻域，在区域 D 内采用分形有限元(或称相似有限元)求解[15]。除 D 以外的区域为 Ω，在区域 Ω 内，采用传统有限元方法求解。由于在 D 内建立起相似单元和相似层，将得到每一层的刚度相等的结果，在采用了 William's 一般解作为分形有限元法的插值函数后，求解无限多自由度问题转换为有限个广义系数的确定，同时，在理论上，可以在裂尖构造无限小的单元。将分形有限元与传统有限元结合在一起进行求解，极大地简化了计算，并且精度得到了显著的提高[16]。

二级分形有限元法已成功地应用于各向同性介质结构的应力强度因子的计算。本节将这一方法推广应用于正交各向异性材料，首先引入参数 $β=(μ_x/μ_y)\sim(1/2)$，利用坐标变换，将正交各向异性板反平面裂纹问题的基本问题转换为各向同性的形式进行求解，然后经过反变换求得问题的一般解[17~20]。应用这一比拟方法，分别求导了含有边缘裂纹和内部裂纹的正交各向异性板Ⅲ型裂纹问题的 William's 一般解，将导出的 William's 一般解作为分形有限元的整体插值函数，应用 F2LFEM 分别求解了正交各向异性板含单边裂纹、对称双边裂纹、中心裂纹以及内部裂纹情形下的Ⅲ型应力强度因子，将本节的结果退化为各向同性情形后与理论解比较，结果表明本方法是非常有效和精确的[21~25]。

7.3 正交各向异性板疲劳应力问题

钢桥面板作为主梁的上翼缘，同时又直接承受车辆的轮载作用。如上所述，钢桥面板是由面板、纵肋和横肋 3 种薄板件焊接而成，在焊缝交叉处设弧形缺口，其构造细节很复杂。当车辆通过时，轮载在各部件上产生的应力，以及在各部件交叉处产生的局部应力和变形也非常复杂，所以钢桥面板的疲劳问题是设计考虑的重点之一[26~28]。自 1966 年英国 Severn 桥(悬索桥)采用扁平钢箱梁以来，钢桥面板陆续出现许多疲劳裂纹，主要产生的部位有纵肋与面板之间的肋角焊缝、纵横肋交叉的弧形缺口处，U 形肋钢衬垫板对接焊缝处等，其中梁段之间钢桥面板工地接头是抗疲劳最薄弱的部位。

由于钢桥面板不可能更换，产生裂纹后修补又比较困难，近 50 年来，通过一系列的试验研究和有限元分析，以及实钢桥面板工地接头构造改进措施经验总结，对钢桥面板构造细节的设计和焊接进行了不断的改进，使得钢桥面板产生裂纹的概率大大减少。如钢桥面板工地接头构造，过去采用的纵向肋焊接对接和高强度螺栓对接，改进后面板对接采用陶瓷衬垫单面焊双面成型工艺，U 形肋采用高强度螺栓对接拼接[29, 30]。改进后的构造细节既克服了工地接头纵向 U 形肋嵌补段的仰焊对接，从而改善了疲劳性能，又避免了面板栓接拼接对桥面铺装层的不利影响[31]。这种构造细节在1999年建成的日本来岛大桥、明石海峡大桥(悬索桥)和多多罗大桥(斜拉桥)中得到应用[32~35]。

7.4 施工阶段压型钢板强度和变形验算

压型钢板的正截面抗弯承载力应满足以下要求：

$$M \leqslant fW_s$$

式中，M 为弯矩设计值；f 为压型钢板抗压强度设计值；W_s 为压型钢板截面低抗矩。

$$W_{sc} = I_s / X_c \text{（受压区）取小值}$$

$$W_{st} = I_s / (h_a - X_c) \text{（受拉区）取小值}$$

式中，I_s 为单位宽度压型钢板对截面重心轴的惯性矩；X_c 为压型钢板从受压翼缘外边缘到中和轴的距离；h_a 为压型钢板总高度。

压型钢板在施工阶段，还应进行正常使用极限状态的挠度验算，图 7.1 为压型钢板受压翼缘计算宽度。当作用有均布荷载时：

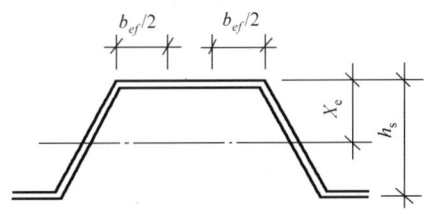

图 7.1 压型钢板受压翼缘计算宽度

简支板：$w_s = \dfrac{5}{384} \dfrac{S_s L^4}{EI_s} \leqslant [w]$

两跨连续板：$w_s = \dfrac{1}{185} \dfrac{S_s L^4}{EI_s} \leqslant [w]$

式中，S_s 为荷载短期效应组合的设计值；E 为压型钢板弹性模量；I_s 为单位宽度压型钢板的全截面惯性矩；$[w]$ 为容许挠度，取 L/180 及 20mm 中的较小值；L 为压型钢板跨度。

7.5 压型钢板端部与钢梁的连接方式

1) 增强黏结的措施

压型钢板端部与钢梁的连接如图 7.2 所示。

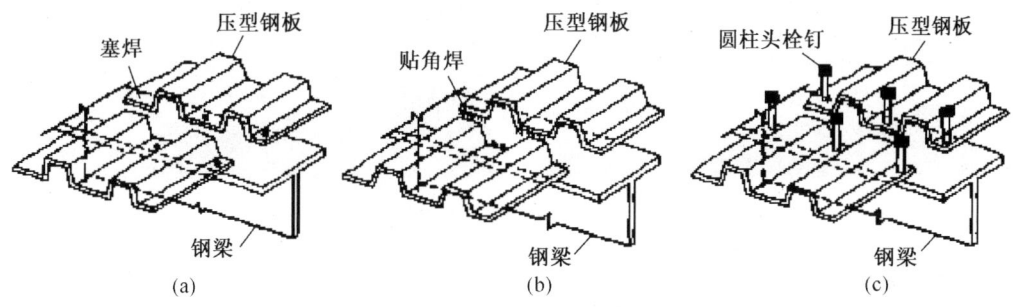

图 7.2 压型钢板端部与钢梁的连接

2)压型钢板侧边连接

① 焊接,② 搭接。压型钢板连接如图 7.3 所示。

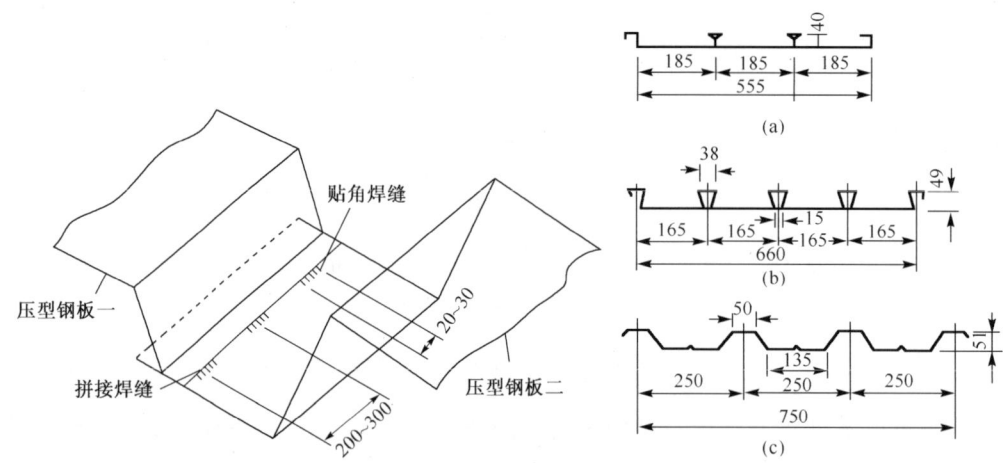

图 7.3 压型钢板连接

3)压型钢板的选用

压型钢板有开口型、缩口型和闭口型。开口型加工、运输方便。闭口和缩口与混凝土握裹力更强;截面重心低,内力臂大;抗火性能好;吊顶方便。

7.6 工程应用

7.6.1 国道 107 深圳兴围、黄田桥连接线工程

该工程(图 7.4)A9、C12 桥台后顺接压型钢板组合梁,A 匝道纵向长度为 132.9m,C 匝道纵向长度为 112.9m。钢纵梁宽为 0.9m,高 0.7m。结构为压型钢板组合梁;下部采用直径 1.2m 桩基础。压型钢板组合梁采用现场吊装施工,顶板混凝土现浇。

图 7.4 国道 107 深圳兴围、黄田桥连接线工程

1. 设计要点

上部结构为压型钢板组合梁,跨径布置为(9×10+7.3+12.7)m。桥面全宽 9.0m,主梁采用两条箱型钢纵梁,宽为 0.9m,高 0.7m,每 5m 设置一道工字钢横梁,宽为 0.9m,高 0.6m。

由于顺接道路部位条件特殊,在顺接道路位置设置42m混凝土盖梁,盖梁上架设钢纵梁,通过混凝土盖梁与自然土隔离,增强钢纵梁使用耐久性。

桥梁上部结构钢纵梁及横梁钢材采用Q345C级钢,钢纵梁及横梁顶面设置抗剪焊钉。压型钢板端部与钢梁的连接方式采用栓钉穿透焊。钢纵梁分9段吊装,吊装分段位置为1/4跨处,分段处纵向采用顶底钢板错位割断,错位长度为0.5m,待钢纵梁调整到合拢位置后,错位焊接,保证焊缝达一级焊缝,并要求所有一、二级焊缝都应严格进行检查,并作记录。一级焊缝进行X光探伤并拍片,钢梁制作时所有钢板均应刨边洗净。

该工程将压型钢板边缘与混凝土通过焊钉构造及焊接措施组合成整体而共同工作成为受力构件。

2. 与普通钢筋混凝土相比,压型钢板-正交异型组合梁具有的优点

(1)压型钢板轻便,运输、存储、堆放和卸载都极为方便,易于铺设,安装时间短,节省劳动力。

(2)压型钢板可作为混凝土的受拉加强部分,用以抵抗桥板面荷载产生的板底拉力,与混凝土共同抵抗剪力,除了在适当部位要设置钢筋减轻混凝土收缩以及温度变化的影响外,不必再另设钢筋。

(3)压型钢板作为其永久性的模板,不再需要安装、拆模,方便施工。

(4)由于压型钢板本身具有相当的承载力,允许本层浇灌的混凝土尚未达到设定强度值前就可以继续进行上层混凝土防水层的铺设,使施工进度加快。

3. 施工方法

压型钢板组合梁在国内作为一种新型的桥梁结构(图7.5,图7.6),施工方面的经验并不丰富。为保证桥梁能顺利实施,设计时必须对桥梁施工方法进行深入研究。经过现场实地勘察,考虑施工场地周边交通情况及钢纵梁运输等问题,最终确定了钢纵梁吊装方案。

施工主要由以下几步完成:

(1)桩基、盖梁等下部构造施工,安装支座,预留滑板支座锚栓孔。

(2)标高复测。

(3)钢纵梁由钢梁加工单位运送至施工现场,存于运梁车上。

(4)组织周边交通疏散,吊梁机就位,检查钢梁吊耳、吊梁钢丝绳等。

(5)将钢纵梁逐跨进行吊装,吊装完成后,分缝处进行错位焊接。

图7.5 压型钢板-正交异型组合梁

图7.6 压型钢板铺设图

(6) 焊接完成后，对钢纵梁进行标高复核，达到设计标高。
(7) 现场人工焊接横向工字钢梁及竖向加劲肋。
(8) 铺设压型钢板，端部与钢梁的连接方式采用栓钉穿透焊。
(9) 浇筑顶板混凝土。
(10) 铺设沥青路面，安装防撞墙等桥面铺装。

压型钢板组合梁施工优点主要在于施工工期短，上下部构造可同时施工，上部结构钢纵梁制作由钢梁加工工厂统一标准制作，雨季不受影响，工作效率高，质量易于保障。桥面板施工采用压型钢板作为底模，避免了本工程在明渠水上作业的难题，避免了施工支架，浇筑混凝土安全方便，节省人力。

7.6.2 洞庭湖某大桥工程

1. 概述

洞庭湖某大桥位于洞庭湖入长江交汇口处，东起岳阳，西接君山，大桥建设条件复杂，建设规模宏大，是杭州至瑞丽国家高速湖南省临湘(湘鄂界)至岳阳公路的控制性工程。杭州至瑞丽国家高速公路是国家高速公路网中的第 12 条横线，也是横贯我国东、中、西部地区的重要运输通道。临岳高速是杭瑞高速中部的重要一段，也是湖南省连接鄂、赣及长三角的重要通道，其建设对于杭瑞高速全线拉通具有重要意义。

洞庭湖某大桥桥位地处洞庭湖区，气候条件复杂，大桥要攻克大跨径钢桁加劲梁悬索桥板桁结合型加劲梁设计、制造与安装技术、抗风问题、新型主缆防护体系以及大型葫芦型地连墙锚碇基础等多项技术难关，有多个领域尚无实践经验可借鉴，现有技术难以满足工程建设需要，必须依靠科技攻关才能顺利建成洞庭湖某大桥，项目技术的研究是洞庭湖某大桥建设的迫切需要，也是大跨径钢桁加劲梁悬索桥建设的需要[36~41]。

2. 设计要点

洞庭湖某大桥(图 7.7)采用 1480m+453.6m 双塔双跨钢桁梁悬索桥，双向 6 车道，桥面宽 33.5m。锚碇基础采用"葫芦"形地下连续墙基础，地连墙壁厚 1.2m，由两个不相等半径的圆弧组成，小圆半径 28m，大圆半径 32 m，顺桥向全长 98m，横桥向最大宽度处 64m。索塔采用双柱式门式框架结构，由桩基、承台、塔座、塔柱和横梁组成，索塔承台以上高分别为 206.763m、214.763m。上部结构采用板桁结合式加劲梁，标准桁高为 9m，标准节间长为 16.8m(图 7.8)；主缆计算跨径(460+1480＋491)m，矢跨比为 1/10，主缆中心距 35.4m。主缆共 2 根，单根主缆长度 2655.623m，中跨及岳阳岸边跨由 175 束索股组成，君山岸边跨由 181 束索股组成；单束预制平行钢丝索股由 127 根 $\phi5.35$mm 平行镀锌钢丝组成，钢丝抗拉强度 1860MPa；吊索采用骑跨式吊索的结构方案，吊索标准间距 16.8m；吊索下端与加劲梁为承压连接，除君山岸边跨端吊索单个吊点设 3 根吊索外，其余各吊点每处设 2 根吊索。

桥梁结构(图 7.9)采用正交异性板桁结合型加劲梁结构，正交异性板为四钢(钢板、钢筋、金属网、钢纤维-活性粉末砼)混凝土桥面板，关键部位进行精细有限元分析，对 U 肋和横梁、横肋相交处、桁架节点等关键部位，考虑构造细节建立有限元模型，进行精细的有限元分析，研究这些部位在汽车局部轮载和整体变形作用下的应力大小、分布规律。

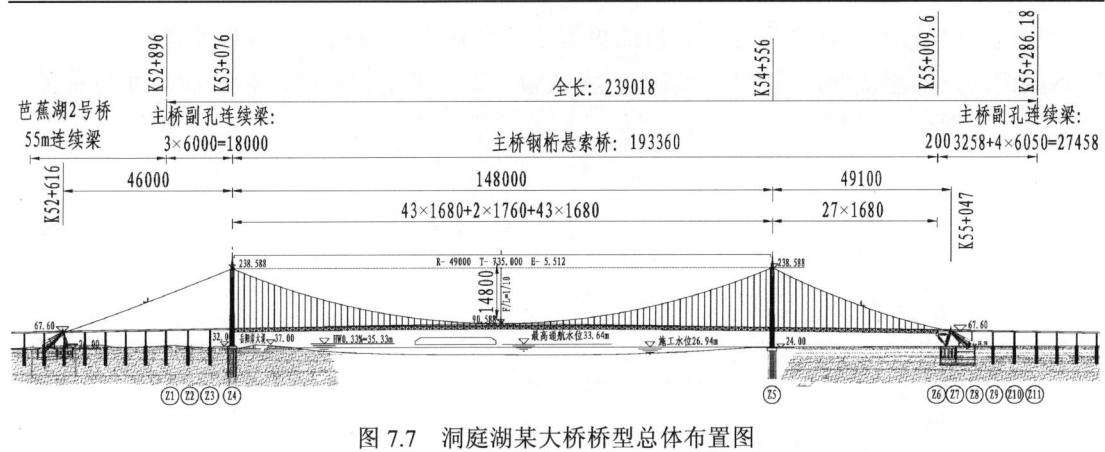

图 7.7 洞庭湖某大桥桥型总体布置图

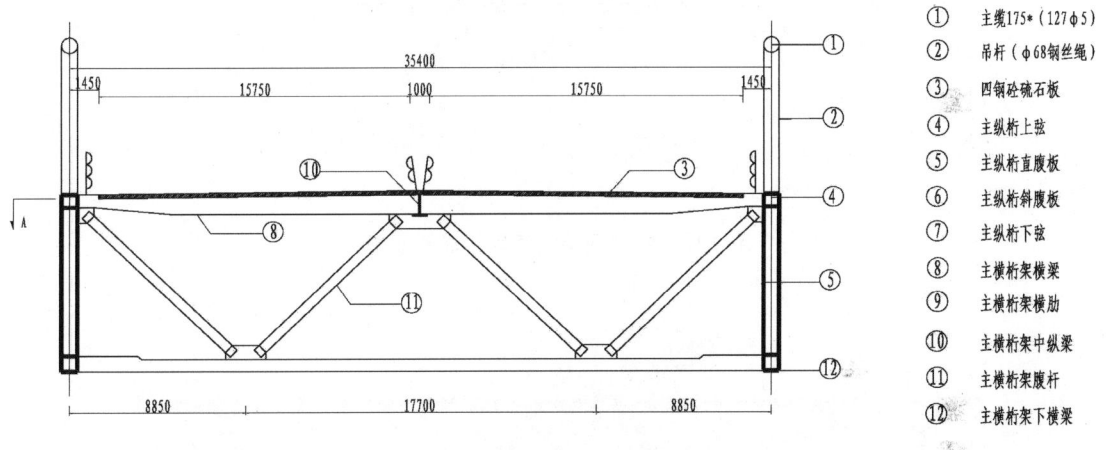

图 7.8 洞庭湖某大桥横断面图

(1) U 肋尺寸与布置对板桁结合型加劲梁桥面板受力状态的影响。针对不同的车辆轮压大小、宽度,需研究不同 U 肋尺寸、间距等对板桁结合型加劲梁桥面板受力状态的影响。

(2) U 肋板厚与钢桥面板厚的匹配。针对不同的 U 肋板厚和钢桥面板厚的搭配,需对板桁进行疲劳计算。

(3) U 肋与横梁、横肋交接处腹板开孔形式对板桁结合型加劲梁桥面板受力状态的影响。针对不同的开孔形式、开孔大小,需研究其对板桁结合型加劲梁桥面板受力状态的影响。

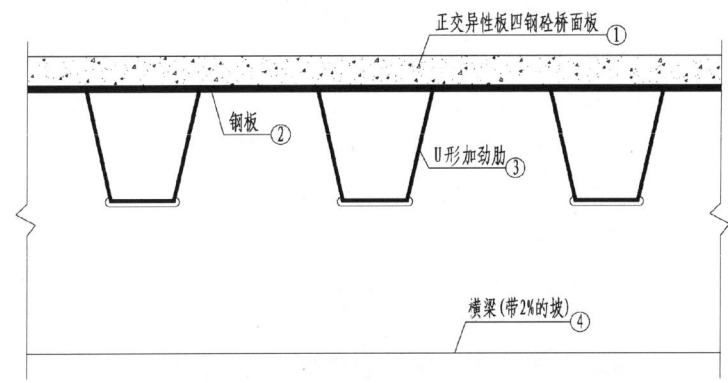

图 7.9 正交异性板桥面板示意图

(4)正交异性板桁结合型加劲梁桥面板细节疲劳研究。根据理论分析结果,设计、制作各关键部位模型试件,进行疲劳试验,将试验结果与理论值对比,对 U 肋尺寸与布置、U 肋板厚和钢桥面板厚匹配、不同腹板开孔形式、U 肋连接方式、局部应力集中、受力方向、残余应力、焊接工艺等对正交异性板桁结合型加劲梁桥面板疲劳性能的影响进行研究。

桥面板的疲劳研究是主要控制因素之一,提出一种新的设计方案——压型钢板-正交异型板组合桥面,如图 7.10 和图 7.11 所示。

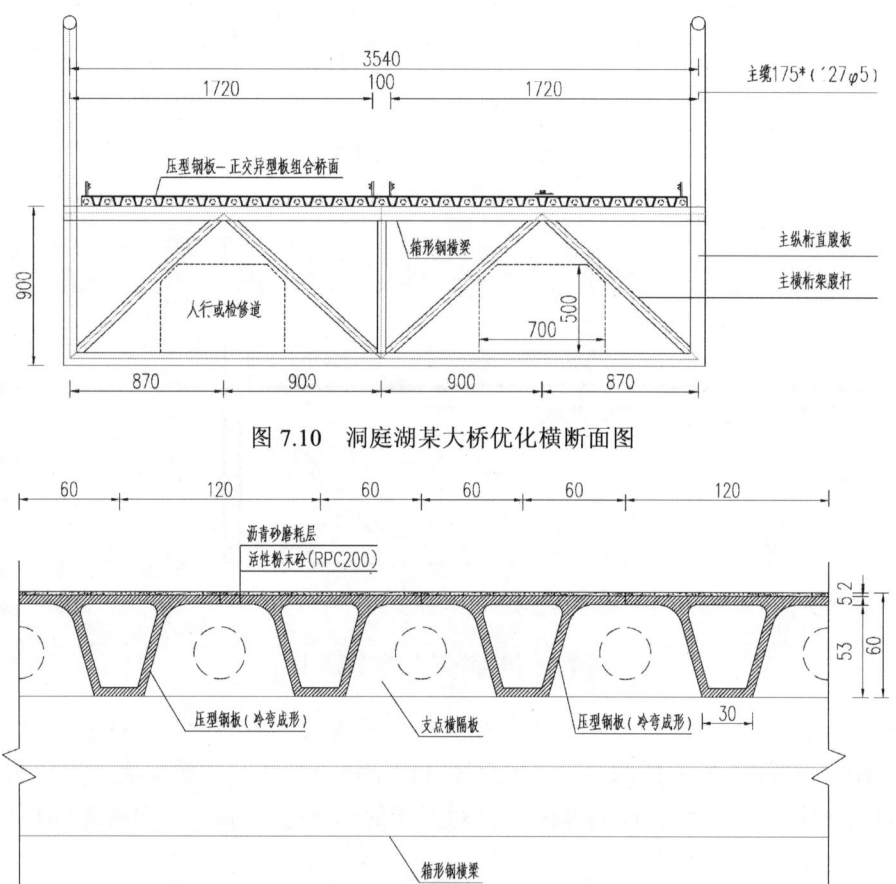

图 7.10 洞庭湖某大桥优化横断面图

图 7.11 压型钢板-正交异型板组合桥面

3. 与常规钢桥正交异性板桥面相比,压型钢板组合桥面的优点

(1)正交异性板有焊接疲劳和抗弯刚度不足的缺陷,不能满足板桁结构的要求,特别是 U 形肋与上横梁的焊缝质量难以达到疲劳设计要求;压型钢板-正交异型板组合桥面是钢-混凝土组合结构,组合结构的使用耐久性及抗疲劳性能明显优于钢结构。压型钢板为工厂冷弯成形,规避了钢结构节点及转点的疲劳问题。

(2)对于大跨度悬索桥,桥面自身恒载重量为设计的一个重要控制因素。压型钢板组合桥面合理利用截面空间,减轻自重,单位面积自重为 3.4kN,正交异性板桥面板单位面积自重为 3.84kN。

(3)将主桁桁架腹杆相接头设置于主桁顶面横梁,可缩短横向跨径,有利于主梁受力。

吊杆吊点设计可避免主桁腹杆与桁架腹杆节点相接引起的复杂构造，有利于主桁腹杆明确受力；主桁断面中可根据需要预留人行通道及检修道。

（4）主缆吊点间距为 8.4m，正交异性板桥面横梁之间设置了 2 根小型横梁，用于铺设桥面板。采用压型钢板-正交异型板组合纵向桥面，梁高 0.6m，矢跨比为 1/14，可实现整孔吊装，减少钢材用量。

（5）压型钢板作为其永久性的模板，亦为混凝土的受拉加强部分，用以抵抗桥板面荷载产生的板底拉力，与混凝土共同抵抗剪力。

参 考 文 献

[1] 刘玉擎. 组合结构桥梁. 北京：人民交通出版社，2005. 94～98.

[2] 朱宏平，唐家祥. 斜拉桥动力分析三维有限单元模型. 振动工程学报，1998，12(1)：85～89.

[3] 金成棣. 预应力混凝土梁拱组合桥梁——设计研究与实践. 北京：人民交通出版社，2001. 77～79.

[4] 李勇，李敏，史鸣等. 悬臂钢桁-波形钢腹板组合桥梁设计与研究. 建筑结构学报，2013，34. SUP1：39～44.

[5] 周起敬等. 钢-混凝土组合结构设计施工手册. 北京：建筑工业出版社，1991. 24～31.

[6] 聂建国. 钢-混凝土组合结构原理与实例. 北京：科学出版社，2009. 423～427.

[7] 李勇，方秦汉，张建东等. 双层面钢桁腹 PC 组合桥梁设计与建造方法. 建筑结构学报，2013，34. SUP1：33～38.

[8] 徐君兰. 大跨度桥梁施工控制. 北京：人民交通出版社，2000. 22～25.

[9] 林同炎，NEDH. BURNS. 预应力混凝土结构设计. 北京：中国铁道出版社，1983. 55～58.

[10] 陈肇元，赵国藩. 混凝土结构耐久性设计与施工指南. 北京：中国建筑工业出版社，2004. 33～34.

[11] 陈宝春，孙潮，陈友杰. 桥梁转体施工方法在我国的应用与发展. 公路交通科技，2001，(2)：24～28.

[12] 张联燕，程懋方，谭邦明等. 桥梁转体施工. 北京：人民交通出版社，2002. 121～126.

[13] 黄卿维，陈宝春. 日本前谷桥的设计与施工. 福建建筑，2005，(1)：58～62.

[14] Zou Y S，Shan R X. The Determination of Jacking Force for Closure of Continuous Rigid Frame Bridge. Journal of Chongqing Jiaotong Instiue，2006，(2)：12～15.

[15] Li Y L，Zhou W. Calculation Methods and Meshanical Behavior Analysis of Jacking Force for Closure of Continuous Rigid-Frame Bridge. Technology & Economy in Areas of Communications，2007，(5)：6～8.

[16] Wen W S. Construction Control of Continuous Rigid Frame Structure of Auxiliary Bridge of Sutong-Bridge. Construction，2008，(4)：65～69.

[17] 肖海珠，刘承虞，易伦雄. 南京大胜关长江大桥铁路钢桥面设计与研究. 桥梁建设，2009，(4)：9～12.

[18] 潘东发，李军堂. 南京大胜关长江大桥钢梁安装方案研究. 桥梁建设，2007，(3)：5～8.

[19] 门智杰. 广州市内环路钢梁吊装施工技术. 桥隧机械 & 施工技术，2010，(5)：64～66.

[20] 马涛. 天兴洲长江大桥墩顶 4 节间钢桁梁安装方案. 山西建筑，2010，(1)：317～318.

[21] 邓新安. 重庆朝天门长江大桥建造中的技术创新. 中国港湾建设，2008，(5)：1～4.

[22] Chen M，Luo C B，Wu Q H. Assistant Pullback Technique for Main Span Closure of Sutong Bridge. Engineering Sciences，2009，(11)：75～80.

[23] Zhu B，Si A G，Xhang Y R. Design of Temporary Anchorage Between Pylon and Girder for Sutong

Bridge，2009，(7)：184～186.

[24] Johnson R，DesRohes R，Saiidi M，et al. Large Scale Testing of Nitinol Shape Memory Alloy Devices for Retrofitting of Bridges. Smart Materials and Structures，2008，(17)：1～10.

[25] 王永衍. 我国桥梁建设的成就、现状和存在的问题. 公路，2004，(12)：155～157.

[26] Choo C C，Zhao T，Harik I. Flexural Retrofit of a Bridge Subjected to Overweight Trucks Using CFRP Laminates. Composites Part B：Engineering，2007，38(5～6)：732～738.

[27] Je-Keun Oh，Giho Jang，Semin Oh，et al. Bridge Inspection Robot System with Machine Vision. Automation in Construction，2009，18(7)：929～941.

[28] 聂建国，陶慕轩. 预应力钢-混凝土连续组合梁的变形分析. 预应力技术，2009，(4)：43～46.

[29] Tan K H，Yuan W F. Buckling of elastically restrained steel columns under longitudinal non-uniform temperature distribution. Journal of Constructional Steel Research，2008，64(1)：51～61.

[30] 李准华，刘针. 大跨度预应力混凝土桥梁预应力损失及敏感性分析. 世界桥梁，2009，(1)：36～39.

[31] 周燕勤，吕志涛. 预应力长期损失计算建议. 东南大学学报，1997，27(S1)：76～80.

[32] 朱罙. 预应力高性能混凝土桥的预应力损失比较. 世界桥梁，2010，(1)：23～27.

[33] 王林，项贻强，汪劲丰. 各国规范关于混凝土箱桥梁温度应力计算的分析与比较. 公路，2004，(6)：76～79.

[34] 杨佐，赵勇，苏小卒. 国内外规范的混凝土桥梁截面竖向温度梯度模式比较. 结构工程师，2010，(1)：37～43.

[35] 张联燕，李泽生，程懋方等. 钢管混凝土空间桁架组合梁式结构. 北京：人民交通出版社，2000.

[36] 李勇等. 深圳彩虹大桥设计与研究. 土木工程学报，2002，35(5)：52～56.

[37] Li Y， et al. Study on prestressed transfer efficiency and moment amplitude modulation of steel-concrete composite bridge. Journal of Harbin Institute of Technology，2011，43. SUP2：357～361.

[38] 李勇等. 钢-混凝土组合桥梁设计与应用. 北京：科学出版社，2002.

[39] 聂建国等. 钢-混凝土组合梁刚度的研究. 清华大学学报，1988，(38)：38～41.

[40] 聂建国. 钢-混组合结构梁结构——试验、理论与应用. 北京：科学出版社，2012.

[41] 李勇，郭帅. 钢-混凝土组合梁体系转换新技术. 华中科技大学学报(城市科学版)，2003，20(2)：36～38.

第 8 章 曲线组合结构斜拉桥

8.1 组合斜拉桥概况

8.1.1 斜拉桥的发展历史

斜拉桥历史不算悠久,但在 200 多年前已有雏形。1784 年,德国人勒舍尔(C.J Löscher)在弗赖堡(Freiburg)建造了一座木桥,是早期斜拉桥的雏形。1821 年,法国建筑师帕叶特(Poyet)描述了斜拉桥结构:用锻铁拉杆将梁吊到相当高的桥塔上,拉杆按扇形布置,锚固于桥塔顶部。这一描述只给出结构外形和构件组成,缺少对其力学性能的阐述。

1824 年,德国尼恩堡(Nienburg)的萨勒河(Saale River)上建造了一座跨径为 78m 的斜拉桥(图 8.1)。木制桥面,主梁由斜向锻铁拉杆支承。但建成次年就在行人通过时倒塌,斜拉桥因其结构性能未被有效开发,沉睡了 100 多年。

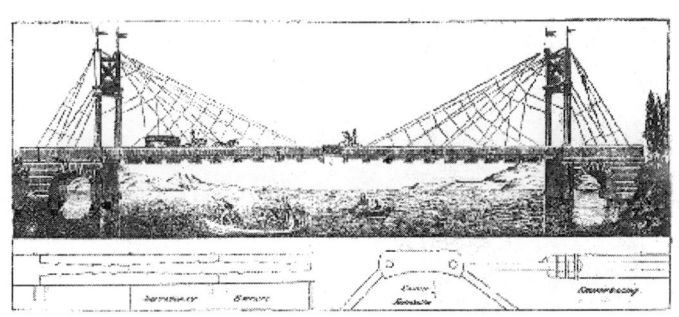

图 8.1 萨勒河上的斜拉桥

直到 1938 年,德国工程师迪辛格尔(F.Dischinger)在研究一座双线铁路悬索桥时,发现在高应力状态下增用高强钢索作为斜缆,可以显著提高桥梁的刚度。1955 年,他设计并建成的瑞典斯特姆斯(Stromsund)钢斜拉桥,在现代斜拉桥历史上写下了第一页,从此开始了现代斜拉桥的发展历史[1]。

第一座现代预应力混凝土斜拉桥是意大利人摩兰第(Morandi)设计的,于 1962 年建成的委内瑞拉马拉开波湖(Maracaibo)大桥(图 8.2)。这种体系被称为"摩兰第体系"(现在一般称疏索体系),属第一代斜拉桥,此后的一段时期大多采用这种体系。其优点是结构形式简洁,受力明确,分析容易,斜拉索集中易养护;缺点是由于索距太大,主梁必须很高,导致主梁很重,配筋较多[2]。

自 1955 年世界第一座斜拉桥问世以来,斜拉桥的发展,方兴未艾,具有强烈的势头,并开始出现多跨斜拉桥。

从 20 世纪 70 年代开始,90 年代迅速发展,不到半个世纪,斜拉桥已经在世界范围内迅速普及。结构分析的进步、高强材料和施工方法以及防腐技术的发展，对于大跨径斜拉桥的发展起到了关键性的作用。

图 8.2　委内瑞拉马拉开波湖大桥

到 20 世纪 60 年代，结构分析发生了重大变革，采用电子计算机分析高次超静定结构效率极高，从而导致密索体系的产生和发展。密索体系的优点是减轻了主梁自重；简化了斜拉索的锚固装置，有利于悬臂施工；增强了抗风稳定性，从而进一步提高了斜拉桥的跨越能力。于是斜拉桥便从疏索体系转向密索体系，发展到第二代。

1967 年，在德国建成了第一座密索体系斜拉桥——弗里特里希-欧贝特桥（Friedrich Ebert Bridge）（图 8.3）。

图 8.3　德国弗里特里希-欧贝特桥

从 20 世纪 80 年代中期至今，拉索普遍采用密索体系，桥的跨度向更大方向发展。建成于 1999 年的日本的多多罗大桥，跨径为 270m+890m+320m，其桥塔为倒 Y 形，高达 220m，为双塔双索面混合式钢箱梁斜拉桥（图 8.4）。

1975 年，重庆云阳建成了我国第一座主跨为 76m 的公路斜拉桥，揭开了我国斜拉桥发展的序幕。我国第一座铁路斜拉桥是 1980 年建成的广西红水河铁路斜拉桥，其跨径为 96m（图 8.5）。其后，又先后修建了济南黄河大桥、重庆石门大桥、上海东海大桥（图 8.6）与杨浦大桥、重庆长江二桥及武汉长江二桥等。近些年来，斜拉桥以其独特优美的造型及优越的跨越能力在我国得到推广。我国建成斜拉桥 100 多座，跨径大于 200m 的有 60 多座。

我国 2008 年建成的苏通长江大桥为当时世界跨度最大的斜拉桥，斜拉桥主孔跨度 1088m，主塔高度 306m，斜拉索的长度 580m（图 8.7）。

图 8.4　日本多多罗大桥

图 8.5　广西红水河铁路斜拉桥

图 8.6　上海东海大桥

图 8.7　苏通长江大桥

8.1.2　曲线斜拉桥发展现状

斜拉桥是一种古老而又年轻的缆索承重系统，随着交通运输业的蓬勃发展，斜拉桥的建设得到了快速发展。现代斜拉桥已有近 50 年历史，自 1956 年建成瑞典的 Stromsund 桥以来，斜拉桥的结构形式日新月异，其跨越能力不断增大。中国自 1975 年建成四川云阳桥以来，已建成各式各样的斜拉桥 190 余座，设计、施工经验丰富。为了增添城市景观，使桥梁服从线路的平面布置和提高交通枢纽的试验功能，斜、弯结构的斜拉桥应运而生。虽然斜拉桥已经得到广泛应用，但是曲线斜拉桥作为作为斜拉桥的一个分支应用并不广泛，一是因为将曲线主梁与斜拉桥相结合，还有许多值得深入研究的问题、二是此种桥梁只适合一些特殊场合，如两岸接线要求必须布置在曲线上且跨度相对较大，或者由于自然景观的需要，修建曲线斜拉桥能够达到与环境融合的目的[3]。

8.1.3　世界上已建成的曲线斜拉桥及其特点

世界上已建成的曲线斜拉桥数量不多，如表 8.1 所示。但每座桥梁都有它自身的特点。笔者根据收集的资料选择几座有特色的曲线斜拉桥简介如下。

1. 新上平井大桥

该桥在日本首都高速葛饰江户川线上，因该桥与两岸接线正好成 S 形曲线相接，故采用了 S 形曲线斜拉桥的桥型（图 8.8）。

表8.1 世界上已建成的曲线斜拉桥

桥名	国别	跨度布置/m	曲率半径/m	梁高/m	桥面宽/m	塔高/m	备注
新上平井大桥	日本	40.5+134+220+60.5	231	3.2	23.5	65	钢箱1987年建成
沙夫豪森莱茵河桥	瑞士	152	280	1.55			主塔不对称,倾角70°
Safti Link 桥	新加坡	100	180	2	12	42.55	独塔斜拉桥
猫罗溪桥	中国	49+118	4000		17.2	60	2001年建成
巴流大桥	日本	39+18.7+39	75	1	3.8	29.1	人行桥
Sunniberg 桥	瑞士	59+128+140+134+65	503	1.8	12.37	15	高墩H=62m
米兰2000飞机场桥	意大利	70+70	100	1.35	11.75	36.87	混凝土斜拉桥
广岛西大桥	日本	40+88+4×78+35		2.2	19.7~26.9	20	7跨连续梁桥面板
中央大桥	日本	72+138.7		2	25	78.6	独塔、造型新颖
Ganter 桥	瑞士	127+174+127	280	2.5~5.0	10	14.9	1980年建成,墩高约150m 板拉式斜拉桥
唐柜新桥	日本	67+120+73(东线)		3.5	8.89~15.36	12	绿色的桥梁
		75+140+70(西线)			8.7~8.89		
立水西桥	中国	108+66+36	400			67	2007年建成

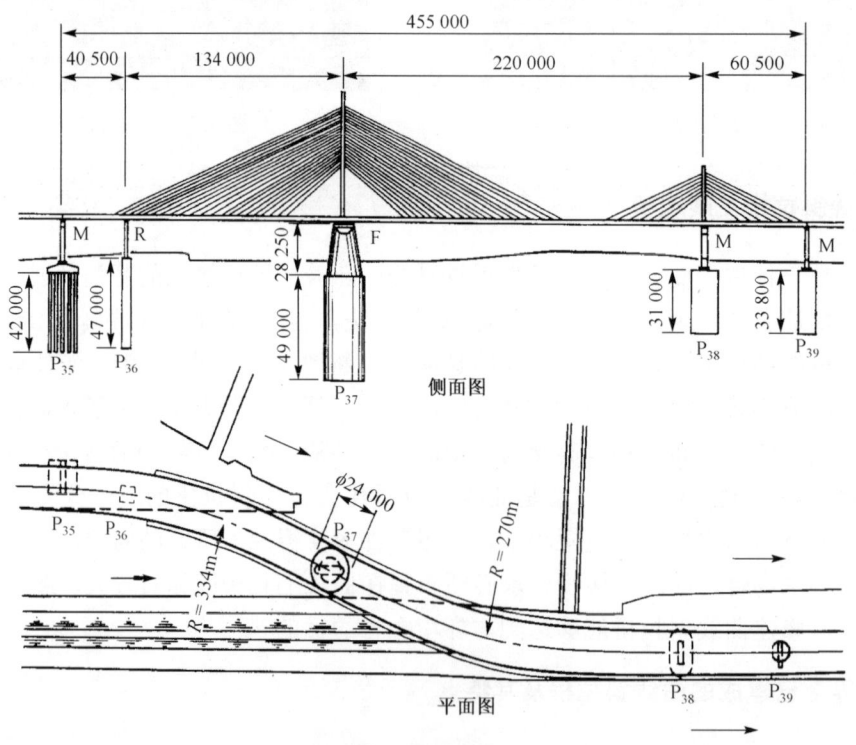

图8.8 新上平井大桥

设计时速:60km/h

桥　　宽:23.5m(4车道)

平面线形:S形反向回旋曲线,最小曲线半径231m

坡　　　度：纵断面−0.3%～1.1%，横断面−8.0%～8.0%
桥　　　长：455m
活　荷　重：TL-20
风　荷　重：V10=43m/sec
地震荷重：水平震度=0.33
构造形式：主梁 4 跨连续曲线 3 室箱梁主塔、独塔、单索面、辐射型索

设计中研究了如下特殊问题：

(1)非线性分析。

(2)抗震分析及对策。

(3)桥塔基础根部模型试验，承载力试验。

(4)风洞试验、抗风稳定性分析，施工期主梁架设时抗风稳定性及防振。

2. Sunniberg 桥

因计划在瑞士的 Klosters 城附近修建的一个辅助道路与周围的旅游环境有许多冲突，在考虑了大量的环境因素后，将计划改成大部分修建隧道而被通过。

在高速公路直接进入 Gotschna 隧道前，在河上修建一座长 526m 的桥，即 Sunniberg 桥，该桥横穿山谷，需要有很高的美学要求，与周围的风景相匹配，因而选择一个高墩曲线多跨斜拉桥。

桥梁建成后，与周围环境的融为一体，具有很高的美学品位，桥梁的修建给本来就很美丽的景点增加了更绚丽的色彩和构图(图 8.9)。

图 8.9　瑞士 Sunniberg 桥

3. 唐柜新桥

该桥建于日本唐柜地区北神户线陡峭的山坡处，山坡最大斜度 40°，斜面有滑坡现象，治理与加固困难，故而选择环绕山坡修建 3 跨曲线斜拉桥(图 8.10)。

道路规格：第 2 种第 2 级，设计时速 60km/h
构造形式：3 跨连续拱背 PC 箱梁曲线斜拉桥
桥　　　长：东线 260m，西线 285m
道路线形：纵向坡度 4.0%，横向坡度−2.0%～5.0%

桥梁设计采用与一般斜拉桥同样的程序进行设计。进行空间三维立体分析，计算模型采用三维鱼刺型。抗震分析采用时程分析法；考虑非线性影响。

该桥建成后，具有新颖的特色，与周围环境融合为一体，被称之为绿色通道。该桥采用部分斜拉桥结构，具有创新特色。

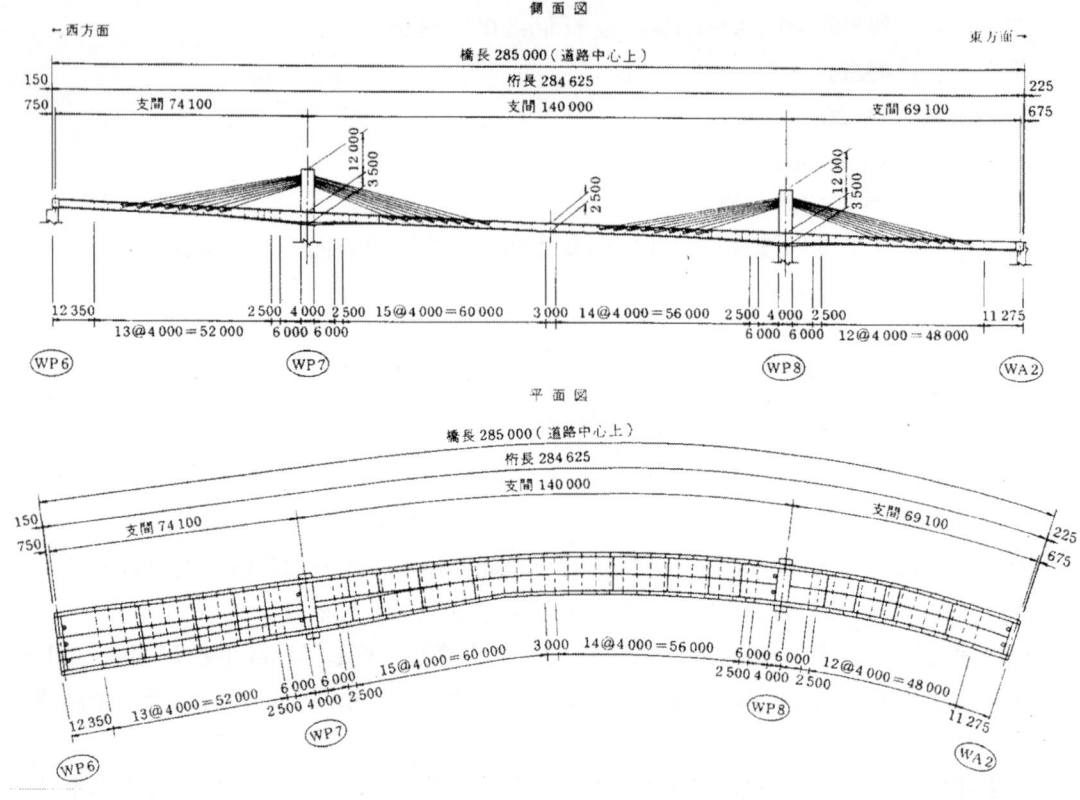

图 8.10 日本唐柜新桥

8.2 曲线组合斜拉桥技术特点

8.2.1 曲线斜拉桥的基本特点

1. 修建曲线斜拉桥的必要性和可行性

在许多地质情况下，包括山岭区和平原区，尤其对高等级公路和铁路如采用弯桥都可为道路选线创造十分有利的条件，带来极为合理而又经济的效果。这是广大道路工程师早已熟知的。但当弯桥半径较小且跨径过大时，一般梁式桥在结构和施工上就会遭遇相当大的困难，这时候如采用斜拉桥就显得特别合适，能充分显示和发挥这种桥梁结构形式的特殊优点。

2. 密索斜拉桥能消减弯桥的扭矩

弯桥的关键问题是主梁要承受极大的扭矩，弯桥当跨中有荷载作用时主梁将承受极大的扭矩，这个扭矩阻止了弯桥向大跨径发展。为了减少扭矩，必须在中间加墩，在深水或者深谷中，这势必会大大增加桥梁的造价。现代斜拉桥恰好可以解决这个问题，密索体系的若干对拉索实际上就是密布的若干弹性支持墩，把主梁跨径缩短到 5~10m（混凝土梁）或 10~20m（钢梁），扭矩问题可以基本解决。由此可见，斜拉桥是修建弯桥极为合理的桥型。由这一点还可以看到，密索斜拉桥可适用于相当大总长或相当小半径的弯桥，这一点是很难得的[4]。

3. 平面拱极大提高桥梁横向稳定性

弯斜拉桥和直斜拉桥的基本区别是主梁在平面上是弧形的，而这一点在许多情况下是有利的。首先，如果梁端桥台上设置水平支撑，则弯梁在横向将成为一个平面拱，将大大提高梁体在水平方向的稳定性，直梁斜拉桥在横向力包括风力、地震力作用下将发生较大的侧向位移，而作为拱这个位移将极其微小。横向稳定性的提高无论对桥体结构的静力或动力响应都将是十分有利的。

4. 索塔和拉索的布置

曲线斜拉桥设计的首要问题是确定索塔和拉索的布置方式。在这里我们介绍单索面和双索面的情况。单索面时塔索位置基本上有三种方式：索塔位于弯梁轴外；索塔位于弯梁轴线上；索塔位于弯梁轴线以内。通常，单索面弯斜拉桥的索塔以位于主梁轴线与弦线之间的情况最为合理。有时为了美观的需要，索塔还可以布置成倾斜的情况。双索面主塔布置于主梁轴线两侧，基本上有两种布置方式：索塔中心连线与弯梁垂直；索塔中心连线与弯梁斜交。通常情况下都选用第一种布置方式[5]。

5. 支座设置

和直梁斜拉桥一样，弯梁斜拉桥应在索塔、桥台、辅助墩等处设垂直支撑、横向约束和纵向约束。横向约束应按径向设置，纵向约束应按切线设置。

弯斜拉桥的特别之处是在桥台处的水平支座问题：曲线梁桥在温度变化、混凝土收缩徐变，以及预应力作用下会产生平面变形，这种变形不但引起沿桥轴线位移，还会径向的位移。所以弯斜拉桥不设水平支座，使水平弯梁处于自由伸缩状态。此时在两端桥台处一般应设伸缩缝，通常伸缩缝只容许顺桥方向伸缩变形，没有横桥向的变形能力，因此桥台处对弯梁还应该设置径向约束。但由于桥梁在水平面内一般具有很大的弯曲刚度，若温度变化发生的弯曲变形受到约束，往往会产生很大的水平力，严重时会导致结构破坏，桥越宽、水平弯曲半径越小，这种现象越显著。因此一般只应有一个支座是制动支座；沿水平弯曲半径方向，若能够允许梁有微小位移，例如板式橡胶支座，或者墩身较细柔，可以使得沿水平弯曲半径方向的温度力大大减小。

弯梁的径向约束十分重要，国内一些城市的立交弯桥曾发生整个弯梁径向向外蠕动的现象，南方城市此种现象尤多，深圳一座立交桥匝道还曾发生过向外突然崩移，两端伸缩缝断裂的情况。斜拉桥有很多根拉索，对径向位移可起一定的约束作用，但各塔、墩处尤其是两端桥台处的径向约束是不可缺少的。

8.2.2 曲线斜拉桥设计的技术特点

(1) 结构几何关系复杂。由于主梁位于缓和曲线和圆曲线上，塔、梁、索及空间锚固点坐标复杂。

(2) 机构受力复杂。由于主梁为曲线形，斜拉索向曲线的圆心方向有一水平径向分力，整个结构为受力复杂的空间受力状态。

(3) 主塔设计特点。由于径向力的作用，主塔为空间不对称受力状态，曲线外侧塔柱为拉弯构件，内侧塔柱为压弯构件。设计时，采取对塔柱外侧施加预应力等措施，以解决受力不对称问题。

(4)主梁承受空间的弯矩、剪力和扭矩作用。设计时，主梁上拉索锚固点向主梁外侧偏移来平衡主梁恒载扭矩。

8.3 曲线组合斜拉桥的设计

8.3.1 弯桥的计算理论综述

曲线斜拉桥作为一种特殊的桥型，它在受力上既有弯桥的性质，又有斜拉桥的特征。因此对于曲线斜拉桥的分析，有必要深刻了解弯桥、斜拉桥的计算理论。

由于大量城市立交桥的建设，弯桥结构已经在我国被广泛应用。其中，姚龄森教授的《曲线梁》及邵容光教授的《混凝土弯梁桥》等著作已经共同组成了一个较为完善的理论体系。弯桥计算研究理论归纳起来，通常可以分为解析法、半解析法和数值法。在上述方法中，数值法是研究中最常用的，也是内容最广泛的一种。实际上，每种计算理论都有各自的特点和适用范围，下面就对现有的各种理论进行介绍。

8.3.2 解析法

解析法是根据曲线梁基本微分方程分析曲线梁的力学性能，寻求单根曲线梁桥的精确解，同时对于宽跨比 B/L 较小且横向联系刚性较强的窄曲线梁桥的计算结果满足工程设计要求的精度。该方法力学概念明确，对曲线梁桥的机理分析清晰，但对于多梁式曲线梁桥或宽跨比 B/L 较大时计算误差较大。

1. 单纯扭转理论

单纯扭转理论是最初用于曲线梁桥的一种理论。这种理论将弯梁桥结构当作集中在梁轴中心线处的弹性杆处理，并认为受荷载作用后横截面仍然保持平面(即不发生翘曲)，且形状保持不变(即不产生畸变)。单纯扭转理论概念清晰，计算简便，易于为广大工程设计人员所接受。这种理论一般适用于 B/L 小于 $1/4$ 的所有实体截面及箱型截面的混凝土曲线梁窄桥，此时所引起的误差一般均在工程设计容许范围内。

目前较常用的基于单纯扭转理论的结构力学方法为 M/R 法，该方法的根据是 Tung 和 Fountain 提出的简支曲线箱梁及连续曲线箱梁的建议计算方法。在 $\phi \leqslant 300$ 且 $EI/GJ \leqslant 5$ 的情况下，弯矩、扭矩与变形量构成的误差在 5%以内。且 ϕ 与 EI/GJ 越小，误差越小。另外，不考虑翘曲影响的传递矩阵法、三力矩阵方程法亦属于单纯扭转理论范畴。

这种理论的不足之处是使用面窄，它仅能适用于跨内为等截面且为圆弧的情况，对于变截面和变半径的曲线梁尚不能处理。对于边界条件的处理也仅限于简单的情况，而对于其他多种复杂支撑形式的曲线梁桥则无能为力。

2. 翘曲扭转理论

当曲线梁桥的截面为开口薄壁或分离式闭合薄壁截面等形式时，翘曲扭矩在总扭矩中将占有相当大的部分，故此时必须考虑翘曲扭转的影响。

考虑翘曲扭转影响的弹性薄壁曲杆理论是将曲线梁作为单根薄壁曲线梁进行分析,因此适用于宽跨比较小的窄曲线梁桥或多主梁中的单根曲线梁桥的力学分析。弹性薄壁曲杆理论最早是在弹性薄壁直杆理论的基础上提出的,符拉索夫后来又提出了考虑截面畸变影响的弹性薄壁曲杆理论,并建立了基于刚性截面曲线梁的基本微分方程,利用有限差分法等方法可以求出该方程的近似解。李国豪教授等对矩形、梯形曲箱理论做了有价值的研究,就大曲率薄壁曲箱梁理论做出了理论贡献,邵容光教授导出了任意线形变曲率曲箱梁的基本微分方程,对分析非圆曲线如缓和曲线梁提出了可行的方法。

翘曲扭转理论对单梁的求解是精确的,特别适用于宽跨比较小的曲箱梁分析,但对宽跨比较大的曲线梁桥计算误差较大[6]。

8.3.3 半解析法

半解析法是把直梁桥的实用空间理论推广到曲线梁桥分析中。它是把曲线梁桥的空间分析近似地分解为纵桥向和横桥向来分别处理,使得分析工作大大简化。这使曲箱梁桥的空间工作特性可通过内力或荷载的横向分布系数来处理。而利用横向分布系数,实质是在一定的误差范围内寻求一个近似的内力影响面来代替精确的影响面。这个近似的影响面通常要求在纵桥向和横桥向均具备各自相似的影响面,而理论计算和模型试验结果都表明曲箱梁桥能满足这一计算方法的前提。

归纳曲箱梁桥横向分布的实用计算方法,具有代表性且有较大价值的有如下3类:

(1)梁系理论:它是直梁桥 Hundry-Jarger 法的推广。此法是将结构纵向划分为各个主梁单元,横梁的抗弯刚度均摊于桥面板上,主梁之间的连接用桥面板切口处的赘余力表示,采用力法求解。广为应用的是刚性梁法和弹性支撑连续梁法。这些理论,其模型均视纵梁为主要构件,而把横梁的刚度均摊于主梁之上,忽略了曲线梁桥中横梁产生的重要作用;其计算荷载用半波正弦荷载来代替实际的集中荷载,也会产生误差,从而使得梁系法只适用于宽跨比 B/L 较小的梁桥。

(2)板系理论:它是直梁桥 Guyon-Massonnet 法的推广。该理论中曲箱梁桥的主梁与横梁的刚度分别在桥的纵向横向均摊为正交异形板,以板的挠曲微分方程为基础求解,其优点在于它较真实地反映了实际结构的受力情况。但是,由于此方法推导十分繁琐,使得板系理论的计算参数太多而计算图表尚未问世,所以使得应用不便。

(3)梁格理论:梁格理论是直梁桥 Lenohadrt-Homberg 法的推广。梁格法是分析桥梁上部结构比较实用有效的空间分析方法。它具有基本概念清晰、易于理解、计算简单等特点,因此在桥梁结构分析中得到了广泛的应用。梁格法的特点是用等效梁格来代替桥梁上部结构,分析梁格的受力状态就可得实桥的受力状态,纵向梁格代表结构纵向内力,横向梁格代表结构横向内力。它不仅适用于板式、梁板式及箱梁截面的上部结构,而且对分析弯、斜梁桥特别有效。此外,梁格法与板壳元法计算结果非常接近[7]。

8.3.4 数值计算方法

随着有限元方法的普及,任何结构的桥梁都可以进行数值模拟,是设计人员最常用到的分析方法。利用数值有限元法分析桥梁结构内力时，有多种离散模型，常用的有空间梁单元法、板壳元法、三维实体元法。

1. 空间梁单元法

空间梁单元法用一维空间梁单元对结构进行离散。这种方法的特点是能直接给出计算截面的内力和变形。由空间梁单元的离散图示和其基本假定可知，对于曲线桥和斜梁桥，采用空间梁单元法有很大的局限性，只能得到梁总体受力情况，不能得到各个腹板力的分布情况，而曲线桥和斜梁桥的一个主要受力特点是腹板受力不均匀。

2. 板壳元法

众所周知，有限元法是把原型的连续体分割成许多细小的单元，在称为节点的离散点处连续起来分析复杂结构的方法。由于结构划分为简单单元的基本原理可以应用到所有形状的复杂结构上，理论上讲，它可以分析任何复杂形状的结构。钢筋混凝土桥梁通常做成空间箱形结构，采用板壳单元进行离散，当板壳单元相当细密时，可以分析桥梁结构的各种受力行为，如弯曲变形、扭转变形和局部变形。

虽然板壳元法是分析桥梁上部结构较通用的一种方法，但在实际应用时，它需要合理大量的输入、输出数据，容易出错，对计算结果做出正确评价及对结果受力行为进行解释都感到非常困难，给不出与现行设计规范有直接联系的内力结果，不便于工程技术人员使用。此外，板壳元法分析对有些结果也不是十分有效，如对混凝土箱梁桥，一般用板壳元法模拟结构顶、底板误差不大，而横梁尺寸一般比顶、底板大得多，用板壳元模拟其受力，误差较大。此外预应力筋的模拟比较复杂，比较通用的办法是将梁单元的预应力筋计算各项损失之后，把永存预应力以加体外力的形式赋予板单元或是用桁架单元模拟预应力筋，给出单元的初张力，这两种方法对斜、弯结构的桥梁来说，增大了设计的难度，使工作量增大很多。由于桥梁结构施工过程复杂，又承受汽车或列车活载作用，用此法求各种工况下的最不利情况，计算工作量巨大，在应用上受到很大限制。我们对桥梁结构分析时应寻求一种实用、简便、有效的方法。

3. 三维实体元法

桥梁结构设计过程中，对受力复杂部位有时需要知道结构的局部应力状态，以进行结构的合理配筋设计，如桥梁承台、斜拉桥塔柱及主梁锚固区段、系杆拱桥拱梁连接节点、梁端牛腿等。对此类结构的局部分析可以从整体结构中取出隔离体，按整体分析得到的隔离体截面内力或位移条件作为隔离体边界条件，采用三维实体元进行子结构分析。

综上所述，复杂桥梁结构的空间分析方法应根据桥梁结构形式及不同设计阶段的设计深度进行选择。一般说来，对结构受力简单、明确且宽跨比较小的桥梁结构，可以采用空间梁单元法进行分析；对结构形式复杂的桥梁(如斜、弯桥)，应采用板壳元法或梁格法进行分析。因梁格法比板壳元法在实际应用上更为有效，一般采用梁格法进行分析，作为结构设计的整体控制。

由上述弯桥理论可知，能对斜、弯桥进行分析的方法并不多，计算多且麻烦，理论也并不是很完善。而本书所要研究的曲线斜拉桥，由于斜拉桥是高次超静定结构，它的结构计算比较复杂，而目前已有的斜桥理论所研究的对象多是超静定次数不高的连续斜梁桥，对缆索承重体系的桥梁并没有涉及。前面所提到的梁格法理论却可以很好地分析斜、弯结构的桥梁,将曲线斜拉桥的主梁离散,然后计算出各离散构件的几何特性,利用有限元程序 MIDAS/CIVIL,通过将离散后各构件的截面特性赋予空间梁单元来进行空间分析。因此下面着重介绍梁格法理论。

8.3.5 梁格法的基本理论

梁格理论是直梁桥 Lenohadrt-Homberg 法的推广。此法是假定主梁和横梁处于弹性支承关系上的结构,利用结点的挠度和扭角关系求出结点力,进而求得主梁的受力状态并能到全桥的横向分布规律。广泛应用的横梁分析梁格法有两种:一是刚性横梁法,它是假设桥梁横向刚度较大,其翘曲变形相对主梁来说可略去不计,由于此法考虑曲线梁桥的弯扭耦合作用且计算较简便而得到广泛应用。但是,由于假定横梁刚度无限大使之无法计算宽跨比较大的桥梁,只适用与宽跨比 $B/L \leqslant 1/2$ 的桥梁。二是弹性支承连续梁法。一般的弹性支承连续梁有两种处理方法:一种是不考虑主梁抗扭惯性矩的弹性支承连续梁法,此时主梁对横梁的支承作用只有竖向弹性支承,这种方法只适用于主梁抗扭惯性矩较小的桥梁,如 T 型、I 型梁桥。另一种是考虑主梁抗扭惯性矩的弹性支承连续梁法,此时主梁对横梁的支承作用除了竖向弹性支承外,还有弹性扭转支承,在计算中对弯扭分别求解并相加,此法适用于箱形截面梁的研究。

梁格法的主要思路是将上部结构用一个等效梁格来模拟,将分散在箱梁每一区段内的弯曲刚度和抗扭刚度集中于最临近的等效梁格内,实际结构的纵向刚度集中于纵向梁格构件内,而横向刚度则集中于横向梁格构件内。从理论上讲,梁格必须满足以下等效原则:当原型实际结构和对应的等效梁格承受相同荷载时,两者的挠曲应是恒等的,而且在任一梁格内的弯矩、剪力和扭矩应等于该梁格所代表的实际结构部分的内力。由于实际结构和梁格体系有着不同的结构特性,上述"等效"的理想状况是难以达到的,模拟只能是近似的。这种特性表现在以下方面:

(1)梁格法中任意梁内的弯矩严格与其曲率成正比,而在原结构如板结构中,任一方向上的弯矩与该方向上和正交方向上的曲率有关。对钢筋混凝土构件或预应力混凝土构件而言,一般按纵向、横向双向配筋,同时混凝土泊松比比较小($\mu=-0.15\sim0.16$),所以用梁格法导出的纵向弯矩和横向弯矩对结构设计是足够精确的。

(2)实际板结构中,任一单元的平衡要求弯矩在正交方向上是相等的,而且扭矩在正交方向上也是相同的。在等效梁格中,由于两类结构特性不同,无法使扭矩和扭率在正交方向的节点上相等,然而当梁格网络相当精密时,梁格随着挠曲而成为一曲面,在正交方向上可近似相等。

(3)对于多箱室梁上部结构,剪力、柔性梁格法是最适宜的。它可以用于仅有一个或几个格室的结构及具有斜腹板的上部结构。对于梁格法而言,输出的内力不连续,这是因为用比拟梁格代表实际桥梁结构以后,横梁在实际桥梁中对纵向杆件的分布荷载作用就变成比拟梁格中横梁对纵向杆件的集中力作用,这就使得纵向梁格的内力在横梁作用处有了突变,横梁的杆端弯矩使得纵梁的扭矩发生突变,横梁的杆端扭矩使得纵梁的弯矩发生突变,横梁的竖向剪力使得纵向杆件的竖向剪力发生变化。同样,纵向梁格对横向梁格也有类似的作用,而在实际桥梁中这种突变是不存在的。

用梁格法分析箱梁桥时，要求结构满足以下假定：

(1) 横截面的各项尺寸与跨长比小，将结构作为集中在梁轴线上的直弹性杆件处理。

(2) 曲线梁的横截面在变形后仍保持为平面。

(3) 曲线梁变形后横截面周围保持不变形，即无畸变假定。

(4) 截面的剪切中心轴与曲线梁的截面形心轴线相重合。

通常只要跨长达到横截面尺寸的 3~4 倍及以上时，第一项假定就能达到要求；对于普通钢筋混凝土或预应力混凝土结构来说，由于构造要求，结构尺寸不可能很小，故其薄壁效应不显著，则横截面的翘曲变形不大，由第二项假定所引起误差在实用中可以略去。在梁格分析中，整个箱梁的畸变可以通过横梁抗剪刚度的正确取值来反映，对于单根梁格由截面畸变的反应所引起的正应力和剪应力，与基本弯曲和扭转的应力值相比是比较小的，横截面的畸变较小，第三项假定在实际中均能满足。鉴于实际曲线梁的曲率半径一般较大，即使对于非对称截面，截面的剪切中心与形心的偏高值与曲率半径相比也很小，因此第四项假定在实际计算中也是容许的[8]。

8.3.6 箱梁网格划分

利用梁格法分析斜、弯桥，首先要考虑的便是梁格单元的划分问题。梁格单元划分的疏密程度，直接关系到结构原型与比拟梁格之间的等效程度和计算精度。从理论上讲，当然是网格划分得越细，也就越能代表真实结构。但梁格划分得越细，在实际工程中具体应用时也就越麻烦，计算需要的时间也就越多，实际应用时也就越不方便。所以有必要找到一种既能基本上反映结构的受力特征，又运用方便的梁格划分方法。不过，鉴于桥梁上部结构的形状和支座布置的多样性，对于网格的划分很难提出一个通用的一般法则。汉勃利等人通过研究，对梁格的划分提出了一些基本的要点：

(1) 梁格的纵、横向构件应与原结构架肋(或腹板)的中心线重合，沿弧向和径向设置。

(2) 每跨应至少分成 4~6 段，一般应分成 8 段或更多，以保证具有足够的精度。

(3) 连续梁桥的中间支座附近因为内力变化较为剧烈，故一般需要加密网格。

(4) 纵向构件的间距必须相近似，使荷载的静力分布较为灵敏。

以上各点，第一条主要是考虑这样划分使得梁格的格梁和设计时的受力线或构件中心线重合，即平行于预应力筋或梁构件沿着边梁及支座上的受力线等，即要根据原结构的受力来划分网格。第三条和第四条也易于理解，在应力变化较为剧烈的部位，为了得到构件中较为精确的内力分布，有必要将网格划分得更细一些。

1) 等宽多室箱梁结构

用梁格法模拟箱梁结构时，假定梁格网格在上部结构弯曲的主轴平面内，其纵向构件轴线一般与腹板中心线相重合，这样做的好处在于腹板剪力直接由所在位置的梁格构件的剪力来代表。同时，由于实际弯梁桥是绕整体截面的中性轴弯曲的，因此分摊到各纵向梁格构件(腹板处的构件)的惯性矩必须按照整体箱形截面的中性轴来计算，但若在划分网格时能使得各主要纵向构件的中性轴位于同一直线上(此时其中性轴恰好与整体箱形截面的中性轴重合)，这样便可以在计算梁格刚度时简化计算。

2) 曲线形箱梁结构

曲线型箱梁结构可以用曲线式构件或直线构件(图 8.11)所组成的梁格进行分析。已有的研究结果表明,曲线式梁格构件与直线式梁格构件相比在精度上的改善并不显著。当梁格在节点处方向最大误差值小于 50 时,曲线梁与直线梁格的"曲线"模拟在性能上没有明显差别。

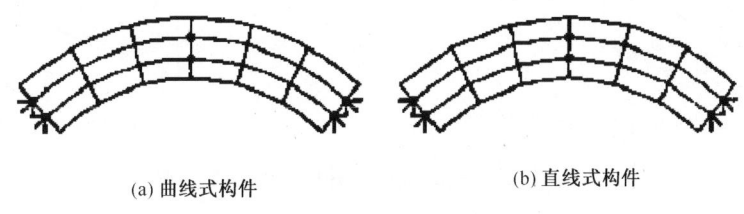

(a) 曲线式构件　　　　　　(b) 直线式构件

图 8.11　曲线箱梁的模拟梁格

8.3.7　箱梁的变形状态与梁格构件刚度

1. 箱梁的受力特性

如图 8.12 所示,箱梁在偏心荷载作用下的变形与位移,可分为 4 种基本状态:纵向弯曲、横向弯曲、刚体扭转及扭转变形(即畸变)。

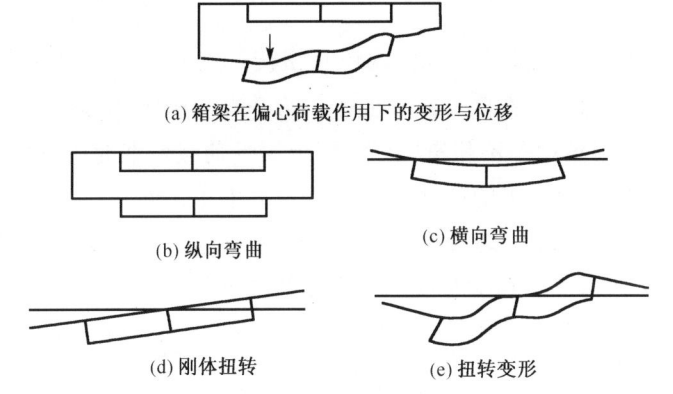

(a) 箱梁在偏心荷载作用下的变形与位移

(b) 纵向弯曲　　　　　(c) 横向弯曲

(d) 刚体扭转　　　　　(e) 扭转变形

图 8.12　箱梁结构变形基本状态

箱梁在偏心荷载作用下,因弯矩作用在截面上将产生纵向正应力和剪应力,因横向弯曲和剪切变形在箱梁各板中将产生横向弯曲应力和剪切应力。

用剪力、柔性梁格法模拟箱梁结构的原理是:当梁格节点产生挠度和转角时,由梁格构件刚度产生的内力,局部的内力等效于实际结构内力。因此可以得到箱梁结构的总性能,但对顶板、底板及腹板的受力不能正确模拟。在实际应用时,依据上述理论,可推出梁格构件的等效截面刚度。

2. 纵向梁格刚度构件的截面特性

1) 弯曲刚度

按照 E.C.汉勃利的建议,假设把箱梁结构在顶板、底板纵向切开成许多工型或 T 型梁,截面的划分就当尽量使每个工型或 T 型截面的形心与原来整体截面的形心在同一高度,这样的划分方法使得剪力的横向分配及剪应力计算获得较好的精度,如图 8.13 所示。

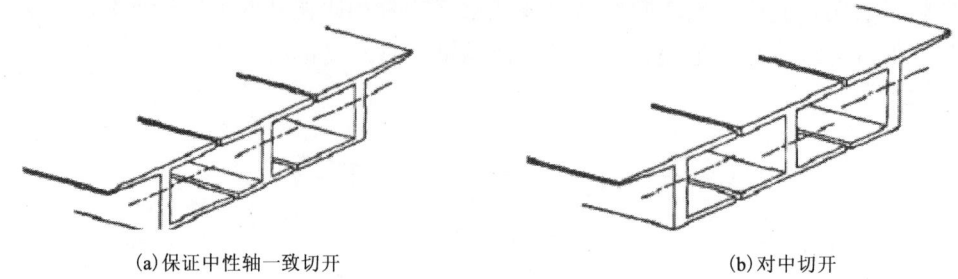

(a)保证中性轴一致切开   (b)对中切开

图 8.13 箱梁顶板、底板切开成工型或 T 型梁

每个细弯梁的抗弯惯性矩(绕 Y 轴),等于它所代表的工型或 T 型部分截面的抗弯惯性矩。根据梁格的等效原理,梁格构件中的弯曲应力分布应与简单梁理论结果相似。

$$\frac{\sigma}{z} = \frac{M}{I} = \frac{E}{R} \tag{8-1}$$

$$\tau = \frac{Q_M A_Z^-}{I} \tag{8-2}$$

由于弯曲在工字梁中(即在腹板内)产生的垂直剪力为:$Q_M = \frac{\mathrm{d}M}{d_x}$

Q_M 仅是腹板内剪力的一部分,腹板内还有扭转产生的另一剪力分量 Q_T。

若工型或 T 型梁的形心不在同一水平线上,将会导致因为中性轴不一致引起梁端"位移"(图 8.14)。这与实际结构是不相符的,实际上梁受荷载弯曲时,应绕同一中性轴弯曲,因此梁格构件所代表的每根细梁的截面特性应绕整体的上部结构中性轴计算(图 8.15)。这样,尽管悬臂板可能很大,以及边腹板与中腹板厚度不同,上部结构沿纵向梁格间切开仍是合适的。当翼缘较宽或悬臂板较大时,应考虑截面有效宽度的影响。

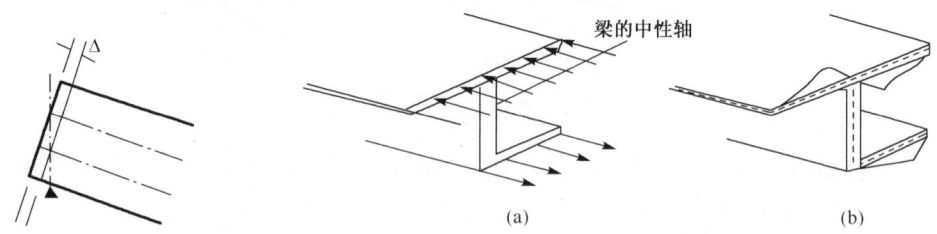

图 8.14 中心轴不一致引起梁端位移   图 8.15 边梁绕自身中性轴弯曲时的正应力和剪应力

综上所述,纵向梁格构件的弯曲刚度为

E.I. = E.(梁格构件所代表的截面对箱梁整体截面的 Y 中性轴的惯性矩)

2)扭转刚度

这里所谓的扭转,仅指刚性扭转,不考虑截面畸变的影响。当箱梁结构做整体扭转时,环形顶板、底板和腹板呈现剪力流。大多数的剪力流通过顶板、底板和腹板的周边流动,少量通过中间腹板。在比拟的梁格体系受扭时,在横截面上,总的扭转有两部分组成,一

部分是纵向构件的扭转,另一部分是由各梁格间相反的剪力(图 8.16)组成,这些剪力将与横向构件内的扭转相平衡(图 8.17)。由此可见,两图力系非常相似。若在两腹板之间将箱梁切开,将箱梁内总扭矩由各梁格扭矩及梁格剪力 G 进行合成,其中梁格扭矩代表了有顶板和底板相反的剪力流在上部结构内部形成的扭矩,而梁格剪力 Q 代表了腹板内的剪力流。

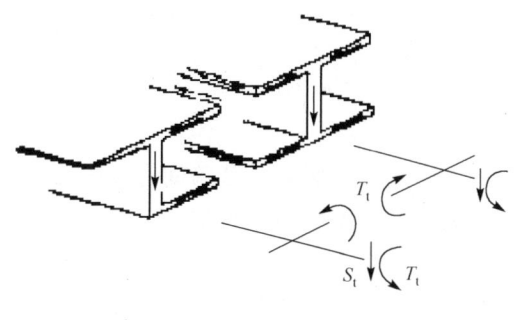
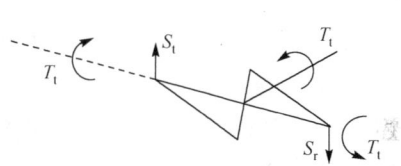

图 8.16　截面受扭时的剪力分布　　　　图 8.17　梁格节点内力平衡

因此每个纵向细弯梁的抗扭惯性矩(绕 Z 轴),由它左右侧箱子上下板抗扭刚度叠加而成,则上下板的组合单宽抗扭刚度为

$$GJ_X = \frac{2Ght_1t_2}{t_1 + t_2} \tag{8-3}$$

式中,t_1 为顶板的厚度;t_2 为底板的厚度;h 为上下板中线间距。

每个箱子上下板组合抗扭惯矩可按该箱上下板分割点连线所造成箱子面积的比例分配到左右工型或 T 型主梁上。另外,因为箱梁外侧悬臂板的抗扭惯矩在箱形截面总的抗扭惯矩中所占的比例很小,故其影响可计入也可不计入,如图 8.18 所示。

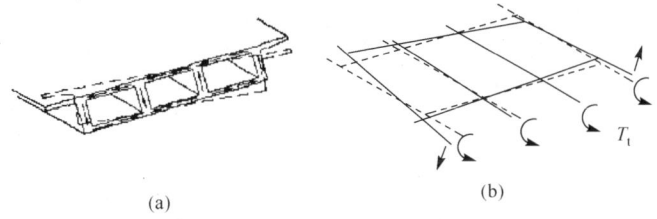

图 8.18　箱梁等效梁格及力

3)剪切刚度

腹板内的剪力有弯曲剪力和扭转剪力组成 $Q=QM+QT$。由于剪力是腹板产生剪切变形,纵向梁格的剪切面积等于腹板的横截面面积,剪切刚度为 GAY。

3. 横向梁格构件截面特性

1)弯曲刚度

箱梁在横向也产生弯曲变形,根据板的弯曲理论,由于泊松比的影响,纵向弯矩将使横向弯矩简单梁理论计算结果产生一定误差。众多文献资料表明,对于混凝土结构通常可以略去泊松比影响。因此横向梁格弯曲刚度为

$$EI_x = E \tag{8-4}$$

若横向梁格内包裹有横隔板，则惯性矩应计入横隔板效应，每单位宽度内抗弯刚度为

$$EI_x = \frac{t_1 t_2 h^2}{t_1 + t_2} \tag{8-5}$$

扇形平板的单宽横向弯曲惯性，对于箱子，为上下板绕共同的形心轴弯曲计算为

$$EI_x = E\left(\frac{t_1^2 + t_2^2}{12} \frac{t_1 t_2 h^2}{t_1 + t_2}\right) \tag{8-6}$$

若横向梁格内包括有横隔板，则惯性矩应计入横隔板的影响；若跨间有横隔板，则应在两横隔板间距的长度范围内，计算它与上下板共同的平均抗弯惯性矩。

2) 扭转刚度

对于无中间横梁或有部分中间横梁的横向梁格，其抗扭刚度与纵向构件相似。

3) 剪切刚度

当箱梁结构仅有少数或没有横隔板时，则横贯格室的垂直力将导致顶板、底板和腹板发生局部变形。这种受力情况可以由剪切刚度较小的横向梁格来模拟，即选择横向梁格构件的剪切刚度，使箱梁承受同样的剪力时梁格构件与实际构件产生同样的变形，如图 8.19 所示。

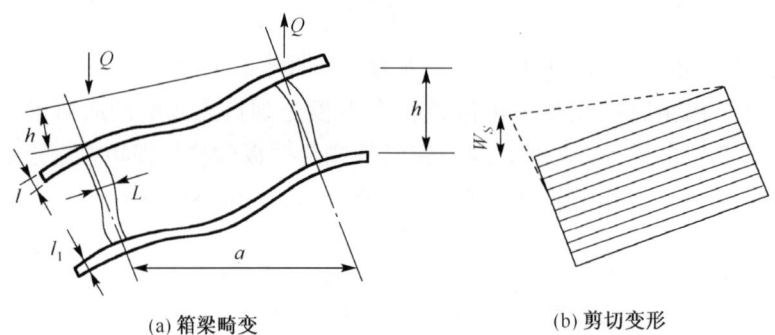

(a) 箱梁畸变　　(b) 剪切变形

图 8.19　箱梁和等效梁格的横向剪切变形

扇形平板单宽横向有效抗剪面积 A_s，对于箱子，则

$$A_x = \frac{E}{G} \times \frac{(t_1^3 + t_2^3) t_w^3}{B^2 t_w + (t_1^3 + t_2^3) Bh} \tag{8-7}$$

公式右端的第 1 项是按照矩形单位宽度框架发生剪切变形推导的使框架的左上角相对于右上角发生单位竖向位移所需的剪力 Q 为

$$Q = \frac{E(t_1^3 + t_2^3) t_w^3}{B^2 t_w + (t_1^3 + t_2^3) Bh} \tag{8-8}$$

其中 t_1、t_2、h 意义同前，t_w 为腹板厚度，B 为腹板中心矩。令 $GA_S = Q$，即可得扇形平板的有效抗剪面积。W_S 为剪力 Q 相对应的剪切位移。

8.4 工程应用

8.4.1 工程概况

深圳大学桥是连接南北校区标志性工程。主桥为跨度 $L=(5×25+70+100+3×25+4×25)\mathrm{m}$，宽 17.5～21.5m。引道长 113m，全长 588m。

(1)采用钢-混凝土混合梁曲线斜拉桥。采用钢-混凝土结合梁，使桥梁的自重减轻，建筑高度减小；减轻了基础的承重和支座反力；节省模板、支架；方便施工、缩短工期、保护环境。

(2)采用预应力流线型桥塔。主桥采用钢筋混凝土塔，变截面流线型设计，使桥梁整体看起来轻巧、富于美感。结构新颖美观、技术先进，体现了桥梁建设突出科技创新的特点。

(3)采用太阳能技术。采用太阳能遮阳篷，新型、美观、环保。

(4)采用高效、环保新型防腐涂装体系。

桥型总体布置图如图 8.20 所示；钢箱梁断面图如图 8.21 所示；桥塔构造图如图 8.22 所示。

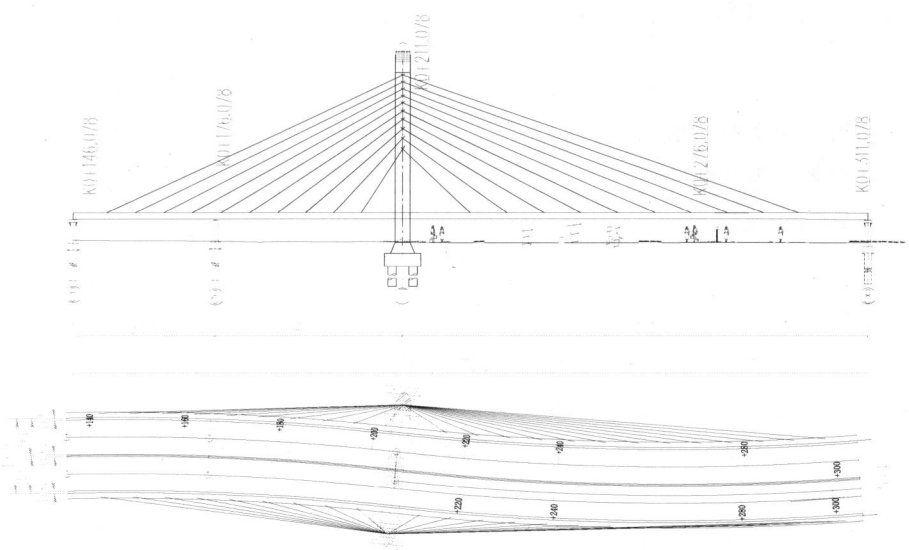

图 8.20 桥型总体布置图

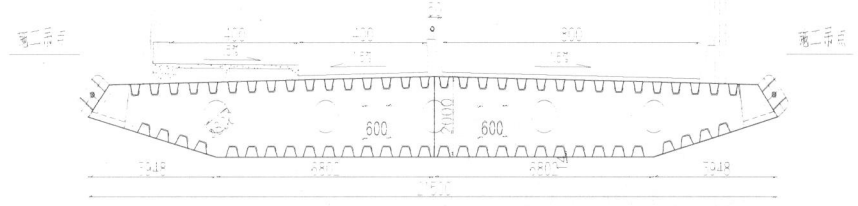

图 8.21 钢箱梁断面图

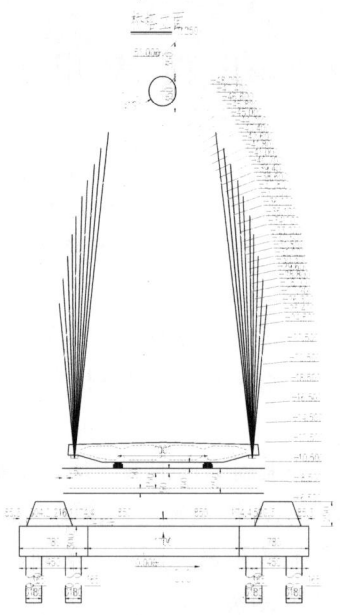

图 8.22 桥塔构造图

8.4.2 结构计算基本参数

1. 活载

加劲梁活载按两车道城 A 计算。

横向分布系数为 2.0。

偏心距为 -4.25m。

人群荷载及非机动车道按 $3.5kN/m^2$ 计算;偏心距为 4.25m。

2. 温度活载

体系升温:混凝土体系升温按 20℃ 计,钢结构体系升温按 30℃ 计。

体系降温:混凝土体系降温按 20℃ 计,钢结构体系降温按 30℃ 计。

混凝土主梁温差按《公路桥涵设计通用规范》(JTG D60—2004)执行。

3. 计算软件

对于该桥上部结构的整体静力分析和计算,整体空间分析采用自编空间程序进行,主要计算主桥的钢结构、斜拉索及位移情况;混凝土主梁采用桥梁博士软件计算,为平面杆系有限元计算;桥塔以 MIDAS 空间模型计算结构为准。其有限元模型分别如图 8.23~图 8.25 所示。

4. 荷载组合

自编程序和 MIDAS 空间计算的荷载组合如下:

组合 I = 恒载+汽车

组合 II = 恒载+汽车+步道人群+非机动车辆

组合 III = 恒载+满布人群

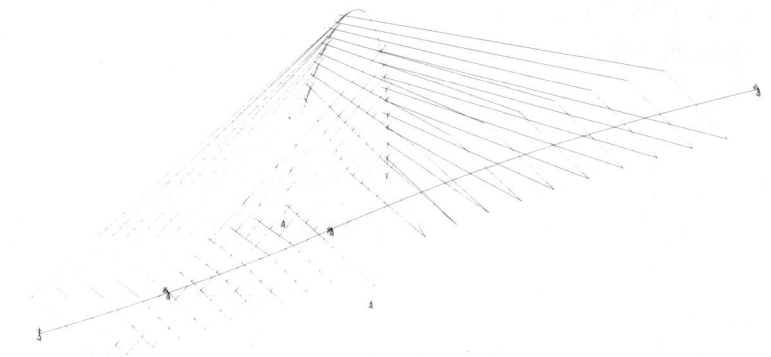

图 8.23　自编程序有限元模型离散图

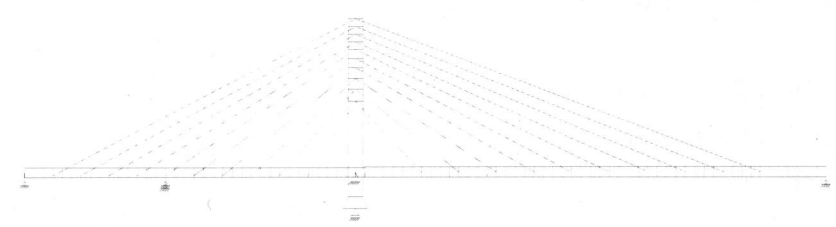

图 8.24　桥梁博士有限元模型离散图

组合Ⅳ=恒载+汽车+步道人群+非机动车辆+温升+温降

组合Ⅴ=恒载+汽车+满布人群+温升+温降

桥梁博士软件计算混凝土主梁将自动进行组合。

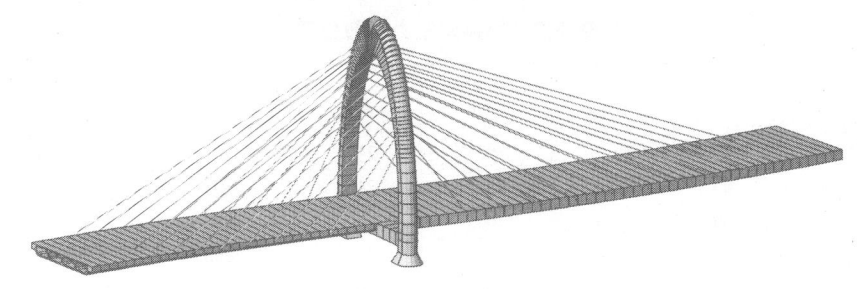

图 8.25　MIDAS 有限元模型离散图

5. 主要材料及性能

1) 斜拉索

主缆由高强度镀锌平行钢丝股预制而成，力学性能如下：

弹性模量：E=196000MPa

公称抗拉强度：1670MPa

线膨胀系数：0.000012/℃

2) 钢主梁

钢加劲梁采用 Q345C，力学性能如下：

弹性模量：E=210000MPa

剪切模量：G=81000MPa

泊松比：0.3

轴向容许应力：$[\sigma]$=200MPa

弯曲容许应力：$[\sigma_w]$=210MPa

剪切容许应力：$[\tau]$=120MPa

屈服应力：$[\sigma_y]$=340MPa

线膨胀系数：0.000012/℃

3) 混凝土主梁和桥塔均为C50预应力混凝土，其主要力学性能如下：

弹性模量：E=35000MPa

剪切模量：G=105050MPa

泊松比：1/6

轴心设计抗压强度：28.5MPa

标准抗拉强度：2.45MPa

线膨胀系数：0.00001/℃

8.4.3 全桥整体计算

1. 斜拉索

深圳大学2号桥主桥的斜拉索采用PES(C)7-109、PES(C)7-83、PES(C)7-73三种型号斜拉索。斜拉索的成桥状态和运营状态索力如表8.2所示。

表8.2 斜拉索索力计算结果

拉索编号	拉索规格	成桥索力/kN	破断索力/kN	组合Ⅰ索力/kN		组合Ⅱ索力/kN	
				最大	最小	最大	最小
S1-1	PES(C)7-109	2420	7005	2493	2397	2613	2393
S1-2	PES(C)7-109	2330	7005	2406	2305	2535	2300
S1-3	PES(C)7-109	2200	7005	2279	2172	2416	2168
S1-4	PES(C)7-109	2080	7005	2163	2050	2307	2045
S1-5	PES(C)7-109	1930	7005	2017	1900	2167	1894
S1-6	PES(C)7-85	1810	5463	1893	1783	2041	1781
S1-7	PES(C)7-73	1640	4692	1711	1618	1840	1618
S1-8	PES(C)7-73	1480	4692	1536	1461	1671	1461
S1-9	PES(C)7-73	1270	4692	1309	1249	1429	1247
S1-10	PES(C)7-109	2170	7005	2195	2134	2291	2126
S1-11	PES(C)7-109	1800	7005	1911	1770	2131	1756
S1-12	PES(C)7-73	1090	4692	1246	1064	1522	1056
S1-13	PES(C)7-73	1300	4692	1471	1273	1765	1268
S1-14	PES(C)7-85	1470	5463	1637	1441	1928	1438
S1-15	PES(C)7-85	1640	5463	1788	1609	2059	1608
S1-16	PES(C)7-85	1770	5463	1889	1738	2130	1738
S1-17	PES(C)7-109	1920	7005	2003	1887	2204	1887
S1-18	PES(C)7-109	2050	7005	2098	2015	2254	2015

续表

拉索编号	拉索规格	成桥索力/kN	破断索力/kN	组合Ⅰ索力/kN		组合Ⅱ索力/kN	
				最大	最小	最大	最小
S1-19	PES(C)7-109	2180	7005	2197	2141	2309	2140
S1-20	PES(C)7-109	2270	7005	2268	2223	2339	2218
S2-1	PES(C)7-109	2190	7005	2268	2178	2351	2167
S2-2	PES(C)7-109	2140	7005	2222	2128	2303	2118
S2-3	PES(C)7-85	1890	5463	1977	1879	2057	1867
S2-4	PES(C)7-85	1770	5463	1861	1760	1942	1744
S2-5	PES(C)7-85	1690	5463	1787	1682	1868	1660
S2-6	PES(C)7-73	1580	4692	1681	1574	1759	1551
S2-7	PES(C)7-73	1490	4692	1590	1485	1657	1464

运营过程斜拉索索力安全系数均大于 2.5，满足使用要求。

2. 钢梁内力

钢梁各工况内力如图 8.26～图 8.29 所示。

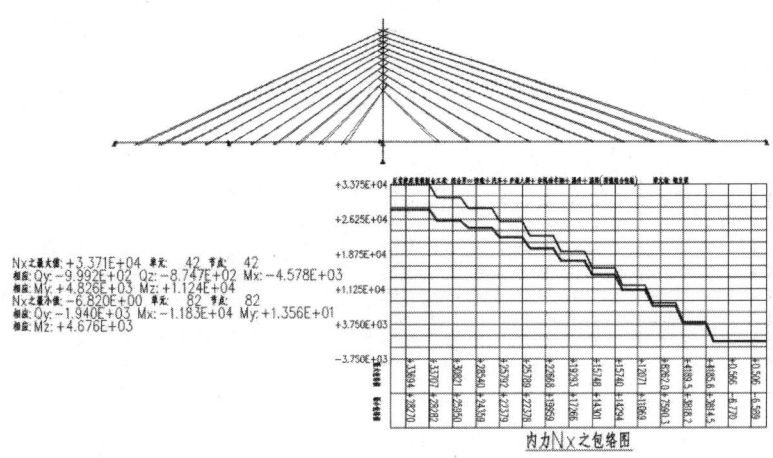

图 8.26　成桥状态钢主梁内力图

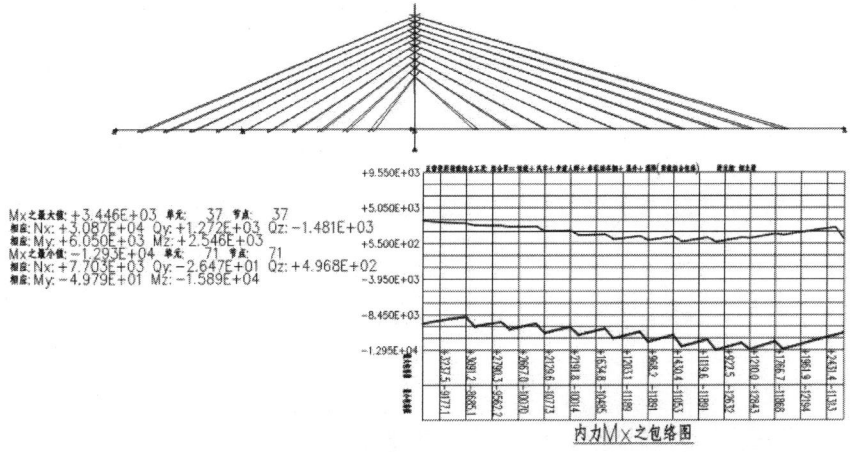

图 8.27　钢主梁组合Ⅳ：恒载+汽车+步道人群+非机动车道+温度扭矩包络图

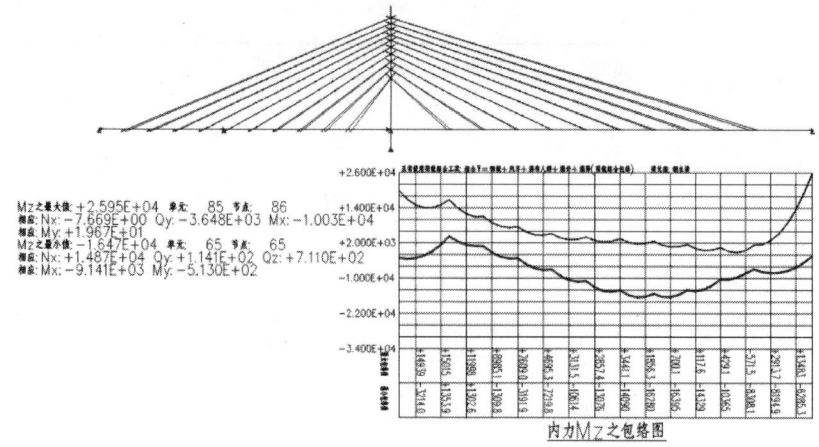

图 8.28　钢主梁组Ⅴ：恒载+汽车+满布人群+温度弯矩包络图

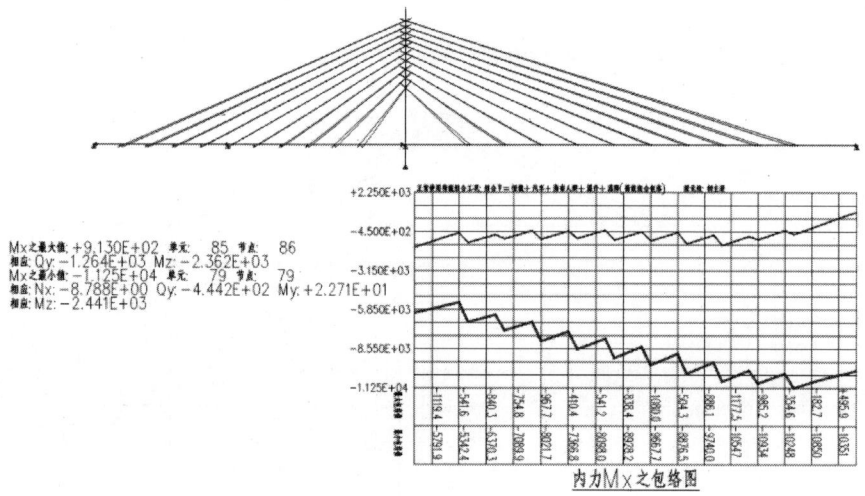

图 8.29　钢主梁组Ⅴ：恒载+汽车+满布人群+温度扭矩包络图

3. 钢主梁位移

钢主梁各工况位移如图 8.30 和图 8.31 所示。

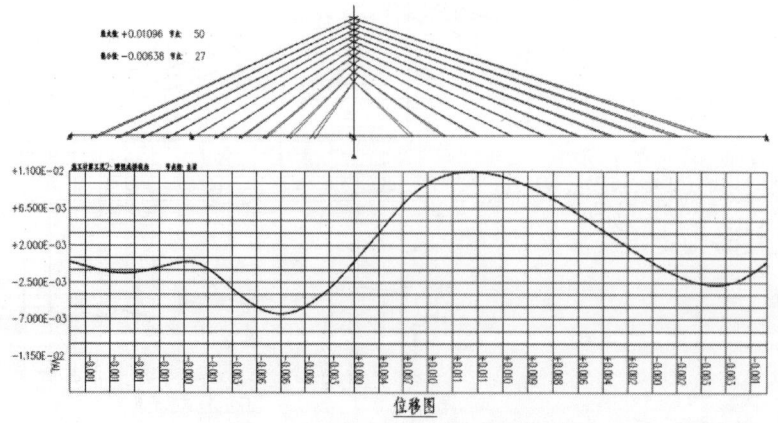

图 8.30　成桥状态钢主梁位移图

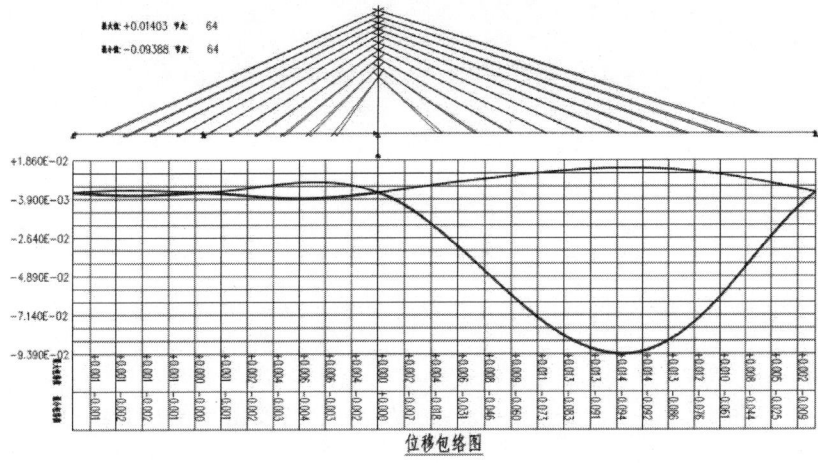

图 8.31 钢主梁组合Ⅳ：恒载+汽车+步道人群+非机动车道+温度位移包络图

4. 钢主梁应力汇总

钢主梁应计算计算结果汇总如表 8.3 所示。

表 8.3 钢主梁各工况应力

工况	上缘/MPa		下缘/MPa	
	最大应力	最小应力	最大应力	最小应力
成桥状态	36.7	−0.5	45.1	−10.5
组合Ⅰ	39	−27.2	58.2	−12.1
组合Ⅱ	44.7	−38	79	−24.2
组合Ⅲ	39.7	−31.6	75.9	−16
组合Ⅳ	46.1	−41.1	84.2	−26.4
组合Ⅴ	46.2	−34.8	81	−18.4

由上表看出，钢主梁最大压应力为 84.2MPa，最大拉应力为−41.1MPa，满足规范要求。

5. 桥塔

桥塔采用 MIDAS 进行计算，计算结果如图 8.32 所示。

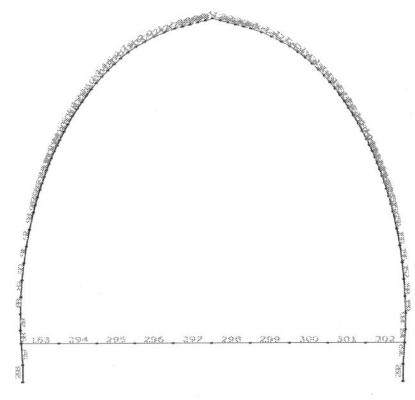

图 8.32 主塔单元离散图

施工阶段计算结果如图 8.33～图 8.35 所示。

图 8.33 施工到 25m 高处最大应力（负号表示受压，单位 MPa）

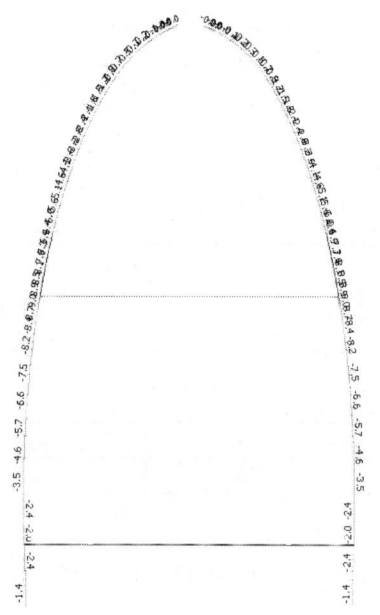

图 8.34 主塔合拢前最大应力（单位 MPa）　　图 8.35 主塔合拢后最大应力（单位 MPa）

主塔合拢时应力如表 8.4 所示。

表 8.4 主塔合拢时应力　　（单位：MPa）

单元	位置	Cb(min/max)	Cb1(-y+z)	Cb2(+y+z)	Cb3(+y-z)	Cb4(-y-z)
85	I[86]	1.83	1.48	1.83	1.48	1.13
85	J[87]	1.53	1.37	1.22	1.37	1.53
86	I[87]	3.26	1.38	3.26	1.38	0.49
86	J[88]	2.63	1.29	2.63	1.29	0.04
87	I[88]	2.74	1.34	2.74	1.34	0.06
87	J[89]	2.03	1.23	2.03	1.23	0.43
88	I[89]	2.11	1.27	2.11	1.27	0.43
88	J[90]	1.49	1.17	1.49	1.17	0.84
89	I[90]	1.53	1.19	1.53	1.19	0.86
89	J[91]	1.2	1.1	1	1.1	1.2
90	I[91]	1.22	1.12	1.02	1.12	1.22

续表

单元	位置	Cb(min/max)	Cb1(-y+z)	Cb2(+y+z)	Cb3(+y-z)	Cb4(-y-z)
90	J[92]	1.47	1.03	0.6	1.03	1.47
91	I[92]	1.49	1.05	0.6	1.05	1.49
91	J[93]	1.67	0.97	0.28	0.97	1.67
92	I[93]	1.68	0.98	0.27	0.98	1.68
92	J[94]	1.78	0.91	0.05	0.91	1.78
93	I[94]	1.78	0.91	0.05	0.91	1.78
93	J[95]	1.8	0.86	0.08	0.86	1.8
94	I[95]	1.79	0.85	0.08	0.85	1.79
94	J[96]	1.77	0.83	0.11	0.83	1.77
95	I[96]	1.76	0.83	0.1	0.83	1.76
95	J[97]	1.73	0.81	0.12	0.81	1.73
96	I[97]	1.72	0.8	0.11	0.8	1.72
96	J[98]	1.67	0.79	0.11	0.79	1.67
97	I[98]	1.66	0.78	0.1	0.78	1.66

注：主塔截面点的位置如下：

施工阶段计算结果如图 8.36、图 8.37 及表 8.5 所示。

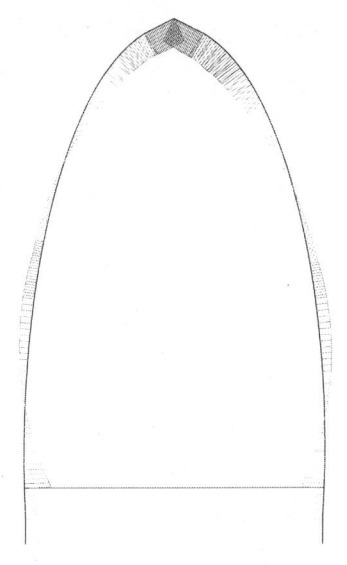

图 8.36　成桥阶段弯矩图

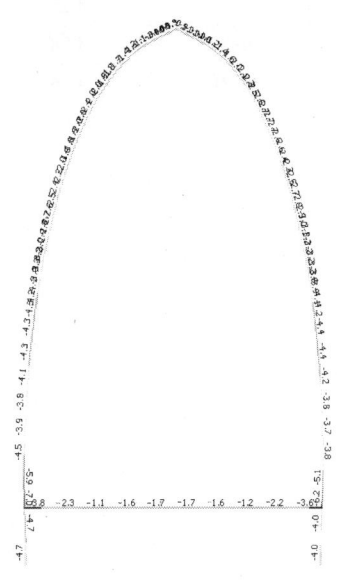

图 8.37　主塔合拢后最大应力(单位 MPa)

6. 结论与建议

(1)斜拉索运营过程安全系数均大于 2.5，满足《公路斜拉桥设计规范》(GB/T 18365—2001)的要求。

表 8.5　运营阶段最不利组合应力表　　　　　　　　　（单位：MPa）

单元	位置	Cb(min/max)	Cb1(-y+z)	Cb2(+y+z)	Cb3(+y-z)	Cb4(-y-z)
85	I[86]	4.7	1.72	4.7	4.17	1.18
85	J[87]	4.01	1.62	3.92	4.01	1.71
86	I[87]	7.02	1.64	7.02	4.17	1.22
86	J[88]	5.65	1.5	5.65	4	0.15
87	I[88]	5.9	1.56	5.9	4.14	0.21
87	J[89]	4.34	1.39	4.34	3.93	0.98
88	I[89]	4.49	1.43	4.49	4.04	0.98
88	J[90]	3.85	1.29	3.14	3.85	2
89	I[90]	3.94	1.32	3.21	3.94	2.04
89	J[91]	3.76	1.19	2.07	3.76	2.89
90	I[91]	3.82	1.21	2.09	3.82	2.94
90	J[92]	3.67	1.11	1.19	3.67	3.59
91	I[92]	3.71	1.12	1.2	3.71	3.64
91	J[93]	4.08	1.04	0.55	3.59	4.08
92	I[93]	4.11	1.04	0.54	3.61	4.11
92	J[94]	4.33	0.99	0.16	3.5	4.33
93	I[94]	4.34	0.99	0.16	3.5	4.34
93	J[95]	4.33	0.96	0.06	3.43	4.33
94	I[95]	4.31	0.96	0.07	3.41	4.31
94	J[96]	4.23	0.96	0.11	3.38	4.23
95	I[96]	4.21	0.96	0.12	3.37	4.21
95	J[97]	4.08	0.96	0.22	3.35	4.08
96	I[97]	4.06	0.96	0.23	3.33	4.06
96	J[98]	3.89	0.96	0.39	3.31	3.89
97	I[98]	3.85	0.96	0.4	3.29	3.85
97	J[99]	3.66	0.97	0.59	3.28	3.66
98	I[99]	3.27	0.41	0.24	3.09	3.27
98	J[100]	3.2	0.42	0.27	3.06	3.2

(2) 钢主梁最大压应力为 84.2MPa，最大拉应力为-41.1MPa，满足规范要求。钢主梁的安全储备稍高，防止弯扭斜拉桥的一些无法考虑的因素造成局部应力过高，如焊接应力、第二体系局部应力等。

(3) 混凝土主梁承载能力满足要求；正常使用状态应力均除辅助墩墩顶应力小于 1MPa 以外，其余位置均大于 1MPa，满足要求；本桥的混凝土主梁主拉应力比较小，仅仅 0.3MPa，满足要求。

(4) 施工过程桥塔塔顶刚合拢时，横梁上缘出现了 1.32MPa 的拉应力，原因是开始横梁底部的预应力张拉太多，而且有限元模型计算时，未考虑合拢前已经的浇筑的 6m 长混凝土主梁重量，解决办法：①在桥塔合拢前，桥塔横梁下缘的 X1 号预应力束只张拉一半。②混凝土主梁全部浇筑完毕，支架拆除前再张拉另一半预应力。③桥塔横梁预应力全部张拉完毕以后再拆除桥塔横梁的支架。

参 考 文 献

[1] 伯惠 F. 斜拉桥结构发展和中国经验. 北京：人民交通出版社，2000.

[2] 李正仁，刘祖国. 曲线斜拉桥的应用与发展. 钢结构，2003，(6)：43.

[3] 顾安邦. 桥梁工程(下). 北京：人民交通出版社，2000.

[4] 肖海珠. 张强，高宗余. 北京地铁五号线曲线斜拉桥设计. 桥梁建设，2006，(4)：41.

[5] 邵容光，夏涂. 混凝土弯梁桥. 北京：人民交通出版社，1994.

[6] 李惠生，张罗溪. 曲线梁桥结构分析. 北京：中国铁道出版社，1992.

[7] 邢志成. 弯斜桥计算理论与实用计算. 北京：人民交通出版社，1994.

[8] 汉勃利 E C. 桥梁上部构造性能. 北京：人民交通出版社，1992.

第9章 组合结构桥梁顶推施工

9.1 桥梁顶推发展概述

顶推法首次应用于预应力混凝土连续桥梁是前联邦德国莱昂哈特博士和包尔教授，1959年用于奥地利的Ager桥（$L=280m$，4跨连续梁，$L_{max}=85m$）。在桥台的一侧设置预制场，分节段预制，段长8.5m，并用0.5m混凝土湿接缝将全桥组拼后进行顶推施工。用同样方法，1962年委内瑞拉建成卡罗尼（Caroni）河桥（$L=500m$，6跨连续梁，$L_{max}=96m$），首先使用了钢导梁和在桥墩间设置临时墩。1964年顶推施工得到了进一步改进，采用了分节段预制，逐段顶推的工艺，即在预制场的固定台座上分节段预制梁体，逐段顶推，同时用预应力筋逐段连接。

顶推法的构思来源于刚梁纵向拖拉法，它用千斤顶取代了传统的卷扬机滑车组，用板式滑动装置取代滚筒，这一取代使施工方法得到了发展和提高。

此后，前苏联、意大利、法国、奥地利和日本等国相继采用顶推法施工，建造了多座预应力混凝土连续梁桥。迄今，世界各国采用顶推法施工的大桥已经超过200座。推荐的合理顶推跨径为40m左右，不设临时墩也无其他辅助设施的最大顶推跨度为63m。顶推法施工的最大跨径是前联邦德国的Worth桥，$L=404m$，3跨连续梁，最大跨径168m，其间共设置2个临时墩，顶推跨长为56m。

我国自1978年陕西狄家河桥首次采用顶推施工以来，据不完全统计，有近80余座桥梁采用顶推工艺，总长超过2万余米，其中湖南省有30余座，近1万米[1]。

30多年工程实践，中国桥梁顶推技术取得了不少技术进步。1986年广东九江大桥连续梁顶推长度首次突破千米，大桥副孔相继采用顶推；1992年湘潭湘江二桥连续千斤顶完成连续顶推；1994年在南县哑吧渡桥（长250m）首创分条、逐块预制组拼竖曲线顶推；1995年在衡山湘江大桥完成2×90m斜拉桥顶推；1999年在邵阳西湖大桥采用"先梁后拱"新工艺；2004年在韶关五里亭大桥采用预制组拼顶推工艺，完成120m钢管砼系杆拱。

顶推法施工显著的特点是仅用5%不到的水平力，克服箱梁与滑道之间的摩阻力，可以将20倍水平力相当重量的箱梁架设到位，这是架桥工艺中耗用能量最小的施工方法之一，也是费用最低的施工方法之一。

1990年，杭州钱塘江二桥北岸铁路引桥采用顶推施工技术，长度为(8×32+8×32+9×32)m，线路纵坡4%，采用自北向南"单点接力顶推法"施工，单点顶推为距离800m。

9.1.1 预应力混凝土顶推箱梁桥

(1)广东九江长江大桥南北岸顶推(50m)，箱梁总长1030m，如图9.1所示。浙江钱塘江二桥引桥顶推(32m)箱梁，总长1504m。

(2) 连续梁桥顶推最大跨径：内蒙古包头喇嘛湾两座黄河大桥65m，如图9.2所示。

图9.1 广东九江长江大桥北岸引桥

图9.2 内蒙古包头喇嘛湾桥

(3) 系杆拱桥顶推最大跨径：广东韶关五里亭大桥达120m，如图9.3所示。湖南邵阳西湖大桥达3×88m。

(4) 斜拉桥顶推最大跨径：衡阳湘江大桥(3×88m)，如图9.4所示。

图9.3 广东韶关五里亭大桥

图9.4 湖南衡阳湘江大桥

9.1.2 大跨主梁钢结构顶推

(1) 南海紫洞大桥69+140+69=278m，双向顶推钢管桁架斜拉桥，如图9.5所示。

(2) 济南黄河三桥2×60+130+386=636m，独塔双索面斜拉桥钢箱梁顶推，如图9.6所示。

(3) 佛山平胜大桥200+350=550m，自锚式悬索桥钢箱梁顶推。如图9.7所示。

(4) 杭州九堡大桥3×210=630m，钢箱梁系杆拱整体顶推，如图9.8所示。

(5) 长沙福元路湘江桥3×210=630m，钢箱梁系杆拱顶推，与九堡大桥类似。

图 9.5 南海紫洞大桥

图 9.6 济南黄河三桥

图 9.7 佛山平胜大桥

图 9.8 杭州九堡大桥

国内顶推施工桥梁如表 9.1 所示。

表 9.1 国内顶推施工桥梁一览表

序号	桥 名	桥跨布置/m	梁高 H/m	截面、梁宽/m
1	陕西狭家河桥	4×40=160	3	单箱(3.5)
2	广东万江公路桥	40+54+40=134	1.5	双箱单室(2×12)
3	贵州卧龙桥	25+2×30+25=110	2.1	单箱(9)
4	广东中堂桥	32.5+4×45+32.5=245	3	单箱(12)
5	内蒙古包头黄河桥	3 联(4×65=260)=780	3.5	单箱(12)
6	广西柳州二桥	9×60=540	3.6	双箱单室(2×10)
7	贵州织金六圭桥	28+4×38+28=208	2.9	单箱(9)
8	内蒙古喇嘛湾河桥	64.5+4×65+64.5=389	3.5	单箱(12)
9	广东南屏桥	36+3×45+36=207	3	单箱(12)
10	黑龙江拉林河桥	11×40=440	2.6	单箱(11)
11	广东九江大桥	40+6×50+40+13×50=1030	3	双箱单室(2×8)
12	广东江门外海桥	30+9×40+10×40+30=820	2.5	双箱单室(2×8.5)
13	重庆石门大桥	5×50+36=286	4	双箱三室(2×12)
14	广东湖州大桥	40+2×50+40=180	3	双箱单室(2×14)
15	福建丘墩桥	60+76+60=196	3.5	单箱(9)
16	广北立交主桥	65+100+65=230	变高	双箱单室(2×11)
17	杭州钱塘江二桥引桥	25×32+22×32=1504	2.2	单箱单室(11.4)
18	抚顺石油一厂高架桥	32+3×38.5+26=174	2.1	单箱双室
19	福建漳州九龙大桥	15×40=600	2.5	单箱
20	宁夏中卫黄河桥	2×7×48=672	3.4	单箱(6.5)
21	陕西刘家沟大桥	4×40=160	3	单箱(6)

续表

序号	桥名	桥跨布置/m	梁高 H/m	截面、梁宽/m
22	江西南昌大桥	12×48=576	4.5	单箱(23)
23	香港赤腊角海峡桥	35+5×44+35=290	3	双箱单室
24	河南郑洛高速路	4 座(5×45=225)=900	3	双箱单室(2×14)
25	广东南海紫洞大桥	69+140+69=278	3	斜拉桥(26)
26	湖北秭归向家坝桥	43+72+43=158	3.3	钢管桁架梁(11)
27	四川万州大桥	75.5+3×120+75.5=511	5.2	钢管桁架梁(21)
28	甘肃太平沟大桥	7×50=350	3.4	双箱单室(2×12)
29	韶关五里亭大桥	35+120+35=190	2.5	双箱单室(2×12)
30	广佛珠江东桥	5×50=250	3.15	单箱(15)
31	广佛珠江西桥	7×50=350	3.15	单箱(15)
32	广州会展中心跨线桥	47+65+47=159	3	单箱钢箱梁(16.5)
33	杭州九堡大桥	3×210=630	3.5	单箱钢箱梁
34	长沙福元路湘江大桥	3×210=630	3.5	单箱钢箱梁

小计: 34 座桥梁共 14357m。

9.2 顶推施工技术原理

9.2.1 施工原理

顶推法施工原理是沿桥纵轴方向的台后设置预制场,分阶段预制梁体,纵向预应力筋张拉后,通过水平千斤顶施力,借助滑道、滑块,将梁逐段向前顶推,就位后落梁,更换正式支座。

1. 单点顶推

单点顶推的原理可用数学表达式: 当集中的顶拉力 $H > \sum R_i (f_i \pm A_i)$ 时,梁体才能向前移动。

式中, R_i 为第 i 桥墩或桥台滑道瞬时的垂直支反力; f_i 为第 i 桥墩或桥台支点相应的静摩擦系数; A_i 为桥梁纵坡坡率,上坡顶推为"+",下坡顶推为"-"。

2. 多点顶推

多点顶推的原理可用数学表达式表示: 当 $\sum F_i > \sum (f_i \pm A_i) N_i$ 时,梁体才能向前移动。

式中, F_i 为第 i 桥墩或桥台千斤顶所施的力; N_i 为第 i 桥墩或桥台支点瞬时支反力; f_i 为第 i 桥墩或桥台支点相应摩擦系数; A_i 为桥梁纵坡,上坡顶推为"+",下坡顶推为"-"。

这个表达式的物理意义是: 把顶推设备分散于各个桥墩或桥台、临时墩上,分散抵抗各墩水平反力。如果千斤顶施力之和小于所有墩水平摩阻力与梁的水平分力之和,则梁体不动。

9.2.2 施工方法

顶推法施工的关键是在一定的顶推动力作用下,梁体能在滑道装置上以较小的摩擦系数向前移动。施工实测资料表明,聚四氟乙烯板和不锈钢板之间的摩擦系数一般为 0.04~0.06,静摩擦系数比动摩擦系数大些。

1. 按顶推动力装置分

1) 单点顶推

顶推动力装置集中设置在靠近梁场的桥台或桥墩上,支承在纵向滑道上的垂直千斤顶和支承在墩(台)背墙的水平千斤顶联动,能使梁体以垂直千斤顶为支承向前移动。狄家河桥就是采用这种方法施工的,如图9.9所示。

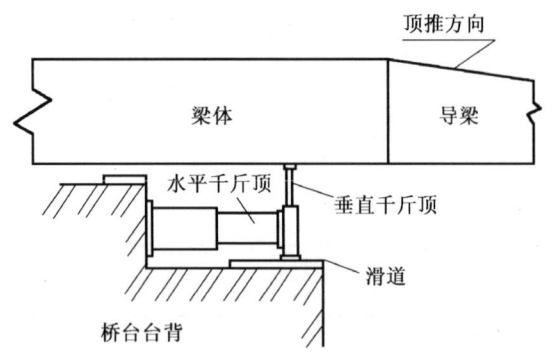

图9.9 单点顶推示意

另一种单点顶推的方式是水平千斤顶通过拉杆带动梁体前移,滑道为固定的不锈钢板,滑块在滑道上支承梁体,在滑道前后设置垂直千斤顶用来起落梁体使滑块能从前向后移动,这是早期做法。后来把滑道前后作为斜坡,滑块可以手工续进,就不必用垂直千斤顶顶起梁体后移滑块了。

2) 多点顶推

单点顶推存在一个严重缺点,就是在顶推前期和后期,垂直千斤顶顶部同梁体之间的摩擦力不能带动梁体前移,必须依靠辅助动力才能完成顶推。此外,单点顶推施工中,没有设置水平千斤顶的高墩,尤其是柔性墩在水平力的作用下会产生较大的墩顶位移,甚至威胁到结构的安全。为了克服单点顶推的这些缺点,便产生了多点顶推法。

多点顶推法的优点是任何阶段都能提供必需的顶推动力,在顶推过程中水平千斤顶对墩台的水平推力同梁体作用在墩台上的摩擦力相平衡,有利于柔性高墩的安全。但是必须保证多台千斤顶同步工作,而且可以分级调压,使作用在墩顶的水平力不超过设计允许值。

多点顶推的动力装置从广北立交桥后,都采用穿心千斤顶、钢绞线束、自动工具锚体系。其滑道除个别工程利用盆式支座等形式外,一般采用图9.10所示的方式。

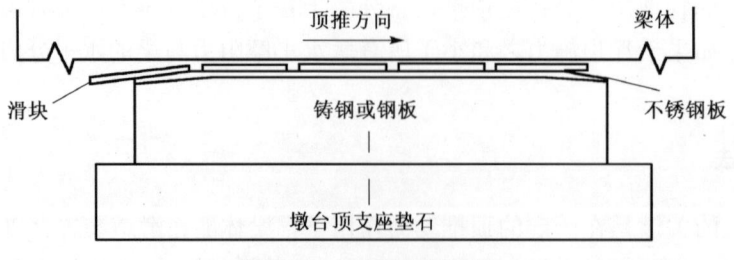

图9.10 普通滑道示意

2. 按支承系统分

1)临时滑道支承装置顶推施工

在永久墩台和临时墩顶设置临时滑道装置进行顶推,待梁体就位后起梁、取掉滑道、更换支座、落梁。这是一项复杂的工程,起梁和落梁必须有设计程序,确保梁体安全。永久墩台的支承垫石顶面标高必须符合设计要求。我国大部分顶推施工的桥梁都是采用这种方法。

2)永久支承兼用滑道的顶推施工

在条件适当的桥梁顶推施工设计中,把永久支座做必要的临时处理,使其成为临时滑道,当顶推结束后,起梁、拆除临时的滑道,把梁体落在永久支座上。国外的 RS 施工法,由于采用很薄的不锈钢带(0.6mm)和橡胶(3mm)组成的连续滑板,就像放映电影胶片一样自动循环,可以取消起梁、落梁的复杂工序,简化施工。例如日本的秩父跨线桥(29.3m+50m+29.3m,PC 连续梁)就是这样施工的。

3. 按顶推方向分

1)单向顶推

单向顶推即只在桥的一端设置制梁台座,分段预制,逐段顶推,直到全桥就位。对于多联的连续桥梁,顶推时,必须把两联之间临时连接起来,全桥就位后,再取掉临时连接。

2)双向(相对)顶推

在桥的两端台后均设置制梁台座,同时分段预制梁体,逐段顶推。这种顶推方式,必须解决两联梁体即将到位时,导梁的处理问题。通常的解决方式是第一联首先按常规方法就位,第二联顶推到适当位置时,把导梁移至梁顶部,使第二联导梁在第一联梁体顶面滑移。这种方法需要的设备多,只在桥梁较长、工期很紧张的情况下才考虑采用。

4. 动力装置的类别分

1)步距式顶推

自从 1990 年广北立交桥建成以后,大部分顶推桥梁均采用穿心千斤顶、钢绞线束、自动工具锚、拉锚器体系作为顶推动力装置。为了使多台千斤顶同步运行,采用主控台控制各个泵站操纵千斤顶,即可集中控制,又可分级调压,也可以限定差值(各墩台设计允许的水平推力与施加给各墩台的不平衡推力之差)。但是,由于步距式顶推是以水平千斤顶的工作行程为一个顶推步距,当水平千斤顶回程时,梁体便停止前移。对于墩台而言,每一个顶推步距都将经历从静摩擦到动摩擦再到停止的过程,墩台顶部的位移也随之从"0→最大→较小→0"这样周而复始地变化。同时,每当顶推力克服了静摩擦力时,梁体便突然前移,而由于动摩擦力比静摩擦力小,水平千斤顶的油压随之下降,梁体前移速度也随之减慢,这就是梁体爬行现象。它对柔性高墩的安全存在严重威胁,因此,出现了连续顶推新工艺。

2)连续顶推

自从长沙湘江北大桥西延铁路刘家沟大桥采用串联穿心千斤顶、钢绞线束、自动工具锚、拉锚器体系实现了连续顶推以后,许多桥梁顶推施工都采用了这一新工艺。它通过连续千斤顶的连续工作,使一段梁体的顶推作业连续进行,避免了步距式顶推时梁体的"爬行"现象及对墩台的反复冲击,同时也提高了顶推效率。

5. 按箱梁节段的成型方式分类

(1) 预制组拼，分段顶推：在墩（台）后设置制梁场、存梁场、拼梁线，按照设计顶推单元划分，将顶推单元分成若干个块件预制，在拼梁线上组拼，张拉预应力形成整体后顶推的施工方法。当台后场地条件好，具备运输和就地拼装能力，且工期要求紧迫时，设计和施工方案可以考虑预制箱梁节段、墩（台）后拼装、分阶段顶推的施工方案。

(2) 逐段预制，逐段顶推：在墩（台）后设置制梁平台，将连续梁分成若干个节段，按照设计顶推单元划分，每一个顶推单元为一个预制的基本节段，依次在制梁台座上制作，在墩顶设置顶推滑道、顶推千斤顶，通过各千斤顶出力，牵引顶推传力拉索带动梁体在滑道上向前移动，前段梁顶出台座后，在台座上接灌下一梁段，将梁逐渐向对岸顶推。

9.3 顶推施工关键技术

9.3.1 制梁台座和节段的制作

制梁台座为预制箱梁节段和顶推作业的过渡场地。台座上一般设有可升降的活动底模架和不动的台座滑道。与制梁台座相配套的还有预应力钢束穿束平台、钢筋绑扎平台、测控平台及必要的吊装设备。这些设施使梁段制作具有明显的工厂化生产特点，从而有效地保证了箱梁的施工质量。

梁体节段的预制周期制约全桥的施工工期。顶推节段长度一般为 10～24m，又以 16～20m 居多。每联箱梁除首尾两节外，中间各节段长度均相等。顶推施工进入正常后，节段作业循环周期一般在 7～15 天。由于节段较长，这个速度是不慢的。我国预制周期的记录已经达到 7 天。这要求模板设计时，外模必须是大块整体式，内模是可以整体拖出并整体推进的装备化机械化形式，还必须考虑蒸汽养生条件。

1. 制梁台座位置的选择

制梁台座位置选择的原则主要有以下几个方面：首先，必须保证墩台后端梁体在顶推过程中的总体稳定和抗倾覆安全，使梁段在预制场地范围内逐步顶推到标准跨，制梁台座的位置应尽量地向前靠，充分利用永久墩、台基础和墩身，少占引桥或引道位置，减小顶推工作量，避免顶推到最后时，梁的尾端出现长悬臂；其次，除必须使顶推梁体尾端的转角为零，以保证梁体线形一致外，还应考虑拼装导梁的场地。

2. 制梁台座的结构形式

制梁台座的主要功能是预制梁体节段时，能保证梁体线形与已经顶推出去的梁体完全一致；而在顶推时，不需要顶起梁体就可开始顶推。这就要求制梁台座必须设置滑道、滑块、具有升降功能的活动底模板；具有侧模板、端模板立模与柝卸的灵活装置。预制台座基础应根据地质、水文条件，选择合理的基础方案，必要时平台基础宜采用临时桩基础，以免在浇筑和顶推梁体时发生沉降，影响预制梁段的接长或梁体的顶推。

预制台座的构造布置可分为两部分：一部分为箱梁预制台座，即在基础上设置钢筋混凝土立柱或者钢管立柱，立柱顶面用型钢联成整体，直接支撑预制模板，只承受垂直压力，顶推前降下模板，脱离梁体；另一部分为预制台座内滑道支撑墩或整体滑道梁，在基础上立钢管或钢筋混凝土墩身，纵向连成了整体，顶上设滑道，梁体脱模后，承受梁体重力和顶推时的水平力。预制台座一般采用刚性设计，台座结构形式宜采用梁柱式结构或整体框架结构，刚度、强度满足顶推施工的技术要求，表面平整、标高准确，以免发生沉降。

9.3.2 临时墩

由于支点负弯矩的增加与跨度的平方成正比，在箱梁截面和预应力钢束强度有限的情况下，当跨度增加到一定限度时，预应力钢束就没法布置了，所以 PC 梁采用顶推法施工有个"适用跨度"的问题。提高适用跨度的途径之一是设置临时墩。在连续梁的跨度大于顶推跨度时，宜设置中间临时墩；在不设临时墩时，为满足安装钢导梁和连续梁前期顶推抗倾覆的要求，在制梁台座前和连续梁第一跨内设临时墩，作为顶推施工的过渡段，保证梁体线形与已经顶推出去的梁体完全一致，避免大梁从制梁台座上顶推出去以后，与接灌的下一梁段出现大的转角。

临时墩应能承受顶推时的最大竖向荷载和最大水平摩阻力引发的变形。在此原则前提下，尽可能降低造价，便于拆装。为提高临时墩的稳定性，防止临时墩在箱梁顶推过程中产生较大的水平位移，保证顶推安全，将临时支墩与相邻的主桥墩和制梁台座进行撑拉连接，用水平或斜拉钢绞线束临时加固，如图 9.11 所示。

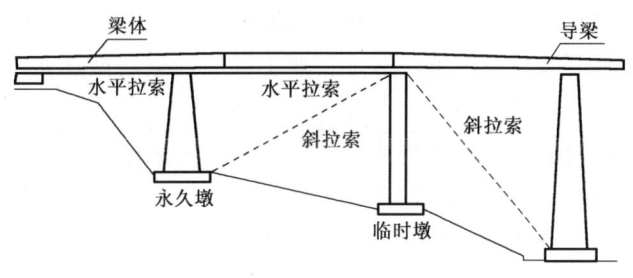

图 9.11 临时墩加固示意

9.3.3 导梁

导梁设置在主梁前端，可为等截面或变截面钢板梁，导梁结构必须通过设计计算，从受力状态分析，导梁的控制内力是导梁与箱梁连接的最大正、负弯矩和下翼缘的最大支点反力。国内外的施工经验表明：导梁长度一般为顶推跨径的 0.6~0.7 倍，较长的导梁可以减小主梁的负弯矩，但过长的导梁也会导致导梁与箱梁连接处负弯矩和支反力的相应增加，合理的导梁长度应是主梁最大悬臂负弯矩与使用状态支点负弯矩基本接近。导梁的刚度宜选主梁刚度的 1/9~1/5，它对主梁内力的影响远较其长度对主梁内力的影响为小。导梁的刚度在满足稳定和强度的条件下，选用较小的刚度及变刚度的导梁，将在顶推时减小最大悬臂状态的负弯矩，使负弯矩的 2 个峰值比较接近。此外，在设计中要考虑动力系数，使结构有足够的安全储备。为减轻自重最好采用从根部至前端为变刚度的或分段变刚度的导梁。

导梁和主梁端部的连接，一般是在主梁端的顶板、底板内预埋厚钢板或型钢伸出梁端，再与拼装成型后的导梁连接，埋入长度由计算决定，一般不宜小于导梁高度，主梁端部一般设有横隔板，并在主梁内腹板加宽成异形段，为了防止主梁端部接头混凝土在承受最大正负弯矩时产生过大拉应力而产生裂缝，必须在接头附近施加预应力，导梁与箱梁用预应力筋进行锚接。连接的预应力筋应注意在箱梁内错位锚固，宜采用无粘结筋，避免压浆管道占用空间影响混凝土的浇筑质量。

导梁底缘与梁体底缘应在同一平面上，顶推时，导梁前端将要达到桥墩时，会产生很大的挠度，无法爬上滑道，导梁前端设一上悬的缺口，当导梁"鼻子"走到滑道上方时，用事先等在滑道上的千斤顶将导梁顶起，并带动千斤顶下方的滑块一起向前滑行，待导梁下缘升到滑块高度后，再落下千斤顶，使导梁就位正常运行。或将导梁前端底缘设计成呈向上圆弧形，以便导梁上墩时，能起过渡作用。

9.3.4 滑动装置

墩顶滑道一般采用单滑道板形式，滑道板为一块整钢板，置于滑道垫块钢架之上，该种形式的滑道，能很好地承受各向作用力，而且标高容易控制，拆除也非常方便。近几年，台座滑道采用了一种连续梁式的整体滑道，它是通过在滑道梁上铺设滑道板形成的。整体滑道构造为：活动底模板+滑块+滑道板+滑道梁+重轨支座。如在支座上设置滑道顶推，其永久支座需在厂家做特殊处理，即施工时上、下部临时固定，以承受顶推的水平摩阻力。再在永久支座纵向两边设垫块，上面盖一块厚40mm钢板做盖板，再设置滑道。箱梁顶推到位后，将梁顶起，拆开盖板及滑道，解除支座上临时约束，恢复支座设计功能，完成落梁工序。

滑道垫块是用来代替支座的临时垫块，因此必须保证滑道顶面标高与落梁后梁底面标高一致，垫块平面应为长方形，比滑道尺寸稍大，纵向坡度应与桥纵坡一致。滑道垫块一般采用钢板组焊成一个长方形盒，内布钢筋网，并用高强度混凝土填实，以保证垫块外形尺寸和强度。滑道垫块应固定在支座垫石上，以免因水平摩阻力拖动垫块钢架。可用螺杆固定或在垫石的顶面预埋钢板焊接固定，也可采用在滑道出口处垫石顶面设一挡块，滑道进口焊接一根挂铁固定，便于拆除。

滑道板一般用铸钢或钢板制作，面铺不锈钢板，主体钢板厚度应在40mm以上，不锈钢板表面粗糙度小于Ra5Am，滑道板横向宽度应为滑块宽度的1.1倍以上。滑道纵向长度应根据滑道反力所需最少的滑板数量确定，滑道板前后端各有一段斜面，以便于滑块的喂进和吐出。滑道进口30cm范围应设圆弧，与梁底交角2°~3°，不可用折线衔接，以避免滑块在滑移受压过程中发生线状接触，因集中应力而变形，压坏滑块。滑道出口也宜设圆弧段，可比进口段短平。滑道横向宽度由箱梁腹板和底承托的宽度确定，滑道板的纵向长度由最大垂直反力和滑道设计承压应力确定。滑道板的有效长度应能保证滑块在顶推过程中承受的最大压力不超过8MPa，以免造成滑块变形过大和损伤。

滑块实际上就是板式橡胶支座，面上贴一层聚四氟乙烯板，喂滑块时聚四氟乙烯板面朝下与滑道接触，另一面朝上与梁底接触。当梁体向前行进时，带动滑块一起前进，聚四氟乙烯板便在不锈钢板上滑行，当滑块滑到滑道的尽头时，便从前端掉下来，此时应将它拾起来拿到后端重新喂进去，这样滑块不断吐出、喂进，周而复始，梁体便可继续向前滑行。

滑板可根据实际需要在厂家预定制作,滑块表面涂铅粉或硅脂以减少顶推摩擦力,聚四氟乙烯板与不锈钢板的静摩擦系数可按 0.07~0.08 选用,动摩擦系数可按 0.04~0.05 选用。摩擦系数与滑道表面的光洁度有关,光洁度越高,摩擦系数越小,摩擦系数随压强降低而增大,摩擦系数随荷载压在聚四氟乙烯板上的滞留时间的增长而增加。当顶推荷载恒定时,如滑动速度太快,可能导致金属滑道摩擦生热起火,从而降低或破坏四氟板的力学性能,甚至使其微粒分离,烧结成块。故在选择千斤顶时,顶推速度应控制在 15~20cm/min。

目前顶推使用的滑板支座均按无侧限计算,滑板的面积按容许应力 8MPa 和可能发生的最大反力计算决定,根据梁腹板与底板的承托宽度确定滑板横向宽度及纵向所需滑板块数和滑道长度,滑板的厚度约为 24mm,不宜太薄,需要一定厚度以调整滑道顶面标高及梁底施工误差;滑板也不宜太厚,以免容易损坏和增加施工成本。

9.3.5 顶推导向及纠偏

为了控制梁体在顶推过程中的中线始终处于设计范围内,横向导向装置是必须设置的,尤其在圆曲线上顶推,横向导向装置显得更加重要。纠偏器装在预制台座前临时墩的两旁,且固定一对,以控制每段梁尾端的横向位置,保证梁尾与预制模板正位接头,在梁的前进方向设置纠偏装置,纠偏装置可视梁的行进交替前移。顶推时,应做好横向偏差观测,主要观测主梁和永久墩的弹性横向位移。

1. 被动导向装置

当梁体横向移位时,可采取如图 9.12 所示的楔块挤压法纠偏。楔块靠近墩顶锚锭的部分是固定的,靠近梁体的半块同梁体之间设置橡胶板随梁体前移,楔块的斜面非常光滑,当梁体前移时,梁体就会被挤向图标方向。

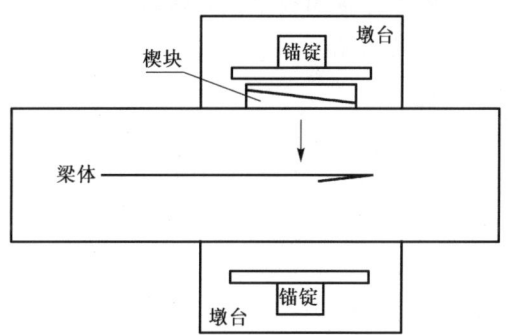

图 9.12 被动纠偏示意

2. 主动导向装置

当梁体偏移较大或被动导向无效时,可采取主动纠偏方法,如图 9.13 所示。纠偏装置由防偏支架、纠偏滚轴及水平丝杠顶组成,用型钢作为防偏支架,成对地安于箱梁两边垫块钢架上,并用螺栓连接。当需要调整主梁轴线时,用丝杠千斤顶调整纠偏滚轴与主梁侧面的距离,梁体顶推时,手动施压,用水平丝杠顶住纠偏滚轴,滚轴贴在梁腹上,强迫梁体纠偏。

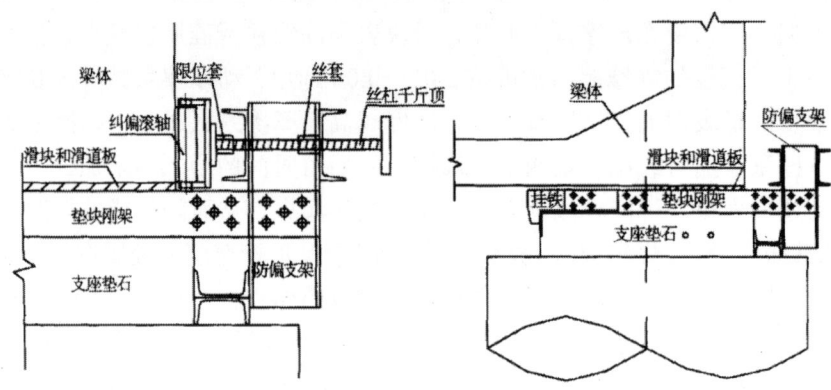

图 9.13 主动纠偏示意

9.3.6 顶推动力装置

顶推动力装置由千斤顶、高压油泵、拉杆(束)、顶推锚具(自动工具锚、拉锚器)组成。顶推动力一般使用水平千斤顶或自动连续千斤顶及其配套的普通高压油泵或专用的液压站作为动力装置。拉杆体系最早使用精轧螺纹钢,1988年以后逐渐采用高强钢丝束、钢绞线束群锚体系。拉锚器的施力位置由拉箱梁腹板两侧逐渐过渡到拉箱梁底板的方式,并由穿过箱梁顶、底板布设笨重的传力型钢演变为仅在箱梁底板中心线预留孔插入牛腿式钢块拉锚器。拉锚器的间距应便于主墩上千斤顶统一更换拉索,以提高顶推工作效率。

9.3.7 顶推动力计算和设置配备

当顶推箱梁的各个主墩和临时墩的施工阶段反力 F_i 和摩擦系数 f 已知后,即可计算出必需的顶推动力,从而确定顶推千斤顶的数量,并将各千斤顶按逐墩布顶的原则,布置在各主桥墩上。各顶推千斤顶通过液压站,在主控台的集中控制下,同时启动、同时停止,实现顶推的集中控制和同步运行。

总顶推动力 $H=K\sum R_i f_i \pm GI$,式中 K 是安全系数,$K=1.5\sim2.0$;R_i 是墩台滑道的垂直反力;f_i 是相应的静摩擦系数;G 是箱梁总重量;I 是顶推坡度,上坡取"+",下坡取"-"。

9.3.8 箱梁起落和支反力调整

落梁工作是全梁顶推到位后将梁安置在设计支座上的工作。施工时应按营运阶段内力将全部未张拉的预应力束穿入孔道进行张拉和压浆,拆除部分临时预应力束,并进行压浆填孔,再用竖向千斤顶举梁,取出垫块和滑道,安装永久支座,最后松千斤顶,将全梁落在设计支座上。为使落梁后梁的受力状态符合自重弯矩和反力,落梁时应以控制支座反力为主,适当考虑梁底标高。

梁体起落高度的控制与测量的操作程序如下:

(1)分级调压:根据设计支点反力的 0.3、0.5、0.7、0.8、0.9、0.95、0.975、1.00、1.015、1.030、1.045……倍作为分级调压的油压控制值。

(2)油压限时:每升一级压力的操作时间不短于 10min,且在每级压力上持压 5min,以保证有足够的时间使梁体进行内力传递和分配,减小直至消除梁体变形"滞后"影响。

(3)高差限位：通过百分表可以测得油压读数时刻梁体的实际起落高度，以决定持压时间及是否进行下一级的加压操作。

9.4　顶推存在问题的解决思路

1. 分块预制组拼

PC 箱梁顶推的一般跨径 $L \leqslant 50m$，施工方法绝大多数都是在支架上逐段现浇梁段后，在逐段顶推，每孔工期 10～15 天，平均建造速度为每天 1.2～1.7m。另外，由于顶推平台设在两岸引桥上，要等到引桥基础和墩身工程快完后，才能开始顶顶推平台准备工作，候时到半年以上，这是顶推进度受阻的一个重要原因。由于技术问题得不到根本的改变，致使经济性好的长梁顶推方案往往因工期不够，而被迫放弃，而让预应力简支 T 梁方案长期占据中小跨径桥梁市场。如果改变思路，将现浇改为提前预制小箱梁，能与下部结构同时进行，其竞争力将大为增加。例如南县哑吧渡桥，采用分条分块组拼顶推工艺，施工进度达每天 3～4m，提高一倍多。

2. 波形钢腹板增大使用跨径

鉴于预应力混凝土箱梁腹板主拉应力和抗剪应力极低，以及顶推过程中箱梁要反复出现正、负弯矩，预应力只能使用直线配置的限制，致使混凝土箱梁顶推跨径很难超过 50m。顶推与简支梁标准图在同一个范围内，缺乏竞争性。由此折中是用钢混凝土组合结构，既保留顶底板砼，而将最薄弱的腹板改用高强度的波形钢腹板(抗剪、主拉应力提高 30 倍)，则难题迎刃而解[2, 3]。顶推箱梁采用波形钢腹板后，重量减轻，其适用跨径可以大幅度提高，在 50～80m 范围中，顶推就有了比 T 梁简支梁河现浇箱梁更好的经济性。

由于 PC 箱梁顶推设计涉及很多复杂的工艺问题，导致至今尚没有颁布"顶推设计标准图"。只能放弃改用简支梁或改用挂篮悬筑施工，这就是顶推连续梁推广数量不到简支梁万分之一的主要原因所在。

9.5　波形钢腹板 PC 组合梁顶推施工

9.5.1　吉安深圳大桥 2×65m 波形钢腹板 PC 组合梁顶推

1. 桥型方案

吉安市井冈山经济技术开发区深圳大桥是一座跨 3 条铁道的城市立交桥。其中荆吉铁路基础下方是岩溶发育地区，经地质钻探和雷达波检查，原 L1 桥墩下方 80 余米深是一系列串珠式溶洞，没有厚度至少为 4m 的完整基岩可作桩支撑。部分桩开钻后，出现溶洞漏水突然塌孔现象，危及铁路安全，被迫停工。经过半年多反复研讨处置方法，一致同意华东交通大学提出的 $\Phi14m$ 波纹钢围堰挖孔空心桩方案。桥墩基础深 16m 在复盖层厚度内，采用可不进入溶洞层，因此不会出现塌孔影响安全的问题。目前，右幅 3 个桥墩基础完成了挖孔空心桩，解决了施工的难题。但对于左幅桥，考虑两个 $\Phi14$ 桩横向距离太近，不安全。只好将 L1 桥墩移动至右幅 R2 和 R3 之间。这样左幅由原来 3 跨(50+40+40=130m)改变为两跨(65+65=130m)，如图 9.14 所示。

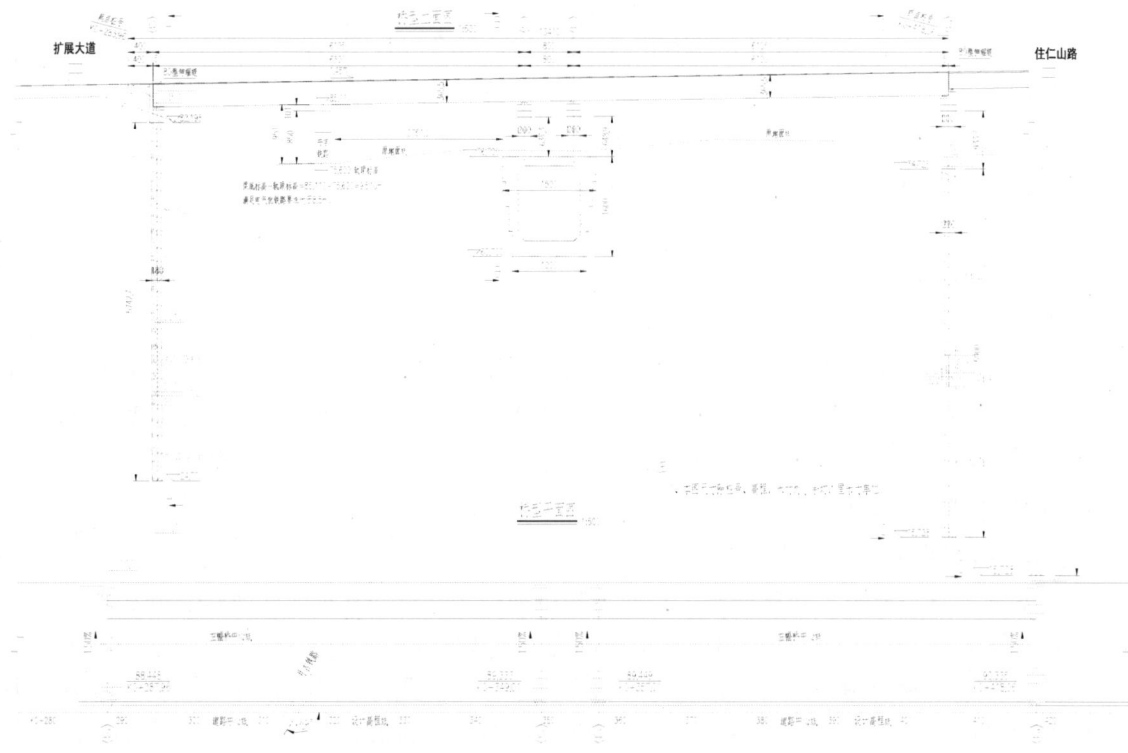

图 9.14 吉安深圳大桥桥型布置图

2. 主梁优化

原设计 50m 桥型有 8 片宽 2.2m T 型简支梁。由于铁路运输每周只能安排一次每小时间隙供架桥机吊装 250t 的 T 梁，那么施工期要两个月之多。为减少 T 梁过铁路的时间，经研究，将 8 片 T 梁优化为 4 片 BCSW 小箱梁，如图 9.15 所示。

3. 顶推工艺的提出

原施工单位有 T 型简支梁(50~30t)的台座 20 多个。在将 T 梁预制完成后，可以用其台座来预制底宽 2.2m，顶宽 3.8m 的 BCSW 小箱梁。BCSW 小箱梁质量 $g'=10t/m$，相当于两片 50m 简支梁($g_0=5t/m$)，为了加快进度，减少跨铁路路高空作业时间，按双箱同时安装顶推计算($g''=20t/m$)，一孔箱梁重 $G=65×20=1300t$，是单片 50m 简支梁(250t)的 5 倍多，如用架桥机来吊装 1300t 梁显然是不可能的。但如果改用顶推工艺，其所需的水平拉力 $Q=0.04×1300=52t$，其经济型是显而易见的。现在按双箱顶推全长 $L=2×65=130m$，总重 $\sum G=130×20=2600t$ 的 BCSW 小箱梁计算，单点顶推所需水平力 $Q=0.04×2600=104t$。实际上采用一台 200t 级连续千斤顶，则可以将双箱 130m 波形钢腹板 PC 箱梁顶推到位，足以说明这是简明可行的安装方案。顶推所需设备不足 200t，和自重千吨级架桥机相比，所节省的费用相当可观[4, 5]。

9.5.2 箱梁分条分块组拼设计

1. 纵向

如图 9.15 所示吉安深圳大桥全长 $\sum L=2\times 65=130$m，桥跨纵向共设有 A、B、C、D、E、F、G、H、I，共 10 处横隔板（其中 E 点为 2 块）。例如：两块横隔板间距 15.25m 是满足顶推稳定的需要。全长共可分成三大段，而每段长度不等，保证分段预应力的连续器锚在横隔板上。例如：第一段 L_{A-D}，长度 $a_1=46.00$m；第二段 L_{D-G}，长度 $a_2=53.75$m；第三段 L_{G-I}，长度 $a_3=30.25$m。

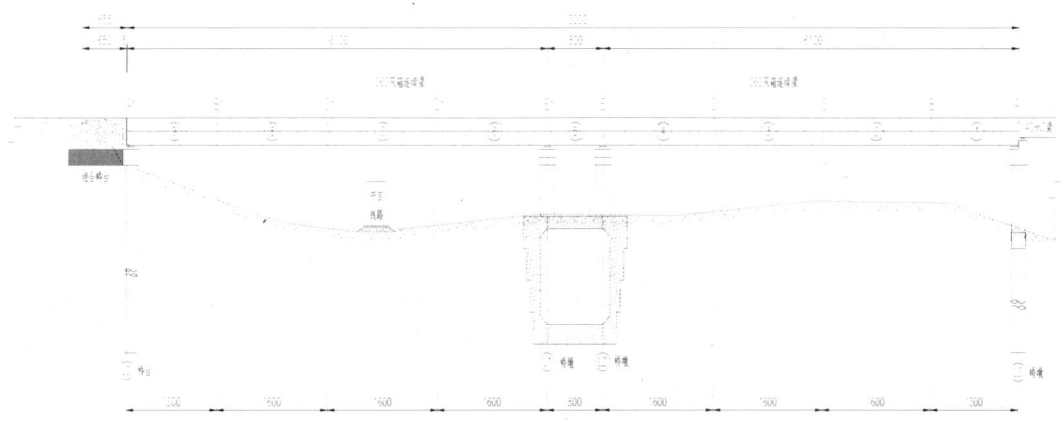

图 9.15 主梁纵向分段图

2. 横向

桥宽 17m，分为 4 条顶宽 3.8m BCSW 小箱梁，如图 9.16 所示。每两条组成一组，进行同步顶推，即 1#和 2#；3#和 4#箱先后组拼顶推。

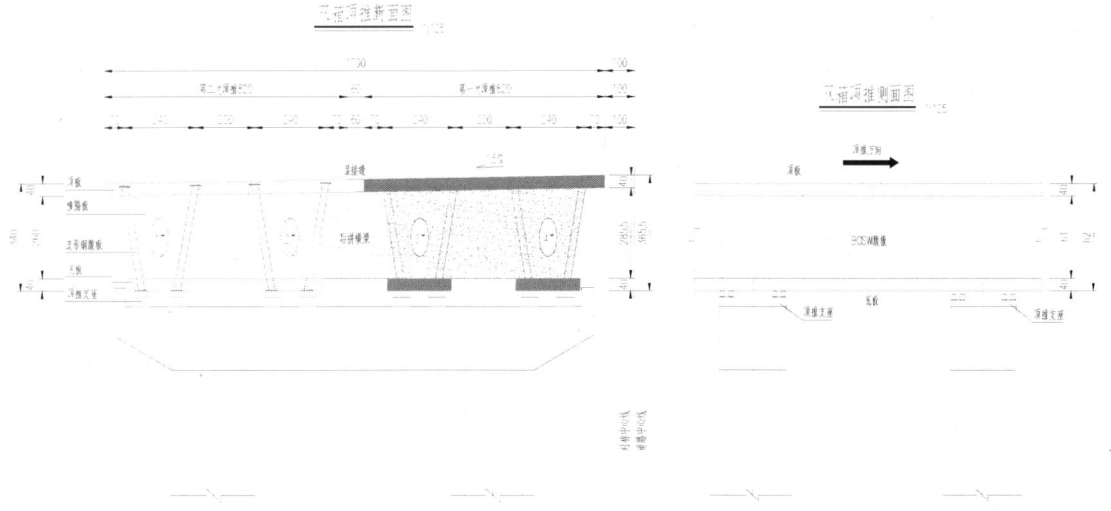

图 9.16 双向顶推横断面图

3. 波形钢腹板 PC 小箱梁

小箱梁顶面宽度应与一个车道宽度(3.75m)相近，这样可依据行车道数多少来确定分条的箱数。例如，井冈山深圳大桥高架桥是双向 6 车道(4×3.75m)，加上人行道、防撞栏杆(2m)，则单幅桥宽为 15+2=17m 是合适的。

4. 波形钢腹板 PC 小箱梁

(1)外形尺寸：顶底板砼厚度选择为 0.40m(在支座截面加厚至 0.80m)。箱顶宽 3.8m，底宽 2.2m。双肢波形钢波形钢腹板 PC 腹板选用 1200 型，其厚度 £=10mm(在支座处加厚至 12mm)。为了加强波形钢腹板 PC 箱梁的抗扭刚度，每隔 15.25m 长度，则设置横隔板(宽度为 0.50m)。应当指出，单箱预制块的横隔板是在台座上组拼时，在安装模板时浇筑的，以确保两条波形钢腹板 PC 小箱梁的整体性[6~8]。

(2)预应力管道：管道尺寸为 $\Phi12cm$，采用钢管抽拔成型。在各小箱块组拼，接缝宽度(0.50m)中，管道采用略小的波纹管，且在接缝浇筑前，波纹管与抽拔管孔口要用树脂密封，以免漏浆。

(3)腹板工钢梁：为了充分发挥波形钢腹板 PC 腹板的作用，在其上、下端加焊宽 0.40m 的顶底水平钢板(厚 20mm)，形成工型钢梁。其抗弯刚度(EJ)很大，可以直接用来做顶推施工中所必需的前端导梁。与普通预应力砼顶推连续梁相比较，波形钢腹板 PC 腹板代替导梁，节省了数百万钢材，而且免除了导梁的安装、拆卸工序，节省了大量劳力。应当指出，采用波形钢腹板 PC 钢梁做钢导梁，顶推到位后可作为劲性骨架，装模板后可直接浇筑顶底板砼。

5. 箱块预制场选择

对加快全桥进度有重要意义。波形钢腹板 PC 小箱梁自重轻，该桥箱块质量 $g=7\sim10(t/m)$。选择分块长度 $a=3\sim5m$，箱块重量 $G=20\sim50t$，用一般挂车都能方便运输。这样可争取工期，在下部结构施工时，选择场地同时浇筑小箱梁提供了条件。设计要求箱块预制后需存放 100 天，用以消除大部分砼的收缩徐变，提高梁的质量。

9.5.3 顶推施工工序

工序 1——准备阶段

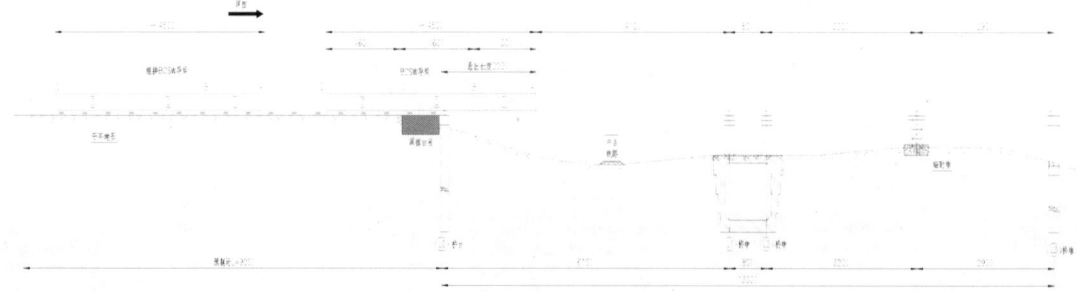

工序 2

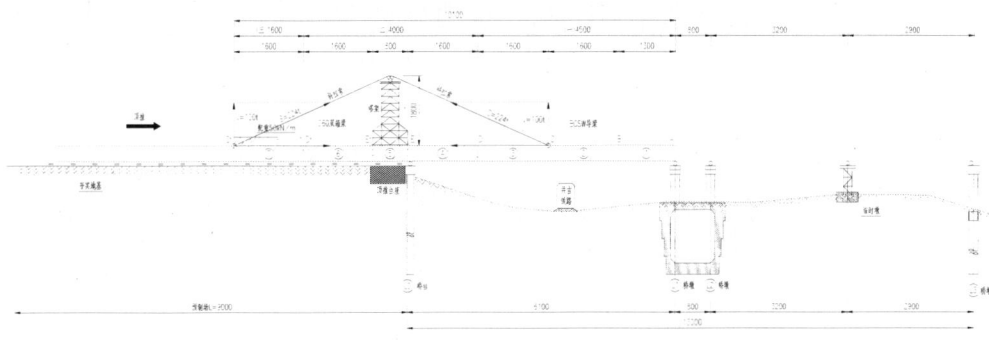

工序 3

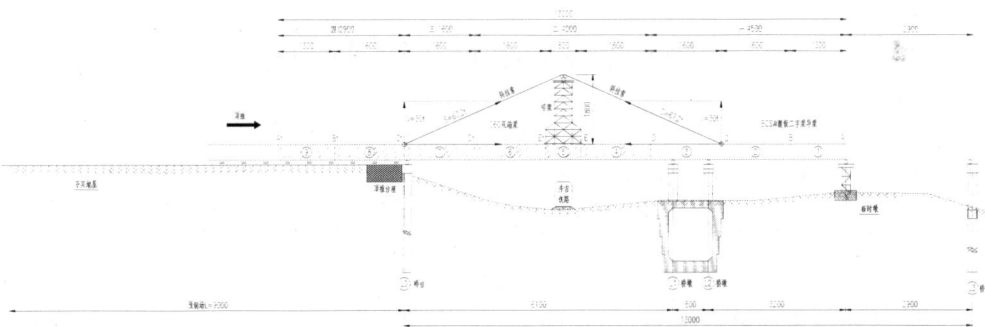

工序 4——顶推到位

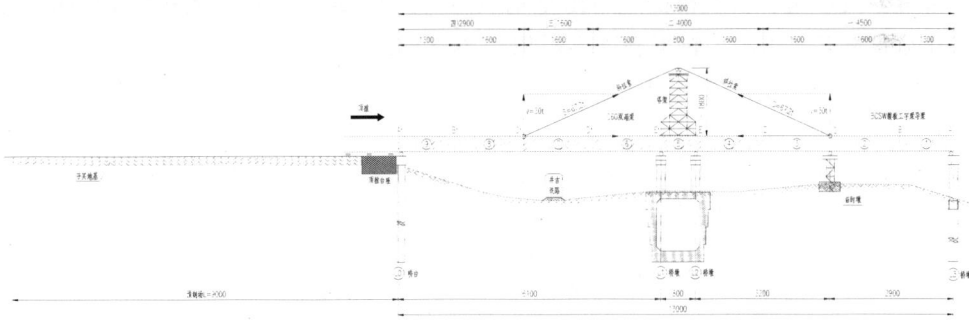

工序 5——现浇导梁段

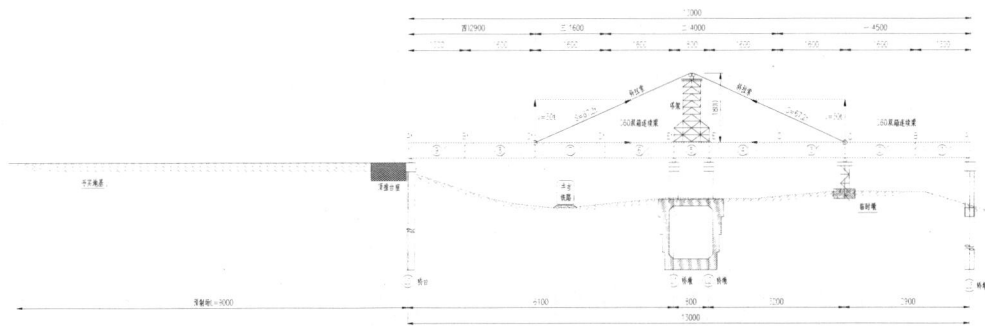

工序 6——成桥

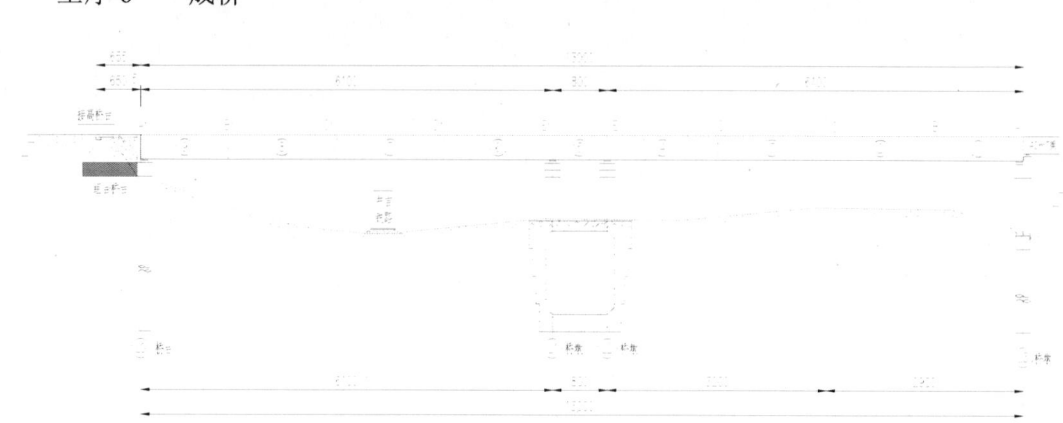

9.6 钢桁腹 PC 组合桥梁顶推施工

9.6.1 某桥顶推技术

湖南某桥主跨 L=40+50+50+40m，车行道宽 2×11.5m，人行道宽 4.5m，非机动车道宽 2m，全宽 36m。该桥采用的新技术、新结构、新材料、新工艺如下：

(1) 主桥结构先进的钢桁腹 PC 组合桥梁结构。预制主梁是采用组合节点无弦杆桁段元法，方便施工安装，加快工期。

(2) 钢桁腹 PC 组合桥梁桥面采用压型钢板-正交异型组合结构，分两阶段形成全截面。主梁采用顶推施工方法，实现了施工零模板、零支架。

(3) 钢结构内导管定位新技术，可加快施工定位速度，提高定位精度，确保焊接质量，有利于施工安全。

钢桁腹 PC 组合梁技术先进，美观大方，缩短工期，造价节省，保护环境，具有良好社会经济效益与环境效益[9]。

9.6.2 钢桁腹 PC 组合梁顶推施工技术特点

钢桁腹 PC 组合梁顶推施工是在沿桥纵轴方向的台后设置预制场地，分节段预制梁，并用纵向预应力筋将预制节段与施工完成的梁体联成整体，然后通过水平千斤顶施力，将钢桁腹 PC 组合梁向前顶推出预制场地，再继续在预制场进行下一节段梁的预制，直至施工完成。如此可使用简单的设备建造大桥，费用低，施工平稳，无噪声。

钢桁腹 PC 组合梁顶推施工的施工要点：需固定预制场地，采用摩阻系数小的滑移装置，要满足施工受力要求。其主要施工过程为预制场准备工作→制作底座→预制节段→张拉预应力筋→顶推预制节段→顶推就位→张拉后期预应力筋→更换支座[10]。

顶推法的施工特点如下：

(1) 顶推法可以使用简单的设备建造长、大桥梁，施工费用较低，施工平稳、无噪声，可在深水、山谷和高桥墩上采用，也可在曲率相同的弯桥和坡桥上使用。

(2) 主梁分段预制,连续作业,结构整体性好;由于不需大型起重设备,所以施工节段的长度可根据预制场条件及分段的合理位置选用。

(3) 一般主梁段固定在同一个场地预制,便于施工管理改善施工条件,避免高空作业。同时,模板与设备可多次周转使用,在正常情况下梁段预制的周期 7~10 天;钢桁腹 PC 组合梁预制主梁是采用组合节点无弦杆桁段元法,方便施工安装,加快工期;桥面采用压型钢板-正交异型组合结构,分两阶段形成全截面。

(4) 顶推施工时梁的受力状态变化较大,施工应力状态与运营应力状态相差也较多,因此在截面设计和预应力束布置时,要同时满足施工与运营荷载的要求;在施工时也可采取加设临时墩、设置导梁和其他措施,减少施工应力。钢桁腹 PC 组合梁纵向预应力采用体内索与体外索相结合的体系,体内索主要用于承担一期恒载及施工临时荷载,箱梁在连续状态下张拉的体外预应力用于抵抗二期恒载和活载。设计时充分考虑了截面设计时预应力束布置同时满足施工与运营荷载的要求。

(5) 顶推法宜在等截面梁上使用,当桥梁跨径过大时,选用等截面梁造成材料的不经济,也增加了施工难度,因此以中等跨径的连续梁为宜,推荐的顶推跨径为 40~45m。

钢桁腹组合 PC 梁是采用钢桁腹杆替代 PC 箱梁中的混凝土腹板,与传统 PC 梁相比,可减轻上部结构重量约 30%,故钢桁腹组合 PC 梁采用顶推施工跨径可达 60m 以上,经济效益显著。

9.6.3 钢桁腹 PC 组合梁顶推施工工序

某大桥主桥结构为先进的钢桁腹 PC 组合桥梁结构。主梁采用顶推施工方法,预制主梁采用组合节点无弦杆桁段元法,方便施工安装,加快工期。桥面采用压型钢板-正交异型组合结构,分两阶段形成全截面。实现了施工零模板、零支架。详见图 9.17 大桥桥型图、图 9.18 横断面图。

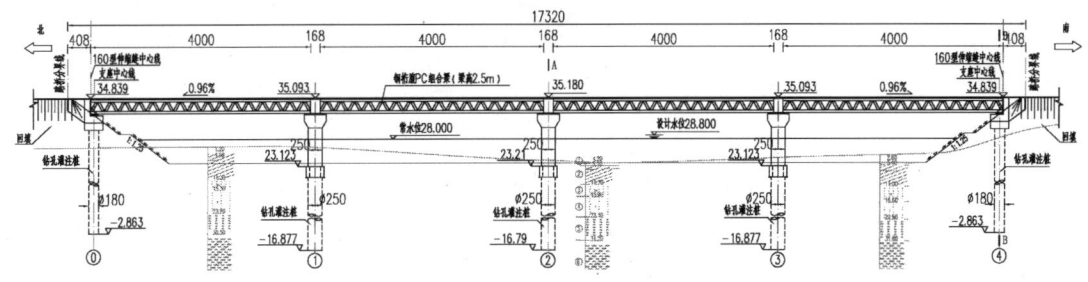

图 9.17 大桥桥型图

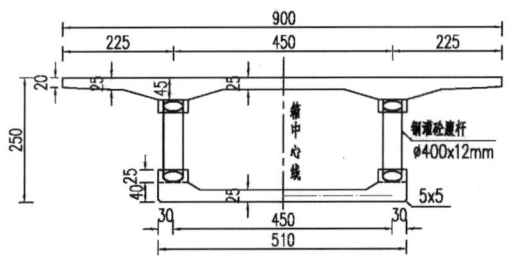

图 9.18 横断面图

1) 第一步

(1) 用砂袋围堰对桥台及桥墩处进行维护并排水(砂袋围堰高出常水位0.5m)。

(2) 在围堰内进行旱地桩基础(钻孔或冲孔)施工作业。

(3) 待桩基混凝土龄期达到设计要求并检测完毕后,立模浇筑承台与桥台混凝土(施工时注意大体积混凝土浇筑水化热问题,避免开裂)。

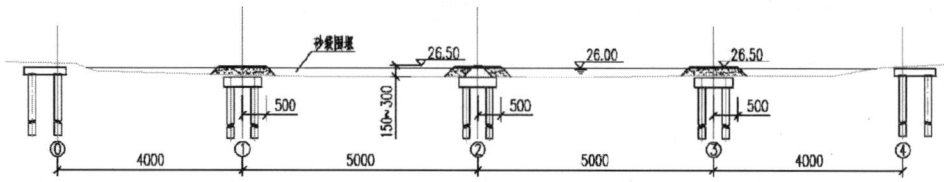

2) 第二步

(1) 立模浇筑承台倒V混凝土与V构混凝土。

(2) 立模浇筑桥台混凝土(为利于拖拉钢桁架,桥台背墙暂时不浇筑)。

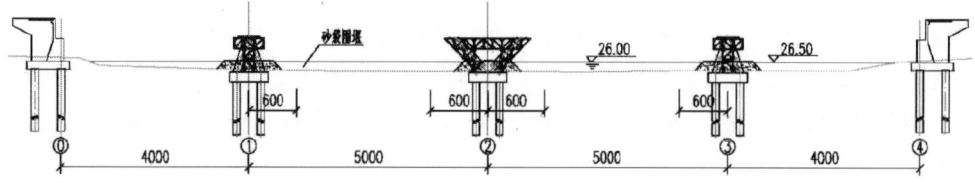

3) 第三步

钢桁梁移位采用拖拉的方法,具体为:在桥台后将钢桁梁现场拼接成整体,在桥台处设置四氟板式滑动支点,为利于拖拉、方便就位,在钢桁梁前端拼接导梁(长15m),利用前端支点处卷扬机钢丝绳牵引移动(也可在桥台处设置千斤顶顶推)。

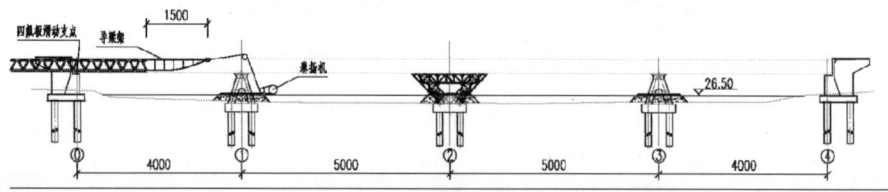

4) 第四步

(1) 牵引到1号墩后,在桥台后继续组拼钢桁腹PC组合梁,将前端牵引点移至2号墩,依次前端牵引,后端组拼钢桁梁,将梁整体就位。

(2) 钢桁腹PC组合梁预制主梁时采用组合节点无弦杆桁段元法,钢桁腹PC组合桥梁桥面采用压型钢板-正交异型组合结构,预制主梁分两阶段形成全截面;张拉体内预应力。

(3) 为加快施工进度,增加工作面也可以采用两侧桥台对拉的方式。

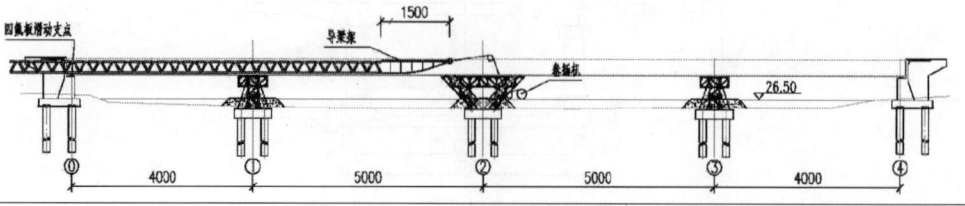

5) 第五步

(1) 桥梁全截面形成张拉张拉体外预应力钢束后,铺设沥青铺装、桥面板等二期恒载。

(2) 进行动静载检测,成桥运营。

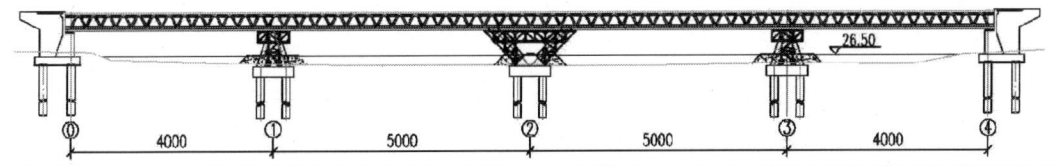

钢桁腹 PC 组合梁顶推法施工显著的特点是自重轻,主梁预制快捷方便。钢桁腹组合 PC 梁采用顶推施工跨径可达 60m 以上,可以将 20 倍水平重量的箱梁架设到位,是架桥工艺中耗用能量最小、费用最低的施工方法。

我国桥梁事业的突飞猛进,钢桁腹 PC 组合桥梁受力合理、施工简易,桥梁顶推施工技术,中国桥梁应当用新的构思来迎接桥梁技术新的发展。

参 考 文 献

[1] 李勇,方秦汉,张建东等. 双层面钢桁腹 PC 组合桥梁设计与建造方法. 建筑结构学报,2013,34. SUP1: 33~38.

[2] 李勇,李敏,史鸣等. 悬臂钢桁-波形钢腹板组合桥梁设计与研究. 建筑结构学报,2013,34. SUP1: 39~44.

[3] 交通部第一公路工程总公司. 公路施工手册. 北京:人民交通出版社,2000.

[4] 杨昀. 用顶推法修建大跨度连续梁桥(丘墩大桥设计简介). 华东情报网,1988.

[5] 湖南省路桥公司. 广东九江大桥北岸 50m 梁顶推施工结构工艺改进. 1988.

[6] 建设部施工管理司. 48m 铁路预应力混凝土连续箱梁多点顶推架设工法. 北京:中国建筑工业出版社,1992.

[7] 陈湘林. 九孔 50m 预应力连续箱梁顶推法施工. 湖南交通科技,1994,(12)增刊.

[8] 湖南省交通厅. 沩水大桥技术总结. 1981.

[9] 广东省交通科研所. 广东省九江大桥 690m 一联预应力混凝土箱形连续梁顶推施工试验研究报告. 1989.

[10] 交通部第一公路工程局. 包头黄河大桥施工技术总结. 1983.